FACTUM

POUR

Messire Jean-Baptiste Gomé, Conseiller au Conseil Supérieur de Colmar, Plaignant & Demandeur en Réparation.

CONTRE

Jean-Pierre Ferrier, Avocat en Parlement, Défendeur & Accusé.

CE Procés a son principe dans l'imprudence de Ferrier à proferer quelques paroles méprisantes contre le feu Comte de Renach de Foussemagne, dans sa vanité à s'égaler à ce Gentilhomme, dans son ambition à se faire descendre d'un Cardinal venu d'Espagne à Salon en Provence ; & dans sa témerité à dénier ou que son Pere eût été Valet de Chambre du Sr de St Just, Gouverneur de Belfort, ou que sa Mere eût joüé sur le Théatre le rolle de Colombine: il doit son progrès à une insulte faite à Monsieur Gomé de propos déliberé, lorsqu'il remplissoit les fonctions de sa Charge, & à un dessein criminel qu'on a formé de le perdre.

Depuis près de 30. années que Mr Gomé est pourvû d'une Charge de Conseiller au Conseil Supérieur d'Alsace, il n'a donné au public que des marques d'un zele épuré, sans mélange de passion, *nec invidia quemquam deprimens, nec gratia blandiente sublimens* : sa probité n'a jamais été soupçonnée, & il joüiroit encore de la réputation qu'elle lui avoit acquise, s'il n'avoit pas eu le malheur d'être Commissaire à des Enquêtes qui se firent en 1720. & 1721. entre le Comte de Renach & Ferrier Pere.

Insulté cruellement par Ferrier Fils dans le tems qu'il y travailloit, il se cru obligé de dresser un Procès verbal d'irrevérence, parce qu'il est du devoir d'un Magistrat de venger lui même l'injure faite à son caractere : *observandum est jus reddenti ut in* (a) *adeundo quidem facilem se præbeat, sed contemni non patiatur*; ce sont les termes de la Loy, & les Romains ont toûjours vêcu dans cette pensée; ils étoient en effet si jaloux de leur dignité, que quand ils négligeoient le mépris qu'on en faisoit, ils étoient eux-mêmes tenus *actione imminuti Magistratus* : de-là vient que Ciceron reproche à Verrés, & qu'il le blâme de n'avoir pas déferé lui même une accusation contre Philodamus qui l'avoit insulté dans les fonctions de son employ, *cur imminuisti*, (dit-il) *jus legationis! cur causam Populi Romani deservisti ac prodidisti! cur injurias tuas conjunctas cum publicis reliquisti; non ne te ad Senatum causam deferre oportuit, non de tam atrocibus injuriis conqueri.*

Déja un Arrêt rendu par le Conseil Supérieur de Colmar le 17. Mars 1723. a flétri Ferrier Pere & son Fils, comme des calomniateurs : déja Fer-

(a) L. 19. *ff. de officio presidis.*

Par Arrest donné au Parlement de Besançon les Chambres assemblées le May 1732, au raport de Mr. de Courbouzon, & de Camus, il a été dit que led. Sr. Gomé seroit admonêté dans l'une des Chambres du Palais hors des Séances pardevant les deux Comm.rs Raporteurs, & condamné aux dépens.
On m'a mandé que cette affaire avoit souffert de grandes difficultez, & que les voix s'étoient trouvé presq. partagées, plusieurs ayant été d'avis de mettre le Sr. Gomé hors de Cour.

rier Pere a subi la condamnation portée contre lui par cet Arrêt, en payant es dommages, interêts & dépens qu'il ajuge à Mr Gomé ! déja un autre Arrêt rendu par le Parlement de Metz le 17. Juin 1724. a confirmé la condamnation portée contre Ferrier Fils par celui de Colmar du 17. Mars 1723! déja deux Arrêts, l'un rendu par le Conseil d'Etat le 25. Avril 1722. l'autre rendu du propre mouvement de S. M. le 13. Novembre 1723. ont préjugé la partialité du Conseil Supérieur de Colmar, contre Mr Gomé, la récrimination & l'entêtement de Ferrier Fils.

Mais malgré tant d'Arrêts & de préjugés, Mr Gomé gémit sous le poid de la calomnie, il voit que cette malheureuse passion va souvent jusqu'à l'oppression, & il éprouve que loin que ses traits ressemblent à ces fléches, qui à proportion qu'elles s'éloignent de l'Arc qui les a lancé, languissent dans leur mouvement; c'est au contraire un feu dévorant que rien n'égale en vitesse.

Ce Procès a paru trois fois devant le Conseil Supérieur d'Alsace, quatre fois devant S. M. & son Conseil, une fois devant le Parlement de Metz, il est à present devant celui de Besançon; & c'est-là où Mr Gomé se flatte de trouver la fin des persécutions que Ferrier Fils lui fait souffrir; il les a essuyé successivement depuis dix années, & la fin de l'une a toûjours été le commencement de l'autre; mais aprés un si long orage, il pense toucher le port! pénétré que les Magistrats à la décision desquels son sort est remis jettent hors de la balance jusqu'à l'ombre de la partialité; leur sagesse le rassûre, & il attend de leur intégrité l'heureux rétablissement de son honneur.

Il n'ignore pas que depuis l'Arrêt de rétention, Ferrier Fils a étalé contre lui dans le public tout ce que la calomnie a de plus noir, la raillerie de plus amer, & l'invective de plus envenimé: c'est ainsi que ce Calomniateur en a usé depuis un grand nombre d'années; il a toûjours cherché à prevenir les esprits faciles par des discours injurieux répandus avec adresse: aussi est-ce le caractere du mensonge d'arriver le premier, & c'est celui de la vérité d'arriver tard, parce que le tems est son guide, & qu'il va lentement.

Cette vérité est une, chacun la cherche, & à voir les differens Arrêts rendus dans ce Procès, qui jugent le pour & le contre, il faut bien que chacun ne la trouve pas; cependant son privilege est de percer tous les nuages pour se découvrir! semblable à ces métaux qui s'étendent plûtôt sous le marteau qu'ils ne rompent; elle se manifeste, & même elle s'empresse à nous prévenir, *preoccupat qui se concupiscunt ut illis se prior ostendat, dignos se ipsa circuit quærens, & in viis ostendit se hilariter*; mais encore qu'elle réponde à tous ceux qui la consultent, & qu'elle leur réponde juste, elle échape plus dans le Bareau qu'ailleurs, à la raison qui la cherche.

Soit que l'adresse des plaideurs rende obscur ce qui est clair, ou vraisemblable, ce qui est faux: soit que leurs détours & leurs rafinemens, leurs artifices & leurs moyens ingénieux préoccupent les esprits; il n'est que trop vrai que souvent l'erreur l'emporte, & souvent on éprouve que s'il n'est pas possible de corrompre des Juges, on peut du moins les ébloüir & les surprendre.

La décision de ce Procès ou toute la Magistrature est interessée, ne dépend ni de la discution d'aucune de ces questions épineuses, susceptibles de differens sentimens, ni d'aucun de ces points de droit qui ont partagés les plus fameux Jurisconsultes; tout est en fait, & Mr Gomé observe pour l'éclaircir qu'une acquisition que Ferrier Pere fit d'un Domaine situé dans les Terres du Comte de Renach, donna lieu entre eux à differentes contestations: il y en eut une qui fut portée en 1718. devant le Juge du Comte de Renach, & il faut que Ferrier Fils qui plaida la Cause pour son Pere eut lâché quelques paroles bien imprudentes, puisque le Comte de Renach lui fit des reproches si vifs, que Ferrier les crut injurieux au point *qu'il fit retenir sur le Registre une réserve à fin de réparation*; cependant il n'a pas osé la demander.

Il traita depuis d'un Office de Conseiller au Conseil Supérieur d'Alsace, & au moment que le bruit se répandit qu'il pensoit à cette Charge ; feu Monsieur le Premier Président de Corberon reçû une Lettre anonime remplie de faits injurieux aux Ferrier ; on y marquoit que Ferrier Pere avoit été Valet de Chambre du Sr de St Just Gouverneur de Belfort, & que sa Femme avoit monté sur le Théatre ; cette Lettre fut d'abord renduë publique, & on ne parloit que de sa teneur dans toute la Ville de Colmar.

Dans le même tems (c'étoit en 1720.) Ferrier Fils plaida comme Avocat une Cause que son Pere avoit devant la Premiere Chambre du Conseil d'Alsace contre le Comte de Renach, il s'abandonna à son ressentiment en termes si peu mesurés, que Mr le Premier Président l'en reprit sur le champ, & lui ordonna d'être plus circonspect, il témoigna même au Comte de Renach le chagrin qu'il avoit de ce qui s'étoit passé ; & dans une visite que ce Gentilhomme lui rendit l'aprés midy de la plaidoirie de la Cause, il offrit de lui en faire faire une réparation par Ferrier Fils ; mais le Comte de Renach répondit qu'il le remercioit, & il ajoûta *qu'il ne vouloit point de satisfaction d'un homme duquel le Pere avoit versé à boire au sien.*

De semblables discours & d'autres encore plus désavantageux que le Comte de Renach tenoit depuis long-tems, n'altererent point la tranquillité de Ferrier Pere, quoiqu'il ne les eût pas ignoré ; Ferrier Fils plus ambitieux & plus vain y trouva trop de mortification pour n'en pas tirer vengeance, il chercha le Comte de Renach, & l'ayant rencontré dans la Salle basse du Palais de Colmar, il lui demanda s'il étoit vrai qu'il avoit eu l'impertinence de mal parler de lui & de sa Famille ; le Comte de Renach repartit, qu'il étoit homme à soûtenir ce qu'il avoit dit, & alors Ferrier repliqua *qu'il étoit un insolent & un sot, qu'il avoit l'honneur d'être Gentilhomme comme lui, & qu'il lui préteroit le colet par tout.*

Au moment que la chose se passoit, Mr le Premier Président sortit avec cinq Conseillers, de l'une des Chambres du Palais de Colmar ; le Comte de Renach leur porta ses plaintes de l'insulte qui venoit de lui être faite ; Ferrier Fils se sauva, & quoique mandé par Mr le Premier President, qui souhaitoit d'assoupir l'affaire dans sa naissance, Ferrier refusa de donner aucune satisfaction, il prétendit même avoir été insulté le premier.

Le Comte de Renach donna sur cela sa Requête de plainte, on informa, & sur l'Information, Ferrier Fils fut décrété d'un assigné pour être oüi ; l'affaire fut depuis civilisée, & Ferrier admis à une preuve contraire ; or dans son Interrogatoire, comme dans son Enquête, il s'est uniquement fixé à vérifier, que *long-tems avant qu'il eût aucune difficulté avec le Comte de Renach, ce Gentilhomme avoit tenu contre lui & sa Famille, les mêmes discours qu'il avoit depuis rendu publics dans Colmar* ; cependant Ferrier Fils donna sa Requête à fin de Réparation, il demanda 20000. livres d'interêts, & son Pere qui jusqu'alors avoit marqué beaucoup de modération, s'abandonna aux desirs de son Fils, intervint dans la Cause, & prit les mêmes Conclusions que lui ; le Comte de Renach déclara par Requête, qu'il méprisoit la Réparation de gens tels que les Ferrier, & il y conclut pour tous dommages & interêts à l'adjudication d'une somme de 3000. livres aplicables en œuvres pieuses.

La Cause portée à l'Audience de la seconde Chambre du Conseil de Colmar, on la plaida de la part des Ferrier avec toute la chaleur imaginable, on y vanta l'Ancienneté & la Noblesse de leur extraction, ils se firent descendre d'un Cardinal de leur nom venu d'Espagne à Salon en Provence ; on produisit deux Lettres missives, l'une d'un Officier de Landau, & l'autre d'un Officier de Besançon, qui attestoient que Ferrier Pere étoit natif de Salon, enfin on se jetta dans de tels écarts, que le Comte de Renach present à l'Audience, n'y pouvant plus tenir, fit poser en fait par son Avocat, que *Ferrier Pere avoit été Valet de Chambre du Sr de St Just, Gouverneur de Belfort, qu'il avoit ensuite été Aubergiste & Cantinier, donnant à boire à tous venans, & que sa Femme avoit été Charlatanne, qu'elle avoit monté publiquement sur le Théatre ou elle portoit le nom & joüoit les rolles de Colombine*; l'Avocat du Comte de Renach, dit en finissant sa Plaidoirie, que si les Ferrier se désistoient de leur demande en réparation, sa Partie se déporteroit de la preuve de ces faits.

Cette offre redoubla la fureur des Ferrier; ils étoient trop engagés pour l'accepter, & il n'y avoit pas moyen de renoncer à la preuve des faits qu'ils avoient posé, sans faire évanoüir, comme un songe, la pourpre qui décoroit leur Naissance : ils persistérent à leur Réparation, & par cet entêtement, ils donnerent lieu à un Arrêt rendu le 11. Septembre 1720. qui admit en preuve les faits posés par le Comte de Renach : Mr Gomé fut nommé Commissaire à l'Enquête; voilà l'époque de ses malheurs & la source fatale des persécutions qu'il souffre depuis onze années.

Les Ferrier qui lorsqu'il leur plaît de se rendre à eux-mêmes, se souviennent encore de ce qu'ils ont été, ne douterent pas que le Comte de Renach ne fit sa preuve, c'est pour cela qu'ils mirent tout en usage pour la suspendre, ou pour en empêcher l'effet, ils déclarerent par Acte du 20. Septembre 1720. au Comte de Renach, que quoiqu'il pût faire en exécution de l'Arrêt préparatoire du 11. du même mois, on ne pourroit le leur imputer à acquiescement, & qu'ils protestoient de se pourvoir par les voyes de droit : ils se pourvûrent en effet, & tenterent la cassation de cet Arrêt; cependant le Comte de Renach prit une Ordonnance de Mr Gomé le 28. du même mois de Septembre, pour procéder à son Enquête dans la Ville de Belfort, il assigna les Ferrier qui refusérent de comparoître; Mr Gomé donna défaut contre eux; commença son Enquête le 3. Octobre 1720. entendit 52. Témoins, & ferma son Procès verbal le 12. du même mois d'Octobre.

Ce fut alors que Ferrier Fils, inquiet de n'avoir pas réüssi dans sa cassation de l'Arrêt de Colmar du 11. Septembre 1720. & desesperé d'être hors d'état de se venger du Comte de Renach, résolut d'immoler à sa haine le Commissaire qui avoit fait l'Enquête; il marqua d'abord son dessein en faisant signifier en son nom seul un Acte au Comte de Renach le 4. Novembre 1720. portant, que *s'il est dans la nécessité de faire procéder à une contr'Enquête, ce sera sans se départir de ses moyens de droit contre l'Arrêt du 11. Septembre précédent, de récusation & de prise à partie* : or on conçoit bien que cette prise à partie ne pouvoit regarder que le Commissaire; & l'exécution que Ferrier Fils a donné à son projet, l'a bien fait connoître, puisque depuis onze années il a laissé tranquille le Comte de Renach pour ne s'occuper qu'aux moyens de perdre Mr Gomé.

Dans cette vûë, il obtint un Arrêt à Colmar le 22. Janvier 1721. par lequel il fût permis à son Pere de faire une Enquête contraire à celle du Comte de Renach, & Mr Gomé ayant encore été nommé Commissaire, Ferrier Fils n'eût garde de le récuser, parce qu'il regardoit cette contr'Enquête, comme un moyen capable de faire réüssir son mauvais dessein; il agrea donc Monsieur Gomé, au lieu qu'il l'auroit récusé s'il avoit eu lieu de n'être pas content de sa conduite; il prit son Ordonnance pour procéder à cette contr'Enquête dans la Ville de Belfort; Mr Gomé n'y fut pas plûtôt arrivé, que Ferrier fils qui étoit le mobile de la procédure lui tendit un piége à l'aide du nommé Queffemme, Procureur de son Pere; ce fut de produire pour Témoins trois Bourgeois de Montbeliard qu'il avoit fait assigner par le Sergent du Lieu.

Mr Gomé refusa de les entendre, sur ce que ces Témoins avoient été assignés par un Huissier d'une Souveraineté étrangere, il invita Ferrier Fils de les faire assigner par l'Huissier de la Commission; & par cette précaution il évita le piége, mais Ferrier Fils avoit bien d'autres vûës, car aprés que ces Témoins eurent été entendus, il produisit pour quatriéme Témoin une femme nommée Marie Ursule Courtot, qui aprés que lecture lui eut été faite de sa déposition, y fit par affectation deux ajoûtances que Mr Gomé redigea, plus par complaisance que par nécessité, & qu'il lui fit signer.

Ferrier produisit ensuite pour cinquiéme Témoin une autre femme apellée Elizabeth

Elizabeth Giboutet, qui avoit déposé en huitiéme ordre dans l'Enquête du Comte de Renach, elle déclara d'abord qu'elle se referoit à sa premiere déposition; on ajoûta à la seconde ce qu'elle voulut, & aprés lecture faite, elle la signa, mais elle ne fut pas plûtôt sortie, qu'ayant rendu compte de ce qu'elle venoit de déposer, tant à Ferrier Fils, qu'au Procureur Queffemme; ceux-ci entrerent dans la Chambre où Mr Gomé travailloit, & lui dirent qu'Elizabeth Giboutet se plaignoit de ce qu'il n'avoit pas fait rédiger sa déposition dans son entier.

Mr Gomé qui ignoroit pour lors les desseins de Ferrier, regarda sa démarche comme l'effet de la hardiesse d'un jeune homme, qui ne sentoit pas la force de ses paroles: il lui remontra qu'il n'étoit pas permis de gehenner la liberté des Témoins, & que le Procureur de son Pere suffisoit pour les administrer: cependant Mr Gomé ayant fait relire la déposition d'Elizabeth Giboutet, cette femme y ajoûta une circonstance très-inutile, retenuë d'ailleurs & déja inserée dans sa premiere déposition: c'étoit celle que Ferrier & le Procureur Queffemme lui venoient de suggerer, & qu'elle avoit complotté avec eux d'ajoûter.

Tout cela arriva le 27. Février 1721. & le lendemain Ferrier usa de la même supercherie: deux Témoins nommés Jean-Pierre Tisserand & Conrard Tisserand porterent leurs dépositions, en oüirent la lecture, les signerent, sortirent de la Chambre où ils avoient été entendus, & ayans rendus compte à Ferrier de ce qu'ils venoient de déposer, Ferrier & le Procureur Queffemme les firent rentrer dans l'Auditoire, pour ajoûter à leurs dépositions que *le nommé Ferrand avoit été Valet de Chambre du Sr de St Just*: ce n'étoit pas là l'un des faits retenus par l'Arrêt de preuves; Mr Gomé voulut bien néanmoins l'ajoûter en marge des dépositions de ces deux Témoins.

Pierre Chardoillet fut produit pour treiziéme Témoin, il entendit la lecture de l'Arrêt de preuve, & il déclara *qu'il avoit été oüi dans l'Enquête du Comte de Renach, & qu'il n'avoit rien à ajoûter à la déposition qu'il y avoit porté*; Mr Gomé lui representa que sa premiere déposition ne le dispensoit pas de déposer dans l'Enquête de Ferrier Pere; que s'il n'avoit rien de nouveau à dire, il falloit déclarer une seconde fois ce qu'il avoit déja dit; mais ce Témoin ayant persisté à soûtenir par le serment qu'il devoit à Dieu, à la Justice & au Corps adorable de son Rédempteur qu'il venoit de recevoir chez les Capucins, qu'il avoit déposé la premiere fois la vérité, & qu'il n'avoit rien à ajoûter ou diminuer; Mr Gomé se vit obligé de fermer sa déposition.

Au moment que ce Témoin sortoit de l'Auditoire, Ferrier Fils en fit entrer un autre nommé Jean-Pierre Clavey, & ce fut dans le tems que Mr Gomé entendoit ce Témoin, que Ferrier Fils s'empara de l'Ordonnance, en vertu de laquelle les Témoins avoient été assignés, de la feüille qui contenoit leurs noms ou surnoms, & du Procès verbal de production; Mr Gomé lui demanda ce qui le portoit à de semblables excès, & Ferrier lui dit avec un ton insolent, & des gestes encore plus insultans, *qu'il ne vouloit plus faire entendre de Témoins, & qu'il sçauroit bien faire tomber la premiere Enquête, à laquelle Mr Gomé avoit travaillé comme Commissaire*: tel étoit le but qu'il s'étoit proposé en suggérant ainsi à ses Témoins d'ajoûter à leurs dépositions; car autant certain de la vérité des faits posés contre ses Pere & Mere, que de l'impossibilité où il étoit de parvenir à une preuve contraire; il songeoit à les étouffer en fixant les idées du Public sur le Commissaire

Ce procédé violent obligea Mr Gomé de fermer son Enquête, il insera à la fin qu'il dresseroit séparément son Procès verbal de l'insulte qui venoit de lui être faite dans ses fonctions; il le dressa en effet sur le champ, & plus occupé de conserver au caractere de Magistrat toute sa dignité, que de nuire à un Furieux dont il plaignoit les égaremens; il mit trop de modération dans un acte qui n'en devoit pas être susceptible, il y ômit d'inserer, que *Ferrier Fils l'avoit pris par l'un des boutons de son habit, & qu'il l'avoit menacé avec des termes injurieux*; c'est-là la seule chose que Mr Gomé ait à se reprocher.

Il étoit encore à Belfort qu'il donna avis à Monsieur le Président de la Chambre de ce qui venoit de se passer, il retourna à Colmar le 3. Mars 1721, rendit compte le lendemain à la Compagnie de sa Commission, & laissa son Procès verbal en irrévérence sur le Bureau; c'est-là un fait duquel Ferrier n'oseroit plus disconvenir, parce qu'il a été attesté au Conseil de Colmar par Mr d'Elvert alors Raporteur de semaine, & la probité duquel Mr Gomé s'en est réferé dans sa Requête presentée le 5. Juillet 1729. mais on demeura long-tems sans faire le raport de ce Procès verbal; ce retardement affecté donna lieu à Ferrier de chercher un expédient pour sortir d'embarras.

Il n'avoit pas plûtôt été de retour à Colmar, qu'il avoit répandu plusieurs faits injurieux contre l'honneur de Mr Gomé, il les résuma ensuite dans un acte par lequel il déclare que tant en son nom qu'en celui de son Pere, ils prennent à Partie Mr Gomé : on expose dans cet acte, *que dez que Mr Gomé eut apris que Ferrier Fils avoit traité d'un Office de Conseiller, il avoit commencé à tenir de lui des discours très-désavantageux, qu'avant que les Ferrier eussent aucune difficulté avec le Comte de Renach, Mr Gomé avoit déja commencé à publier les mêmes faits injurieux à leur famille, à la preuve desquels le Comte de Renach avoit été admis dans la suite, que c'étoit Mr Gomé qui avoit excité le Comte de Renach à soûtenir le Procès contre eux, que Mr Gomé procédant à l'Enquête du mois d'Octobre 1720. avoit suprimé adroitement les circonstances des dépositions qui alloient à détruire les faits posés par le Sr de Renach, qu'il avoit inséré contre l'intention des Témoins des termes qui tendoient à établir les mêmes faits*, qu'il n'avoit pas fait lire à plusieurs Témoins le véritable Arrêt qui interloquoit les Parties, *qu'il ne leur en avoit pas expliqué le sens naturel pour les mettre en état de déposer à charge & à décharge, que par artifice & équivoque, il avoit empêché les Témoins de dire positivement que Ferrier Pere n'avoit pas été Valet de Chambre du Sieur de St Just, que le nommé Ferrand avoit fait les fonctions qu'on attribuoit à Ferrier Pere, & s'ils avoient vû la Mere de Ferrier Fils sur le Théatre, que Mr Gomé avoit fait voir la premiere Enquête, tant à Colmar qu'à Belfort à plusieurs personnes qu'il pressoit d'en prendre lecture, & que sur ce qu'on lui disoit que les dépositions n'operoient aucune preuve, il s'emportoit & disoit qu'on n'en pouvoit voir de plus claires* : les Ferrier demandoient par cet acte l'évocation du Procès dans une autre Cour Supérieure que le Conseil Souverain d'Alsace, autant par raport aux parentés & alliances de Mr Gomé que par raport à celles du Comte de Renach.

Cet acte avoit été dicté par la fureur & le désespoir, il étoit faux sur le fait des parentés & alliances qu'on avoit imaginé, il étoit irrégulier, soit parce que s'agissant d'une évocation & d'une prise à partie, il devoit être signé par Ferrier Pere qui étoit la Partie la plus interessée, soit parce que Ferrier Fils n'étant point Partie dans le Procès, & la contr'Enquête qui servoit de prétexte à la prise à partie, n'ayant point été faite en son nom ni à sa Requête, il n'avoit point de qualité pour paroître dans l'acte; c'étoit un Libelle diffamatoire que nul Procureur ne voulut signer, & nul Huissier signifier.

Ferrier Fils déconcerté par ce refus l'exposa dans une Requête qu'il présenta au Procureur Général du Conseil de Colmar, & lui en ayant demandé Acte; voici dans quels termes on le lui octroya sur le champ : *Ait ledit Maître Ferrier Acte de s'être adressé à Nous sur son exposé en forme de Requête ci-dessus, & aux fins y portées pour lui servir & valoir ce qu'il apartiendra, sans préjudice à Nous de fournir ci-après conformément à l'Ordonnance, des raisons & motifs, s'il y échéet, pour empêcher l'évocation.*

Fait à Colmar par Nous Procureur Général du Roi au Conseil Souverain d'Alsace, *le* 13. *Mars* 1721. Signé, NEEF.

Mr Gomé fut plus surpris qu'allarmé de cette Ordonnance, & sa surprise augmenta lorsqu'informé que son Procès verbal en irrévérence, ayant été enfin raporté le 24. Mars 1721. il y avoit eu un fait montré au Procureur Général, mais que cet Officier avoit abandonné sa défense en ce qu'encore que son ministére eût demandé que dans une affaire aussi générale & aussi publique que celle de laquelle il s'agissoit, il réquit pour le Roi un décret contre les Accusés, il s'étoit contenté de donner les Conclusions suivantes: *N'empêchons pour le Roi ledit Maître Ferrier & Queffemme être ajournés personnellement pour répondre aux fins contenuës au present Procès verbal, & autres sur lesquelles Nous voudrons les faire oüir & répondre à nos Conclusions.*

Il y eut Arrêt conforme à ces Conclusions, cependant Mr Gomé ayant apris que Ferrier Fils continuoit à le diffamer par toute la Ville, il donna une nouvelle plainte, & obtint Arrêt le 26. du même mois de Mars 1721. qui lui permit d'informer de plusieurs faits, & entre autres que Ferrier Fils avoit composé un Libelle diffamatoire rempli d'impostures, sous le nom d'Acte évocatoire; on informa le 2. Avril de la même année, & plusieurs Témoins de l'Information, tels que Procureurs & Huissiers déposerent qu'ils n'avoient voulu ni signer, ni signifier cet Acte ou Libelle, nonobstant les injonctions verbales des Supérieurs, soit parce que les faits étoient atroces, & que Ferrier Fils n'étoit pas en état de leur donner une Procuration suffisante, soit parce que l'Enquête qui servoit de fondement à son évocation, & à sa prise à partie avoit été faite à Requête de son Pere, qui n'avoit pas signé cet Acte, & de la Procuration duquel il ne justifioit point.

Pendant qu'on procédoit à cette Information, Ferrier Fils, & Queffemme subirent un Interrogatoire sur les faits contenus dans le Procès verbal d'irrévérence dressé contre eux par Mr Gomé; Ferrier déclara d'abord, *qu'il ne croyoit pas être obligé de répondre pour avoir déposé chez le Procureur Général du Conseil de Colmar une Cédule évocatoire dès le* 13. *du mois de Mars précédent.*

Interrogé, *s'il n'étoit pas vrai qu'il se fût saisi du Procès verbal & de l'Ordonnance de Mr Gomé, de la feüille qui contenoit les noms & surnoms des Témoins qu'il avoit congedié, & qu'il avoit dit à Mr Gomé qu'il ne vouloit plus faire entendre de Témoins, ce qui l'avoit obligé de clorre son Enquête*; il répondit que *non, & que c'étoit si peu cette raison qui avoit fait discontinuer l'Enquête, que quand il auroit dit vingt fois à Mr Gomé de cesser, il n'en auroit rien fait, parce qu'il sçavoit bien que lui répondant n'étoit pas la Partie, & que l'Enquête ne se faisoit pas à sa Requête.*

Ferrier Pere interpellé par Acte à lui signifié le 21. Avril 1721. de la part de Mr Gomé de déclarer s'il entendoit de son chef soûtenir le contenu dans l'Acte que son Fils avoit fait signifier, tant pour raison de la prise à partie que pour l'évocation, afin de procéder avec lui ainsi qu'il apartiendroit, n'osa répondre ni défendre un Acte aussi injurieux, cet Acte pourtant servi de prétexte au Sr Neef Procureur Général du Conseil de Colmar, pour écrire en Cour, il s'y plaignit du refus que les Procureurs & Huissiers faisoient de le signer ou signifier, & il demanda permission de faire informer extraordinairement contre Mr Gomé de son contenu; mais son zéle fut désaprouvé, il reçû des ordres supérieurs, portant, *qu'il se donnât bien de garde de faire une pareille démarche si contraire aux Ordonnances & aux Régles, qu'il ne lui étoit permis d'ignorer dans la place qu'il remplissoit.*

Le véritable objet de cette démarche avoit été de mal imprimer Mr Gomé dans l'esprit du Conseil de Sa Majesté, & de le disposer à écouter favorablement les plaintes des Ferrier, ils ne manquerent pas en effet de se rendre l'un & l'autre à Paris, & on vit dans peu paroître une Requête présentée sous leur nom au Conseil, où ils exposent, que *Mr Gomé est un Officier en très-mauvaise réputation, & absolument décrié dans la Province d'Alsace, qu'il a commis plusieurs faussetés, concussions & prévarications, que toutes ses actions sont si étonnantes & si marquées, qu'on auroit peine à les croire, si les preuves n'en étoient entiéres par les Enquêtes ausquelles il a procedé, & les Procès verbaux qu'il a dressé.*

Ils obtinrent Arrêt sur cette Requête le 6. Septembre 1721. qui ordonna l'aport des Minutes de ces Procédures, ils distribuerent ensuite un grand Mémoire, *pour justifier*, disoient-ils, *les faussetés, concussions, &*

prévarications de Mr Gomé, ils y insisterent, *à ce qu'il plût à Sa Majesté, & à son Conseil, retenir la connoissance du fond des Procès d'entre eux, le Comte de Renach, & Mr Gomé, que sans s'arrêter à toutes les Procédures instruites devant le Conseil de Colmar, les Enquêtes & Procès verbaux fussent déclarés nuls, irréguliers, faux & calomnieux, que les Minutes & les Grosses en fussent brulées & suprimées, que défenses fussent faites d'en retenir ou débiter des Copies à peine de faux, que le Comte de Renach, & Mr Gomé fussent condamnés en 200000. liv. de dommages & intérêts, & dépens.*

Des demandes si peu mesurés ne produisirent aux Ferrier, que la honte de les avoir formées; car aprés une Instruction de plus de six mois, & un Examen des plus scrupuleux de toutes les Procédures aportées au Greffe du Conseil, il intervint Arrêt le 25. Avril 1722. par lequel *il fut ordonné qu'il seroit mis néant sur la Requête des Ferrier, & qu'en conséquence les Minutes des Enquêtes, Informations & Procès verbaux seroient renvoyées au Greffe du Conseil Supérieur d'Alsace, pour y procéder suivant les derniers erremens.*

Mr Gomé de retour à Colmar se plaignit des nouveaux faits de diffamation contenus dans le Libelle imprimé & distribué par les Ferrier, tant au Conseil de Sa Majesté, que dans toute l'Alsace, il obtint Arrêt le dix-sept Août 1722. qui lui permit d'en faire informer par adition; l'Information faite, Ferrier Fils demanda Acte par Requête, *de ce qu'il consentoit de surseoir l'Instruction de sa prise à partie pendant tel tems qu'il plairoit au Conseil Supérieur d'Alsace de prescrire, à charge par Mr Gomé, de faire procéder au Jugement du Procès sur les faits portés dans son Procès verbal d'irrévérence seulement, faute de quoi il lui seroit permis de poursuivre l'Instruction de sa prise à partie.*

Deux Arrêts intervinrent au Conseil d'Alsace le 27. Août 1722. l'un qui mit néant sur la Requête de Ferrier Fils, l'autre décréta Ferrier Pere d'assigné pour être oüi sur les faits résultans de l'information par adition, & Ferrier Fils fut décrété d'ajournement personnel, pour être interrogé sur les faits résultans, tant de la premiere information, que de celle par adition.

Ferrier Pere interrogé le 22. Septembre 1722. s'excusa le mieux qu'il put, il dit, *qu'il n'avoit point de connoissance de la Cédule évocatoire qu'on qualifioit d'acte injurieux, qu'il ne l'avoit jamais lû, & que son Fils lui avoit seulement fait entendre qu'il ne vouloit que faire évoquer au Conseil la contestation qu'il avoit avec le Comte de Renach!*

Interrogé, *pourquoi il n'avoit rien repondu à la sommation que Mr Gomé lui avoit fait, de declarer s'il entendoit soûtenir le contenu dans l'acte évocatoire*, il répondit que *cette acte lui avoit paru contre les regles, & qu'il avoit craint de s'engager par une reponse dont on auroit pû se prevaloir contre lui!* pressé de s'expliquer sur le Libelle imprimé & diffamant, il dit, *qu'il ne l'avoit vû que le jour même que le Procès se jugeoit au Conseil d'Etat, & qu'il ne pouvoit pas en cela avoüer son Fils, qu'il avoit crû assez prudent & assez sage pour ne rien faire capable d'interresser personne.*

Ferrier Fils subit de son costé un Interrogatoire, & plus hardy & moins sage que son Pere, il déclara que *le Mémoire imprimé étoit son propre ouvrage, & qu'il l'avoit fait pour l'instruction de ses Juges* : on lui representa que *c'étoit passer les bornes d'une instruction ou d'une légitime défense, que de traiter un ancien Officier d'un Conseil Superieur de faussaire, de concussionaire, de prévaricateur, d'homme de mauvaise réputation decrié dans sa Province, & auquel sa propre compagnie n'osoit confier aucune affaire importante*, il répondit que *Mr Gomé avoit voulu se faire passer à Paris pour le premier homme du Conseil d'Alsace, & que ces sortes d'expressions faisans quelquefois impression sur les Juges, il avoit crû être obligé d'oter cette idée de faveur.*

Le Procés porté aux Conclusions des Gens du Roy, le Sr Neef Procureur Général du Conseil de Colmar, requit le 24. Septembre 1722. *qu'avant faire*

faire droit, *il fut informé à sa Requête*, *tant du contenu au Procès verbal d'irreverence*, *que des faits portés par les réponses de Ferrier Fils en ses Interrogatoires des 22. & 23. Septembre 1722. circonstances & dépendances pour l'information faite & à lui communiquée*, *être pris par lui telles conclusions qu'il apartiendroit*; ce réquisitoire irrégulier embarrassa le Conseil d'Alsace, & dans l'incertitude où il le laissoit, ce Conseil pris le parti d'en écrire à Mr le Garde des Sceaux; le Procureur Général écrivit de son côté, & les Mémoires désavantageux qu'il envoya contre Mr Gomé, l'obligerent de se rendre une troisiéme fois à Paris pour y désabuser ses Supérieurs des mauvaises impressions qu'on s'efforçoit de leur inspirer contre lui; il découvrit les motifs secrets qui faisoient agir le Sr Neef, & qui le rendoient son ennemi.

On avoit pris une délibération secrete à Colmar, d'envoyer à Monsieur d'Armenonville toutes les Piéces de la Procédure; ce Magistrat les fit examiner, & instruit à fond de l'Affaire; il écrivit la Lettre suivante à Mr Klinglin Président de la seconde Chambre du Conseil de Colmar qui en fit lecture à sa Chambre: *j'ai reçû vôtre Lettre du 22. du mois passé avec toutes les Piéces que vous y avés jointes*, *je suis assés instruit d'ailleurs des raisons d'animosité qui sont entre le Procureur Général du Conseil Supérieur d'Alsace*, *& le Sr Gomé pour n'être pas surpris de l'incident qui vous a été formé par les Conclusions prises sur le Procès d'entre le Sr Gomé & Ferrier*; *je les regarde de la part dudit Ferrier*, *comme une récrimination faite par un Accusé*, *& de la part du Procureur Général comme un effet de l'indisposition dans laquelle il est contre ledit Sr Gomé*, *& de la protection qu'il a voulu donner à sa Partie*; *mais comme cette récrimination*, *suposé même qu'elle fût fondée*, *ne doit jamais retarder l'instruction & le Jugement du Procès à l'occasion duquel elle est faite*; *vous devés sans difficulté passer outre au Jugement du Procès qui est pendant entre ledit Sr Gomé & ledit Ferrier*, *sauf après le Jugement dudit Procès à être fait droit*, *ainsi qu'il apartiendra sur les Conclusions prises par le Procureur Général contre le Sr Gomé*, *s'il entend les soûtenir*, *à quoi il doit faire une mure réflexion*, *& je lui écrit à cette occasion pour lui faire connoître ce que j'ai lieu de penser de son procedé*, *& combien il doit avoir d'attention sur sa conduite pour prevenir les inconveniens*, *dans lesquels il pourroit tomber. Je suis Monsieur vôtre affectionné Serviteur. D'ARMENONVILLE.*

Depuis cette Lettre le Conseil Supérieur d'Alsace ordonna par Arrêt du 14. Décembre 1722. que les Témoins seroient récollés dans leurs dépositions, & confrontés aux Accusés; cet Arrêt fut exécuté par Contumace contre Ferrier Fils qui s'étoit absenté; & la Procédure instruite, le Procès fut de nouveau porté aux Conclusions; mais le Sr Neef ne pût pas se résoudre d'en donner des définitives, il requit pour le Roy, *qu'avant faire droit il fut informé à sa Requête du contenu dans le Procès verbal d'irreverence dressé par Mr Gomé*; on passa sur un réquisitoire aussi injurieux à la Magistrature, car le 11. Mars 1723. Mr Gomé ayant donné sa Requête, tendante à une réparation publique, & à une adjudication de dommages & interêts, le Conseil de Colmar rendit un Arrêt définitif le 13. du même mois, duquel il importe d'inserer la teneur.

Nôtre Conseil a declaré & declare la contumace bien instruite à l'encontre de Jean-Pierre Ferrier, *ajugeant le profit d'icelle pour le cas resultant du Procès*, *a condamné & condamne ledit Jean-Pierre Ferrier de comparoir à la Chambre où étant*, *& Mr Gomé present sera reprimandé*, *& nuë tête & à genoux*, *lui demandera pardon des injures atroces qu'il a publié contre sa reputation*, *le reconnoîtra pour Juge d'honneur*, *& non entaché des injures contenuës dans les Libelles & Actes du Procès qui seront lacerés en sa presence par l'Huissier de service*, *deffenses à lui de recidiver sous peine corporelle*; *de-là sera conduit dans les Prisons de la Conciergerie du Palais*, *pour y rester à ses frais le tems & espace de deux mois*, *& l'a condamné à l'amende de 300. liv. envers Nous*; & en ce qui regarde le Sr Gilles Ferrier *l'a condamné & condamne de comparoir à la Chambre*, *où étant en presence de Mr Gomé*, *il de-*

clarera que mal-à-propos & comme mal avisé il a consenti que son nom fût inseré dans les Actes joints au Procès, qu'il lui en demande pardon, le tient pour Juge integre & incorruptible; & faisant droit sur les Requêtes des 11. & 12. du present mois, sans s'arrêter à celle de Gilles Ferrier, ayant aucunement égard à celle presentée par ledit Mr Gomé, *a condamné & condamne lesdits Ferrier Pere & Fils solidairement à lui rendre & restituer son debourse, montant à la somme de 6600. livres, & aux depens du Procès aussi solidairement, sans prejudice ausdits Ferrier Pere & Fils de se pourvoir par les voyes de droit contre les Enquêtes faites à la Requête des Srs Comte de Renach & Ferrier Pere, a renvoyée Baptiste Queffemme de la plainte contre lui portée, neanmoins sans depens, à lui enjoint de porter à ses Superieurs l'honneur & le respect qu'il leur doit.*

Ferrier Pere exécuta un Arrêt si solemnnel & si juste, il paya les peines pécuniaires qu'il prononçoit contre lui, & Mr Gomé lui fit grace de la Réparation publique à laquelle il le condamnoit: Ferrier Fils se sauva, & tout paroissoit tranquille lorsque sur la fin du mois de Juin mil sept cent vingt-trois le Sieur Neef continua à donner des marques de son ressentiment; *il envaya à Mr le Garde de Sceaux d'Armenonville un nouveau Mémoire contre Mr Gomé qu'il suposa l'ouvrage de sa compagnie, & il demanda permission de faire informer des faits qui y étoient contenus.*

Mr Gomé averti de la chose se rendit à Paris pour se justifier : c'étoit-là où l'on le vouloit; car à peine fut-il sorti de Colmar que Ferrier Fils parut à l'effet de purger sa Contumace, il se constitua dans les Prisons le 7. Juillet 1723. interpella le même jour Monsieur Gomé de le faire écroüer, prit le 30 du mois d'Août suivant l'Ordonnance du Commissaire pour être confronté aux Témoins, donna aprés la confrontation sa Requête à fin d'élargissement qu'il obtint par Arrêt du 7. Septembre 1723. à charge de se répresenter toutes fois & quantes.

Ferrier Fils devint alors plus insolent que jamais, il résuma dans une Requête présentée de sa part le jour de son élargissement, tous les faits calomnieux qu'il débitoit avec tant d'effronterie depuis plusieurs années contre Mr Gomé; il demanda d'être admis à les prouver; & que pour faire droit sur sa demande, les deux Chambres du Conseil d'Alsace fussent assemblées ou que du moins il fût renvoyé à la Premiere en qualité de Fils de Sécretaire du Roi pour y être jugé suivant son privilege; il eut des Conclusions plus favorables qu'il ne souhaittoit, puisque *le Procureur Général insista qu'à sa Requête il fût informé des faits portés dans son Interrogatoire, & de ceux contenus dans le Procès verbal d'irréverence dressé par Mr Gomé en* 1721.

Tout cela se faisoit en l'absence de Mr Gomé, & Ferrier Fils triomphoit; il surprit un Arrêt le 10. du même mois de Septembre, *par lequel le Procès fût renvoyé en la premiere Chambre*; il y eut le lendemain un autre Arrêt, qui sur les Répresentations & les Protestations de nullités réïtérées par le Procureur de Mr Gomé, lui accorda une surséance d'un mois pour en recevoir des Instructions.

Mr Gomé arriva à Colmar le lendemain de cet Arrêt, son retour donna lieu à Ferrier Fils de présenter une Requête le 13. du même mois de Septembre, tendante à être reçû Oposant à cet Arrêt de surséance, & à ce que sans délai il fût passé outre au Jugement de son Procès; ce fut dans ces circonstances que Mr Gomé voyant que tout se faisoit au désir de Ferrier, & qu'on vouloit précipiter le Jugement du Procès dans un tems qu'on étoit à la veille des vacances, qu'une partie des Conseillers étoit même absent, entr'autres Mr de Fontaine au Raport duquel l'Arrêt de Contumace contre Ferrier avoit été rendu, hazarda le 16. du même mois de Septembre une Cédule évocatoire fondée sur ce que quatre des Conseillers de la premiére Chambre du Conseil de Colmar où le Procès avoit été renvoyé étoient ses ennemis capitaux, & que ces quatre Officiers se trouvans récusés, il ne restoit pas un nombre suffisant de Juges pour faire Arrêt.

Le Procureur Général du Conseil de Colmar s'oposa à cette évocation, &

le lendemain Ferrier donna une autre Requête tendante à ce que sans aucune retardation le Procès fut jugé, ensorte que le même jour 17. Septembre il intervint Arrêt, *qui sans s'arrêter à la Cédule évocatoire de Mr Gomé, reçût Ferrier Oposant à l'Arrêt de surséance rendu le* 11. *du même mois avec déclaration qu'il seroit incessamment, & sans aucun délai passé outre à l'Instruction & Jugement du Procès*; cet Arrêt fut suivi d'un autre, rendu le 22. du même mois, duquel il importe de transcrire la teneur pour en mieux faire sentir l'irrégularité.

Le Conseil a reçû & reçoit l'Accusé à faire preuve des faits justificatifs par lui allégués au Procès en ses Interrogatoires des 23. *Septembre* 1722. *&* 20. *du présent mois de Septembre; Sçavoir, que Mr Gomé n'eut pas plûtôt apris que l'Accusé avoit traité d'un Office de Conseiller qu'il commença à tenir de lui des discours très-desavantageux qu'avant qu'il n'eût aucune difficulté avec le Sr de Renach, Mr Gomé avoit deja commencé à publier contre l'Accusé les faits injurieux à sa famille, à la preuve desquels ledit Sr de Renach a été admis par la suite, qu'il a excité ledit Sr de Renach à soûtenir le Procès contre ledit Accusé; que Mr Gomé procedant à l'Enquête du mois d'Octobre* 1720. *a suprimé adroitement les circonstances des depositions, qui alloient à detruire les faits posés par ledit Sr de Renach, & qu'il y a inseré contre l'intention des Temoins des termes qui alloient à établir ces mêmes faits, qu'il n'a pas fait lire à plusieurs le veritable Arrêt qui interloquoit les Parties, qu'il ne leur en a pas expliqué le sens naturel pour les mettre en état de deposer à charge & à decharge, que par artifice & équivoques, il a empéché les Temoins de dire positivement que le Pere de l'Accusé n'a pas été Valet de Chambre du Sr de St Just, que le nommé Ferrand avoit fait les fonctions que l'on attribuë au Pere de l'Accusé, & s'ils ont vû la Mere dud. Accusé sur le Theatre; que Mr Gomé a fait voir la premiere Enquête, tant à Colmar qu'à Belfort à plusieurs personnes qu'il pressoit d'en prendre lecture, & sur ce qu'on lui disoit que les depositions n'operoient aucune preuve, il s'emportoit & disoit qu'on n'en pouvoit voir de plus claires, & qu'il a temoigné de la passion contre l'Accusé en plusieurs compagnies par ses discours dans l'intervalle des deux Enquêtes, & sera, tenu ledit Accusé après la prononciation à lui faite dudit Arrêt de nommer sur le champ les Témoins par lesquels il entend justifier lesdits faits, autrement il n'y sera plus reçû, lesquels Temoins seront oüis d'Office à la Requête du Procureur General du Roy pardevant Messire François Antoine Garnier, Conseiller que le Conseil a commis & commet à cet effet. Ce fait sera l'Enquête communiquée audit Procureur General & à la Partie Civile & jointe au Procès, pour en jugeant y avoir tel égard que de raison, à l'effet de quoi l'Accusé consignera telle somme qu'il conviendra pour fournir aux frais de la preuve desdits faits.*

Et ayant aucunement égard aux requisitions du Procureur General du Roy, a ordonné qu'il sera informé à sa Requête pardevant le Commissaire du contenu au Procès verbal en irreverence des 27. *&* 28. *Fevrier* 1721. *que les Minutes des Enquêtes & Procès verbal des* 3. 4. 5. 7. 8. 9. *&* 10. *Octobre* 1720. *& les Originaux des assignations données à l'Accusé & aux Temoins oüis en ladite Enquête seront jointes au Procès, à l'effet de quoi seront tenus le Sr de Renach, Larcher l'aîné son Procureur & tous autres Depositaires de raporter dans huitaine au Greffe du Conseil lesdites assignations, à ce faire contraints par toutes voyes dûës & raisonnables pour ladite information faite & raportée avec lesdites Pieces être le tout communiqué au Procureur General, être ensuite ordonné ce qu'il apartiendra.*

C'est ainsi que le Conseil de Colmar renversa ses propres décisions, autant que celles du Conseil de Sa Majesté; son Arrêt violoit trop les Régles les plus certaines, pour que Monsieur Gomé ne s'en plaignit pas, il le fit avec tant de succès que l'Affaire discutée de nouveau devant le Roi, Sa Majesté donna un Arrêt de son propre mouvement datté du treize Novembre mil sept cent vingt - trois par lequel elle déclare, *qu'informé de la division qu'il y avoit dans le Conseil Supérieur de*

Colmar au sujet du Procès d'entre Monsieur Gomé & Ferrier Fils; que quelques uns des Officiers de ce Tribunal avoient donnés des marques d'une partialité ouverte, que les deux Arrêts qu'ils avoient rendus les dix & vingt-deux Septembre mil sept cent vingt-trois étoient autant de contravention aux Regles les plus certaines, & voulant faire cesser cette division si contraire au bon ordre & au bien de la Justice, & rétablir les Reglemens ausquels il avoit été contrevenu; elle casse & annulle ces deux Arrêts, & tout ce qui s'en est suivi; en conséquence, renvoye les Parties au Parlement de Metz pour y procéder sur leurs Procès & differends, circonstances & dépendances, comme auparavant lesdits deux Arrêts, & à cet effet ordonne que les Minutes des charges, informations & autres procédures servans au Procès, seront envoyés audit Parlement de Metz.

Mr Gomé fit signifier cet Arrêt à Ferrier Fils le 27. du même mois de Novembre, & l'interpella de se rendre à la suite du Parlement de Metz, il le fit signifier au Greffier du Conseil Supérieur de Colmar avec réquisition à lui d'envoyer les charges & informations au Greffe de ce Parlement, & il l'Intima au Sieur Neef, mais cet Officier informé que l'Arrêt rendu le 22. Septembre 1723. seroit infailliblement cassé, s'étoit hâté de le mettre à exécution, & il avoit fait procéder aux Enquêtes & Informations qu'il ordonnoit: Ferrier trouva depuis moyen de faire recevoir sa Requête en oposition à l'Arrêt que le Conseil d'en-Haut venoit de rendre, cela donna lieu à une nouvelle discussion de l'Affaire, & examinée une seconde fois au poid du Sanctuaire, *la Requête de Ferrier fut rejettée.*

Ces obstacles levés, Monsieur Gomé suivit son Procès devant le Parlement de Metz, il l'y fit retenir par Arrêt du 16. Décembre 1723. les charges & informations y furent aportées, Ferrier Fils fut assigné à y comparoître, il fut même réassigné, & aprés l'écoulement de tous les délais le Parlement de Metz rendit enfin un Arrêt définitif le 17. Juin 1724. conçû dans ces termes.

Nôtredite Cour pour les cas resultans du Procés, condamne Jean-Pierre Ferrier même par Corps, de comparoir à l'Audience du Conseil d'Alsace, pour icelle tenante tête nuë & à genoux, dire & declarer que méchamment & calomnieusement il a fait & composé les Actes, Requêtes & Libelles diffamatoires qui sont joints au Procès, & qui ont été repandus dans le Public dans les termes qu'ils sont conçûs, qu'il s'en repent, & demande pardon aud. Gomé, qu'il retracte les faussetés, impostures & calomnies qui y sont énoncées, de même que celles qui sont contenuës dans ses reponses aux Interrogatoires qu'il a prêté; ordonne que le tout sera suprimé & laceré en sa presence à la même Audience par l'Huissier de service, à l'effet de quoi lesdits Interrogatoires, Actes, Requêtes & Libelles diffamatoires seront tirés du Greffe de Nôtredite Cour, & renvoyés en celui du Conseil d'Alsace: condamne en outre ledit Jean-Pierre Ferrier d'y declarer qu'il tient ledit Gomé pour homme de bien & d'honneur, Juge integre, digne de son employ, & incapable des faits dont il l'a temerairement accusé, en 6000. livres de dommages & interêts, & en 300. livres d'amende envers Nous, & aux depens, le tout payable par Corps, avec défenses de recidiver sous plus grande peine.

A voir ce qui a suivi cet Arrêt, & ceux qui l'ont précédé, on diroit qu'on ne les ait tous rendus en faveur de Mr Gomé, que pour le plonger dans une plus grande opression que celle de laquelle ils l'avoient tirés! Est-ce donc le Privilege de la calomnie de renaître de ses propres cendres! Et ne peut-on jamais en être à couvert; Ferrier Fils accablé par l'Arrêt de Metz, s'enfuit dans le Païs étranger, il souffre l'éxécution de l'Arrêt, & trois années après il reparoît sur la Scene, *ut animus rediit, pariter rediere furores*, il présente une Requête au Conseil d'Etat, où il se supose un Gentilhomme, issu d'une Famille illustre, inviolablement attachée au Service du Roy, & duquel on a sacrifié l'honneur, l'établissement & les biens pour sauver un homme prévenu & convaincu d'une infinité de prévarications si publiques & si notoires, que toute la Province d'Alsace attentive à l'Affaire, n'a pas moins été scandalisée de son impunité que de ses excès: Il demande la ré-

vocation

vocation de l'Arrêt du Conseil d'en-Haut du 13. Novembre 1723. & la cassation de tous ceux rendus à Metz.

Sur cette Requête non communiquée, il surprit deux Arrêts, l'un du 18. Décembre 1727. l'autre du 6. Mars 1728. qui ordonnerent que toutes les Charges, Informations, Enquêtes, Procès verbaux & Procédures faites, tant au Conseil Supérieur d'Alsace, qu'au Parlement de Metz seroient aportées au Greffe du Conseil d'Etat; ce fut encore dans cette occurrence que Mr Gomé éprouva le ressentiment de ses ennemis, puisque le Sr Neef, non content d'envoyer les Procédures antérieures à l'Arrêt de Colmar du 22. Septembre 1723. y joignit encore la Procédure qu'il s'étoit hâté de faire en exécution de cet Arrêt, quoique Sa Majesté l'eût cassé & annullé par l'Arrêt de son Conseil d'en-Haut du 13. Novembre suivant.

C'est dans ces circonstances que le Conseil d'Etat rendit l'Arrêt duquel la teneur suit; *Le Roy étant en son Conseil, de l'avis desdits Sieurs Commissaires, ayant égard aux très-humbles representations dudit Sr Ferrier du Chatelet, au sujet de l'Arrêt du Conseil d'Etat du 13. Novembre 1723. & sans s'arrêter aux Arrêts rendus en consequence au Parlement de Metz les 16. Decembre 1723. 14. Janvier & 17. Juin mil sept cent vingt-quatre vingt-sept Juin & 4. Juillet 1725. lesquels Sa Majesté a cassé & annullé, ensemble tout ce qui s'en est ensuivi, remet les Parties au même état où elles étoient avant ledit Arrêt du 13. Novembre 1723. en consequence, ordonne que les Parties procederont au Conseil Superieur d'Alsace, sur leur Procès & differens, circonstances & dépendances, execution des Arrêts dudit Conseil Superieur d'Alsace des 10. & 22. Septembre 1723. suivant les derniers erremens qui ont precedés la cassation d'iceux; ordonne à cet effet Sa Majesté que les Charges, Informations, Enquêtes, Procès verbaux & autres Procedures aportées du Greffe du Conseil Superieur d'Alsace, & de celui du Parlement de Metz au Greffe du Conseil, en execution des Arrêts du Conseil d'Etat des 18. Decembre 1727. & 6. Mars 1728. seront incessamment portés au Greffe du Conseil Superieur d'Alsace*; & sur la demande dudit Sr Ferrier, tendante à ce que ledit Sr Gomé soit condamné à lui restituer les sommes reçûës en exécution desdits Arrêts du Parlement de Metz, en principal, interêts & dépens par les mêmes voyes que ledit Sr Ferrier y a été condamné; *Sa Majesté renvoye les Parties audit Conseil Superieur d'Alsace pour y être statué sur ladite demande, ainsi qu'il apartiendra. Fait au Conseil d'Etat du Roy, Sa Majesté y étant, tenu à Versailles le 8. Janvier 1729. Signé*, BAUYN.

Quelque triste qu'il ait été pour Mr Gomé de voir renaître un Procès qu'il croyoit éteint pour toûjours, ce qui l'affligeoit le plus étoit de se voir renvoyé devant un Tribunal, dans lequel il comptoit plusieurs de ses Juges pour ennemis capitaux: persuadé que Sa Majesté n'avoit point entendu en le renvoyant à Colmar le livrer au ressentiment & à la haine, il lui presenta sa Requête tendante à ce que le Procès fut porté devant tout autre Tribunal que celui de Colmar; mais Ferrier Fils n'eut garde d'attendre l'évenement d'une demande si juste; il fut à peine saisi de son Arrêt du Conseil d'Estat du 8. Janvier 1729. qu'il assigna Mr Gomé en constitution de nouveau Procureur, & Mr Gomé ayant bien prévû qu'on procéderoit contre lui sans autre délai que celui de l'Ordonnance, il se vit forcé de laisser sa Requête indécise, & de se rendre à Colmar: il n'y fut pas plûtôt arrivé, qu'il constitua Procureur, & le 29. Avril 1729. il interpella par acte Ferrier Fils de lui donner copie de son Enquête sur ses prétendus faits justificatifs! réquisition à laquelle Ferrier Fils ne répondit que par une Requête signifiée de sa part le 7. May suivant, où il prit ces conclusions.

Ce consideré, NOSSEIGNEURS, *il vous plaise sans s'arrêter aux Requêtes de Mr Gomé dont il sera debouté décharger le Supliant des Chefs d'accusations fausses & calomnieuses intentées contre lui, condamner mondit Sr Gomé à lui rendre & restituer ses deboursés, montans à la somme de 28000. livres, pour les causes énoncées en la presente, lesquelles ainsi que les deboursés, le Supliant offre d'affirmer veritables, condamner pareillement Mr Gomé à lui rendre & restituer les sommes qu'il a reçûës en execution des Arrêts du Parlement de Metz des 17. Juin 1724. 27. Juin & 4. Juillet 1725. en principal, interêts & depens, ſçavoir celle de 5375. l. avec les interêts depuis le 10. Septembre 1725. & celle de 897. livres avec les interêts auſſi du même jour 10. Septembre 1725. juſqu'à parfait payement deſdites ſommes, & aux depens du Procès, au payement deſquels ainſi que des dommages & interêts, & reſtitutions par forme de dommages & interêts, il ſera contraint par Corps, & au ſurplus, attendu que par l'Enquête des faits juſtificatifs, la matiere doit ſe trouver diſpoſée à reprendre la voye extraordinaire ſur la plainte originaire du Supliant, lui donner acte de ce qu'il requiert ſur ce point la jonction de Mr le Procureur General, ce faiſant ſur la demande du Supliant, & ſur les Concluſions qu'il eſpere que Mr le Procureur General prendra, ordonner que la voye extraordinaire ſera repriſe à la Requête du Supliant, convertir ladite Enquête juſqu'à preſent demeurée ſecrete en Information, en conſequence decreter ſur icelle ainſi & contre qui il apartiendra, permettre au Supliant de continuer ladite Information par adition s'il y échéet ſur le contenu en ſa plainte originaire du 13. Mars 1721. circonſtances & dépendances pour ſur le tout être ſtatué en même tems que la priſe à partie, Demandes & Concluſions civiles qui ſeront priſes en conſéquence par le Supliant, ainſi & contre qui il apartiendra, ordonner la preſente être jointe au Procès, pour en jugeant y être fait droit ainſi que de raiſon.*

Sur le refus fait tant par Ferrier Fils que par le Greffier du Conſeil de Colmar de donner communication à Mr Gomé de l'Enquête de Ferrier ſur ſes prétendus faits juſtificatifs, Mr Gomé obtint Arrêt le 8. May 1729. qui ordonna que le Greffier lui donneroit ſans déplacer communication de cette Enquête compoſée de 74. Témoins, mais cette communication quoiqu'imparfaite déplût à Ferrier, il prétendit que Mr Gomé ne pouvoit faire d'obſervations ſur les dépoſitions de ces Témoins, & qu'il devoit ſimplement en prendre lecture, on décida verbalement le contraire, & il fallut du tems pour prendre cette communication.

Dans ces entrefaites, l'Avocat de Mr Gomé tomba malade, & ce contretems le jetta dans un grand embarras, il falloit inſtruire un nouveau Conſeil, examiner les dépoſitions de 74. Témoins, les confronter pour la plus grande partie avec celles rédigées par Mr Gomé trois années auparavant, répondre à la Requête ſignifiée par Ferrier Fils le 7. May 1729. dans laquelle il avoit réſumé toutes les impoſtures contenuës dans ſes premiers écrits : le travail étoit long, & il méritoit au moins un mois de délai, Mr Gomé le demanda, & il lui fut refuſé par Arrêt, ſur Requête.

Mr Gomé ſe vit donc obligé de travailler jour & nuit à une Requête reſponſive à celle de Ferrier ; il la fit ſignifier le 5. Juillet 1729. il y propoſa des moyens de nullité contre les dépoſitions de pluſieurs Témoins ouïs dans l'Enquête de Ferrier ſur ſes prétendus faits juſtificatifs, & il fonda cette nullité ſur ce qu'on n'avoit pas interrogé les Témoins, s'ils étoient Serviteurs ou Domeſtiques des Parties ; il y reprocha quelques autres Témoins, & il inſiſta à ce que leurs dépoſitions fuſſent rejettées ; il interjetta apel comme de Juge incompétant de l'Ordonnance renduë par le Procureur Général du Conſeil de Colmar le 13. Mars 1721. au bas de l'acte, contenant la cédule évocatoire ou priſe à partie de Ferrier Fils ; il demanda que faiſant droit ſur cette apellation, il fut dit que cette Ordonnance avoit été mal, nullement & incompétamment renduë, que ſans s'arrêter à la Requête de Ferrier du 7. May 1729. il fût déclaré non-recevable à toutes ſes fins, & ſubſidiairement mal fondé, qu'il fût condamné à une réparation authentique & en 60000. livres de dommages, interêts & dépens.

Ferrier Fils étoit ſûr de ſon Procès au point qu'il daigna ne pas répondre à cette Requête ; il ſe contenta d'en faire ſignifier une le 7. du même mois de Juillet où il déclara qu'il perſiſtoit à ſes fins, & le même jour 7. Juillet Mr Gomé en donna une à laquelle il joignit pluſieurs piéces eſſentielles : telle eſt la Procédure ſur laquelle le Conſeil de Colmar a rendu Arrêt le 9. Juillet 1729. duquel il importe encore d'inſerer la teneur.

Tout vû & conſideré Nôtredit Conſeil ſans s'arrêter aux moyens de nullité

& de reproches non plus qu'à l'apel d'incompétance & fins de non recevoir, sans s'arrêter quant à present *aux Requêtes de Mr Gomé des 5. & 7. du present mois de Juillet; ayant aucunement égard* quant à present *à celles de Ferrier des 7. May & 5. Juillet present mois, a renvoyé & renvoye ledit Ferrier absous des cas à lui imposés, en conséquence a condamné & condamne ledit Mr Gomé & par Corps, de rendre & restituer audit Ferrier la somme de 5375. livres, & celle de 897. livres, qu'il a reçû en exécution des Arrêts du Parlement de Metz des 17. Juin 1724. 27. Juin & 4. Juillet 1725. aux interêts desdites sommes du jour que les payemens en ont été faits, & en tous les dépens du Procès.*

Faisant droit sur les réquisitions de nôtre Procureur General a donné Acte formellement audit Ferrier de sa plainte contre Mr Gomé, en conséquence a ordonné & ordonne qu'à la Requête de notredit Procureur General poursuite & diligence dudit Ferrier il sera informé pardevant Messire François Richard Holdt Doyen, & Messire François-Antoine-Joseph Muller Conseillers que nôtredit Conseil a commis & commet à cet effet, des faits d'accusations portés, tant par la Cedule évocatoire du 13. Mars 1721. Requête d'évocation qui l'a suivi & Memoire y joint, que par l'interrogatoire qu'il a subi les 22. & 23. Septembre 1722. & Requêtes par lui presentées les 27. Août de la même année, 17. Septembre 1723. & 7. May 1729. circonstances & dependances; comme aussi que les Temoins oüis en l'Enquête des faits justificatifs, seront repetés & pourront être entendus sur les autres faits dont est plainte pour lesdites informations & repetitions faites & communiquées à nôtre Procureur General être statué ce qu'au cas apartiendra.

Cependant a ordonné & ordonne que Mr Gomé sera ajourné à comparoir en personne pardevant les mêmes Commissaires dans huitaine, pour être oüi & interrogé sur les faits résultans du Procès, & autres sur lesquels nôtredit Procureur General voudra le faire oüir & répondre à ses Conclusions; & demeureront jointes au Procès les Pieces ci-dessus énoncées, ensemble le Procès verbal des pretenduës insultes du 28. Fevrier 1721. l'information faite à la Requête de nôtre Procureur General sur icelui le 4. Octobre & jours suivans de l'année 1723. le Procès verbal d'Enquête commencé le 28. Septembre, & clos le 3. Octobre 1720. les Minutes des Enquêtes dud. mois d'Octobre 1720. & de Fevrier 1721. l'Ordonnance donnée au Procureur du Sr de Foussemagne le 28. Septembre 1720. & les Originaux des Assignations données en conséquence à Ferrier & aux Témoins ledit jour 28. Septembre, 2. 3. 4. 7. 8. & 9. Octobre de la même année. Donné à Colmar en nôtre Conseil Souverain d'Alsace, les Chambres Assemblées le 9. Juillet l'an de Grace 1729.

Mr Gomé s'est pourvû contre cet Arrêt, comme autant honteux à la Magistrature, qu'attentatoire aux Ordonnances; & tandis qu'il en poursuivoit la cassation; on a répeté à Colmar les Témoins oüis dans l'Enquête des prétendus faits justificatifs de Ferrier; on a fait en même-tems une nouvelle Information, ou pour mieux dire une Inquisition générale de la vie de Mr Gomé; mais le Sr Neef pénétré que cette nouvelle Procédure ne chargeoit point Mr Gomé, n'a pas osé s'en servir pour faire convertir le Decret personnel rendu contre lui en Decret réel : *il a au contraire levé deffaut contre Mr Gomé, faute d'avoir comparu sur l'Assignation à lui donné pour l'exécution de son Decret personnel, & pour le profit de ce défaut, il a fait convertir ce Decret en réel.*

On a ensuite procédé à la perquisition de la personne de Mr Gomé, ses Biens ont été saisis & annotés; on a ordonné le Recollement, & par le même Arrêt, on a dit que le Recollement vaudroit confrontation; mais on n'a pas ordonné le Recollement des Témoins répetés par forme d'information, on l'a seulement ordonné à l'égard des Témoins oüis dans l'Information prise pour la recherche de la vie de Mr Gomé, & nulle preuve n'ayant résulté de cette Information contre Mr Gomé; on en est demeuré là.

Cependant Mr Gomé obtint un Arrêt du Conseil d'Etat le 20. Mars 1730. par lequel il fut ordonné que dans deux mois le Procureur Général du Conseil d'Alsace envoyeroit les motifs de l'Arrêt du 9. Juillet 1729. & que dans le même délai les Charges, Informations, Enquêtes, Procès verbaux, & toutes les autres Pieces & Procédures civiles ou criminelles seroient aportées au Greffe du Conseil d'Etat; on laissa expirer tous ces délais, & aprés leur écoulement on ne satisfit qu'en partie à l'Arrêt; car on retint à Colmar la Procédure faite contre Mr Gomé, en exécution de l'Arrêt duquel il demandoit la cassation.

Ferrier qui avoit suivi l'envoi de la Procédure, ne fut pas plûtôt arrivé à Paris, qu'il se plaignit dans un Placet donné en forme de Requête, de ce que le Conseil d'Alsace avoit envoyé les Originaux de la Procédure, il prétendit qu'on ne devoit avoir envoyé que des Copies collationnées: Il demanda que pour cet effet les Minutes fussent renvoyées à Colmar; on regarda sa Requête comme impertinente, & elle fut rejettée.

Malgré cela, Mr Gomé ne pû parvenir à faire rendre Arrêt sur sa Requête en cassation, & il se vit arrêté, au moyen de ce que le Conseil de Colmar n'avoit pas envoyé la derniere Procédure faite contre lui; il n'étoit pas naturel que Mr Gomé en demanda l'aport, parce qu'elle contenoit une recherche de sa vie, il le fit pourtant ordonner, & alors Ferrier sçachant parfaitement que loin que cette Procédure fit charge contre Mr Gomé, elle justifioit sa conduite, il donna une Requête pour en empêcher l'aport: il y soûtint que cette Procédure étoit inutile, parce qu'elle n'avoit été faite qu'en conséquence de l'Arrêt duquel Mr Gomé poursuivoit la cassation; ses raisons furent rebutées, l'aport de la Procédure fut ordonné, & l'Ordonnance verbale de Monseigneur le Chancelier sur ce point exécutée.

Le Conseil d'Etat a donc examiné cette Procédure, & il n'est pas douteux que si elle eût chargé Mr Gomé dans la moindre chose, on n'auroit pas dépoüillé le Conseil de Colmar de l'Affaire; mais sa passion étoit trop marquée pour lui en laisser la décision, & S. M. fatiguée d'un Procès porté tant de fois aux pieds de son Thrône, a voulu une fois pour toutes s'en débarasser, elle l'a évoqué à sa propre personne, & ensuite elle l'a renvoyé devant ce Parlement *pour être fait droit aux Parties, ainsi qu'il apartiendroit*, & non pas pour procéder suivant les derniers erremens, en exécution de l'Arrêt de Colmar; voici les termes de l'Arrêt de renvoi.

Oüi le Raport, & tout consideré, le Roi en son Conseil a ordonné & ordonne qu'il sera mis néant sur la Requête du Sieur Gomé inserée dans l'Arrêt du Conseil du 20. Mars 1730. & néanmoins vû les charges & procédures a évoqué & évoque à Soi & à son Conseil, le Procès criminel dont est question, & a renvoyé & renvoye led. Procès & les Parties au Parlement de Besançon pour être fait droit, ainsi qu'il apartiendra, toutes les Chambres assemblées, à l'effet de quoi Sa Majesté a ordonné & ordonne que les Charges & Informations & toutes les autres Piéces & Procédures aportées du Greffe du Conseil Supérieur d'Alsace, en celui du Conseil en exécution dudit Arrêt du 20. Mars 1730. seront envoyées dudit Greffe du Conseil en celui du Parlement de Besançon, à ce faire le Greffier dudit Conseil sera contraint, quoi faisant, il en demeurera bien & valablement déchargé, & pourront les Commissaires du Parlement de Besançon se transporter hors leur ressort, & par tout où besoin sera, pour parachever l'instruction dudit Procès. Fait au Conseil d'Etat Privé du Roi, tenu à Versailles le 19. Mars 1731.

Qu'on réfléchisse un moment à cette involution de Procédures où Mr Gomé se trouve! Qu'on considére le sujet qui lui a attiré tant de disgraces, & on se convaincra aisément que sa situation est aussi triste que la vexation qu'il souffre est inoüie; tantôt Innocent & Accusateur, tantôt Coupable & Accusé : son Calomniateur puni pendant un tems, & triomphant pendant un autre! Quel étrange sort pour un ancien Officier d'une Cour Supérieure, qui n'a travaillé toute sa vie qu'à rendre la Justice, & à remplir ses devoirs avec désintéressement! Quel terrible exemple pour les Juges, & y en a-t'il un qui ne doive trembler dans la place qu'il occupe, si son honneur devient le joüet de la passion, & l'objet de la malignité ou de l'emportement d'un plaideur furieux.

Avai

Avant que d'entrer dans aucun détail, il faut fixer l'état du Procès, & les qualités des Parties; car si on en croit Ferrier tout est jugé en sa faveur : *Je suis*, dit-il, *absous par l'Arrêt de Colmar du 9. Juillet 1729. & si bien absous, que j'ai obtenu tous mes dépens ; Mr Gomé s'étoit pourvû en cassation contre cet Arrêt, & il en a été debouté par celui du Conseil d'Etat du 19. Mars 1731. Il ne lui reste donc plus que la qualité d'Accusé, c'est à lui à se justifier, & c'est-là une chose impossible, parce qu'il est oprimé par les charges*; ainsi raisonnent ceux qui ont l'esprit préoccupés, la lumiére luit sur leur tête, & ils mettent un bandeau pour ne la pas voir.

Ferrier n'a point été absous par l'Arrêt de Colmar du 9. Juillet 1729. & loin que celui du Conseil d'Etat du 19. Mars 1731. ait confirmé l'Arrêt de Colmar; il veut au-contraire qu'on juge le Procès comme si celui de Colmar du 9. Juillet 1729. n'avoit jamais été rendu.

Qu'est-ce en effet que le Roi a évoqué à sa propre Personne, c'est le Procès criminel pendant entre les Parties; S. M. l'a évoqué aprés avoir vû les Informations, & l'Arrêt du Conseil d'Etat du 19. Mars 1731. le porte expressément, *& neanmoins vû les Charges & Procedures a évoqué & évoque à soi & à son Conseil le Procès Criminel dont est question*; c'est ce Procès Criminel que S. M. a renvoyé au Parlement de Besançon pour le décider les Chambres assemblées, *& a renvoyé & renvoye ledit Procès & les Parties pour leur être fait droit, ainsi qu'il apartiendra toutes les Chambres assemblées, à l'effet de quoi S. M. a ordonné & ordonne que les Charges & Informations, & toutes les autres Piéces & Procedures aportées du Greffe du Conseil Supérieur d'Alsace, seront envoyées du Greffe du Conseil en celui du Parlement de Besançon.*

Or quel est ce Procès ainsi évoqué & renvoyé au Parlement de Besançon, autre que celui commencé par Mr Gomé en 1721. soit pour l'insulte faite à son caractére par Ferrier Fils, lorsqu'il procédoit à l'Enquête de son Pere, soit pour avoir réparation des Libelles diffamatoires répandus contre lui ! Quelles sont les Charges, & les Procédures que S. M. dit avoir vû, autres que celles faites à Requête de Mr Gomé! Est-ce que Ferrier Fils n'a pas toûjours porté la qualité d'Accusé ! N'a-t'il pas été condamné comme tel à Colmar & à Metz ! n'a-t'il pas subi des Interrogatoires, & posé des prétendus faits justificatifs ! Est-ce qu'en un mot Mr Gomé n'a pas eû un Procès criminel avec lui ! Est-ce que le Roi n'a pas ordonné qu'on en aportât les Charges & Procédures au Greffe de ce Parlement.

De-là trois conséquences également décisives, la prémiere que le Procès criminel que Mr Gomé a avec Ferrier Fils, est celui que Sa Majesté a évoqué & renvoyé au Parlement de Besançon avec les Charges & Procédures : la deuxiéme que dez que ce Procès est évoqué & renvoyé pour être jugé par ce Parlement les Chambres assemblées, il ne se peut pas qu'il soit déja jugé ; & la troisiéme que s'il n'est pas jugé l'Arrêt de Colmar du 9. Juillet 1729. n'est point à considerer aprés celui du Conseil d'Etat du 19. Mars 1731.

Peu importe que cet Arrêt ordonne qu'il sera mis néant sur la Requête de Monsieur Gomé, tendante à ce que celui du Conseil de Colmar du 9. Juillet 1729. fut cassé, parce que deux raisons pressantes ont déterminé le Conseil d'Etat à l'ainsi ordonner : l'une a été que dez que le Roi évoquoit le Procès à sa propre Personne & à son Conseil, pour ensuite le renvoyer au Parlement de Besançon, il faloit désaisir le Conseil d'Etat de la connoissance de l'Affaire, & pour l'en désaisir, la Requête de Mr Gomé, tendante à la cassation de l'Arrêt de Colmar du 9. Juillet 1729. a dû être répondüe par néant, parce que le Conseil d'Etat ayant demandé par l'apointement mis sur cette Requête les motifs de l'Arrêt de Colmar du 9. Juillet 1729. & ordonné l'aport de toutes les Procédures; cet apointement avoit saisi le Conseil d'Etat de l'Affaire ; or plus de possibilité de l'en désaisir, qu'en mettant néant sur la Requête de Mr Gomé ; parce que si le Conseil d'Etat eût simplement évoqué & renvoyé le Procès au Parlement de Beçon, ce Parlement auquel on renvoyoit le Procès auroit pû, & il auroit dû prononcer sur la cassation de l'Arrêt de Colmar du 9. Juillet 1729. & Sa Majesté n'a pas trouvé à propos de lui attribuer un pouvoir si étendu.

L'autre a été que dans le même moment que le Roi en son Conseil, ordonne qu'il sera mis néant sur la Requête de Mr Gomé, tendante à la cassation de l'Arrêt de Colmar du 9. Juillet 1729. Sa Majesté évoque le Procès à sa propre Personne, & le renvoye au Parlement de Besançon; c'est-à-dire que Sa Majesté évoque le Procès, & le renvoye, pour que le Parlement de Besançon le décide, les Chambres assemblées! Et rien ne seroit plus à décider si l'Arrêt de Colmar pouvoit recevoir le sens que Ferrier lui donne, parce que le Procès criminel que Mr Gomé a intenté à Ferrier, n'existeroit plus : cependant il existe dès que le Roi l'a évoqué & renvoyé.

Ferrier Fils force non-seulement le sens & les termes de l'Arrêt du Conseil d'Etat du 19. Mars 1731. il force encore le sens & les termes de l'Arrêt de Colmar du 9. Juillet 1729. parce que cet Arrêt n'a rien jugé deffinitivement que la restitution des sommes payées à Mr Gomé en conséquence des Arrêts rendus à Metz en sa faveur, & les dépens faits à Colmar depuis l'Arrêt du Conseil d'Etat du 8. Janvier 1729.

Cet Arrêt du Conseil d'Etat du 8. Janvier 1729. renferme deux dispositions qu'il ne faut pas perdre de vûë pour bien comprendre ce que celui de Colmar du 9. du mois de Juillet suivant a décidé : il déclare par la premiere que *sans s'arrêter à l'Arrêt du Conseil d'en-Haut du 13. Novembre 1723. non plus qu'à ceux rendus en 1724. & 1725. par le Parlement de Metz, les Parties procéderont devant le Conseil Superieur d'Alsace, en exécution des Arrêts qui y avoient été rendus les 10 & 22. Septembre 1723. suivant les derniers erremens*: il renvoye par la deuxiéme, *les Parties devant le même Conseil de Colmar, pour leur être fait droit sur la demande de Ferrier, tendante à la restitution des sommes payées à Mr Gomé, en conséquence des Arrêts du Parlement de Metz.*

Qu'est-ce que les Parties demanderent au Conseil de Colmar, lorsqu'elles y procéderent en conséquence de cet Arrêt, Ferrier insista par sa Requête du 7. May 1729. en premier lieu, à ce qu'il fût déchargé des Chefs d'accusation formés contre lui par Mr Gomé; en deuxiéme lieu, à ce que Mr Gomé fût condamné de lui rendre ses déboursés montans à 28000. livres, & les sommes qu'il avoit exigé en conséquence des Arrêts du Parlement de Metz revenans à 5375. livres, avec les interêts dès le jour qu'elles avoient été payées; en troisiéme lieu, à ce que Acte lui fût donné de la plainte qu'il formoit contre Mr Gomé de la jonction qu'il requeroit du Procureur Général, & de ce que faisant droit sur sa demande, de même que sur les Conclusions qu'il espéroit que le Procureur Général choisiroit, il fut ordonné que la voye extraordinaire seroit reprise à sa Requête, & son Enquête sur ses faits justificatifs convertie en Information, avec permission à lui de continuer une Information par adition, s'il y échéet, sur le contenu dans sa Plainte originaire du 13. Mars 1721. pour être sur le tout statué, en même tems que sur la prise à partie, Demandes & Conclusions civiles qu'il prendroit, ainsi & contre qui il le trouveroit à propos.

Qu'est-ce que Mr Gomé dit de son côté, il proposa par sa Requête du 5. Juillet 1729. des nullités & des reproches contre quelques-uns des Témoins entendus dans l'Enquête sur les prétendus faits justificatifs de Ferrier : il demanda d'être reçû en tant que de besoin Apellant, comme de Juge incompétant, de l'Ordonnance lâchée par le Procureur Général du Conseil de Colmar le 13. Mars 1721. par lequel Acte avoit été donné à Ferrier Fils de sa prise à partie: il insista, à ce que faisant droit, tant sur la Requête par lui donnée le 11. May 1723. que sur celle qu'il présentoit; Ferrier Fils fut condamné de comparoître à telle Audience du Conseil de Colmar qui lui seroit désignée pour y déclarer, les Chambres assemblées, tête nuë, & à genoux, que méchanment & calomnieusement, par mauvais inconsiderés & pernitieux conseils, il avoit commis les irrévérences énoncées dans le Procès verbal du 28. Février 1721. & composé les Actes, Requêtes & Libelles diffamatoires joints au Procès, & par lui répandus.

dans le Public, lui demander pardon, retracter les faussetées, impostures & calomnies qui y sont contenuës, de même que celles inserées dans ses Réponses aux Interrogatoires par lui prêtés; que Ferrier Fils fût condamné de déclarer qu'il le tenoit pour Juge intégre, incorruptible, digne de son Emploi, & incapable des faits qu'il lui avoit témérairement imputé, qu'ensuite il fût conduit dans les Prisons de la Conciergerie du Palais, à l'effet d'y rester & subir les peines ausquelles il seroit condamné pour la vengeance publique; qu'enfin il fût condamné en 60000. liv. de dommages & interêts & dépens, sauf à dédüire le reçû en conséquence des Arrêts du Parlement de Metz.

Telles sont les demandes & conclusions sur lesquelles l'Arrêt du Conseil de Colmar du 9. Juillet 1729. est intervenu; il déclare par une disposition qu'il ne s'arrête pas, *quant à présent*, aux Requêtes de Mr Gomé des 5. & 7. Juillet 1729. & il ne parle pas de celle du 11. Mars 1723. où Mr Gomé avoit choisi les mêmes Conclusions que dans celle du 5. Juillet 1729. or dès que cet Arrêt n'admet ni ne rebute les Conclusions prises par Mr Gomé dans sa Requête du 11. Mars 1723. il suit qu'il les laisse subsister, & si ces Conclusions subsistent, il n'est plus vrai que cet Arrêt juge deffinitivement & sans retour la Plainte formée par Mr Gomé, ou pour l'insulte faite à son Caractere, ou pour les impostures & les calomnies répanduës par tout contre son honneur.

Aussi cette premiere disposition porte-t'elle que ce n'est que quant à présent que le Conseil de Colmar ne s'arrête pas aux Requêtes données par Mr Gomé les 5. & 7. Juillet 1729. *sans s'arrêter, quant à present aux Requêtes de Mr Gomé des 5. & 7. Juillet*; mais puisque ce n'est que, *quant à present*, que les Requêtes de Mr Gomé des 5. & 7. Juillet 1729. sont rebutées, elles ne le sont pas irrévocablement; car ces mots, *quant à present*, n'ont point d'autre sens que ceux-ci, *pour le present*, & tel à la Requête duquel on ne s'arrête pas *pour le present*, peut revenir & faire admettre dans la suite ce que des Juges n'ont pas trouvé bon d'admettre dans un certain tems.

Cet Arrêt déclare par une deuxiéme disposition *qu'ayant aucunement égard quant à present aux Requêtes de Ferrier des 7. May & 5. Juillet 1729. il renvoye Ferrier absous des cas à lui imposés, en consequence il condamne Mr Gomé de lui rendre 5375. l. d'un côté, & 897. livres d'autre, qu'il a reçû en execution des Arrêts du Parlement de Metz, & à tous les dépens du Procès*: mais dès-que ce n'est que *quant à present* que Ferrier est renvoyé absous des cas à lui imposés; ce n'est-là qu'une absolution provisionnelle; & si on veut sçavoir la raison pour laquelle cette espéce d'absolution a été prononcée, on la trouve dans l'Arrêt, c'est pour mettre en état Ferrier de répéter les sommes exigées par Mr Gomé, ensuite des Arrêts de Metz.

C'est-là une chose certaine au point, qu'aprés que *l'Arrêt a déclaré Ferrier absous quant à present des cas à lui imposés*, il condamne *en conséquence* Mr Gomé de lui rendre les sommes par lui exigées ensuite des Arrêts de Metz: cette restitution est donc la conséquence de l'absolution & elle n'est pas moins provisionnelle que l'absolution, parce que la Requête de Monsieur Gomé du 5. Juillet 1729. tendante contre Ferrier à une réparation publique, à une peine afflictive, & à une adjudication de 60000. livres de dommages & interêts, n'ayant été rebutée que *pour le present*, il est autant possible de l'admettre dans la suite qu'il est possible de prononcer dans la suite une condamnation contre Ferrier, & des peines pécuniaires bien au-dessus de celles prononcées contre lui par le Parlement de Metz.

Par cette seconde disposition Ferrier est renvoyé absous *quant à present des cas à lui imposés*! Et quel est le cas le plus grave imposé à Ferrier par Mr Gomé, c'est sans doute la diffamation que Mr Gomé a souffert par raport aux Libelles répandus dans tout le Royaume, où Ferrier le traite de Faussaire, de Prévaricateur, de Concussionaire: voilà de quoi Mr Gomé s'est plaint principalement; car l'insulte que Ferrier Fils lui fit le 28. Février 1721. regarde plûtôt l'honneur de la Magistrature, que le sien propre.

Comment auroit-on pû renvoyer Ferrier deffinitivement & sans retour absous de cette calomnie, puisque l'Arrêt de Colmar du 9. Juillet 1729. lui donne Acte de la plainte qu'il forme contre Mr Gomé des faits d'Accusation portés tant dans sa prétenduë Cédule évocatoire des 13. Mars 1721. que dans son interrogatoire des 22. & 23. Septembre 1722. avec permission à lui de faire répéter les Témoins oüis dans son Enquête sur ses prétendus faits justificatifs! Et quels sont ces faits d'accusation ou justificatifs, ce sont les faits contraires à ceux par raport ausquels Mr Gomé s'est prétendu injurié; mais dez que Ferrier ne parviendra jamais à convaincre Mr Gomé des faits de fausseté ou de prévarication qu'il lui a imputé avec tant de malice, son accusation est calomnieuse : Et si elle est jugée telle, Mr Gomé se trouvera fondé à la réparation & aux dommages & interêts pour les cas de calomnie qu'il a imposé à Ferrier.

Voilà ce qui prouve que dans l'idée des Juges qui ont rendus l'Arrêt de Colmar du 9. Juillet 1729. il ne se peut pas que l'absolution qu'ils ont prononcé en faveur de Ferrier des cas à lui imposés, ait été deffinitive ou irrévocable, elle n'a été au contraire que provisionnelle, & deux raisons le démontrent; l'une est que l'absolution diffinitive de Ferrier dépend de la conviction qu'il acquerera contre Mr Gomé des faits injurieux qu'il lui a imputé, & au tems de l'Arrêt de Colmar du 9. Juillet 1729. cette conviction n'ayant pas moins été éloignée qu'impossible, l'absolution qui en est la suite ne peut avoir été que provisionnelle, parce qu'autrement elle auroit précedé la conviction de laquelle elle est une suite nécessaire : l'autre est que les Juges ne renvoyent Ferrier que *quant à present*, & dès que son renvoi est fixé au tems present, il n'est que provisionnel à l'exemple du déboutement *quant à present* qui par raport à cette restriction, est sujet à changement & peut devenir inutil dans la suite; *quorsum verba nisi ut monstrent mentem dicentium.*

Ferrier cherche à se tirer de cette démonstration par une subtilité : ces mots, dit-il, *ayant aucunement égard quant à present à mes Requêtes ne se raportent pas aux chefs sur lesquels l'Arrêt prononce, ils se raportent au-contraire aux chefs sur lesquels il ne prononcent pas, tels que le plus ou le moins de dommages & interêts qu'il me reserve; & cela est si certain que j'ai obtenus tous les depens du Procès*: mais Ferrier ne prend pas garde à une chose, c'est qu'il impliquoit qu'ont eût égard que *quand à present* à ses Requêtes, dès-que ce n'étoit que *quant à present* qu'on ne s'arrêtoit pas à celles de Mr Gomé; c'est que rien n'a été jugé diffinitivement que la restitution des sommes touchées par Mr Gomé, en conséquence des Arrêts de Metz & les dépens du Procès à ce regard; c'est que l'Arrêt ne réserve point d'action à Ferrier pour le plus ou le moins de dommages & interêts.

Qu'on réflêchisse un moment aux Conclusions prises respectivement par les Parties, on les trouvera aussi incompatibles que le jour l'est avec les ténébres : Mr Gomé insistoit à une Réparation publique, à une Prison, & à des Dommages & Interêts pour cause de Diffamation & de Calomnie : Ferrier demandoit d'être admis à se justifier, & posoit des faits; rien n'étoit plus oposé, & toutes contradictoires que ces Conclusions ayent été, celles de Mr Gomé étoient préalables ou préjudicielles, parce que Mr Gomé étoit Plaignant, que sur sa Plainte Ferrier avoit été décrété d'ajournement personnel, que son Pere avoit été condamné comme un Calomniateur, & qu'il s'étoit reconnu tel en subissant la Condamnation.

Comment donc se pourroit-il qu'on ait renvoyé Ferrier pour toûjours & irrévocablement de l'Accusation fameuse déférée contre lui par Mr Gomé, tandis qu'on déclare que ce n'est que *quant à présent* qu'on ne s'arrête pas aux Requêtes de Mr Gomé, tandis qu'on ne déboute pas Mr Gomé de sa Plainte, tandis qu'on ne le condamne pas à des Dommages & Interêts, tandis qu'on dit expressément qu'on ne renvoye que *quant à présent* Ferrier absous des Cas à lui imposés, & qu'en conséquence on condamne Mr

Mr Gomé de lui rendre les ſommes, qu'il a touché en exécution des Arrêts de Metz.

En déclarant que ce n'eſt que *quant à préſent qu'on ne s'arrête* pas aux Requêtes de Mr Gomé des 5. & 7. Juillet 1729. on tient ſon Accuſation en ſuſpens pour en remettre la déciſion dans un autre tems : & en déclarant *qu'ayant aucunement égard quant à preſent aux Requêtes de Ferrier des 7. May & 5. Juillet 1729. on le renvoye abſous des cas à lui impoſés*, *qu'en conſequence on condamne Mr Gomé de lui rendre les ſommes reçûës en execution des Arrêts de Metz*; on fait connoître que la reſtitution de ces ſommes eſt la cauſe impulſive qui a déterminé les Juges, a renvoyer Ferrier *quant à preſent* des cas à lui impoſés.

Mais il n'a point été néceſſaire de prononcer une abſolution diffinitive en faveur de Ferrier pour lui faire obtenir cette reſtitution, parce que Mr Gomé n'ayant touché ces ſommes qu'en exécution des Arrêts de Metz ; il devoit les rendre dès-que le Conſeil d'Etat avoit caſſé ces Arrêts par celui du 8. Janvier 1729. or cet Arrêt du Conſeil d'Etat ayant renvoyé les Parties devant le Conſeil Supérieur de Colmar, pour être par lui ſtatué ſur la reſtitution de ces ſommes, ainſi qu'il apartiendroit, le Conſeil de Colmar pouvoit prononcer diffinitivement ſur cette reſtitution.

C'eſt auſſi ce qu'il a fait, & ſi en le faiſant il a cru que *quant à preſent* il n'y avoit pas lieu de s'arrêter aux Requêtes de Mr Gomé, tandis qu'il y avoit lieu de renvoyer *quant à preſent* Ferrier des cas à lui impoſés, cela n'empêche pas deux choſes : l'une que les Requêtes de Mr Gomé n'ayent été rebutées que *quant à preſent*, & l'autre qu'on n'ait eû égard à celles de Ferrier que *quant à preſent* : or tout cela n'eſt que proviſionel, & par cette qualité ſujet à révocation.

Il eſt vrai que par l'Arrêt du Conſeil de Colmar du 9. Juillet 1729. on condamne Mr Gomé à tous les dépens du Procès, mais quels ſont ces dépens, ce ne ſont pas ceux de l'accuſation déferée par Mr Gomé pour cauſe de diffamation, ſoit parce que cette accuſation n'eſt pas jugée, & que ce n'eſt que *quant à preſent* que les Requêtes de Mr Gomé, tendantes à une réparation ont été rejettées, ſoit parce que dans l'idée des Juges qui ont rendus cet Arrêt; cette accuſation dépend de la conviction que Ferrier prétend acquerir des faits calomnieux qu'il a imputé à Mr Gomé.

Ce ne ſont pas ceux de l'accuſation de Ferrier ; car loin d'être inſtruite, elle eſt à peine commencée, puiſque le même Arrêt lui donne ſeulement Acte de ſa plainte, & qu'il ordonne la répétition des Témoins oüis dans l'Enquête ſur ſes prétendus faits juſtificatifs : les dépens auſquels Mr Gomé eſt condamné, ne ſont donc que ceux concernans la reſtitution des ſommes touchées par lui, en exécution des Arrêts du Parlement de Metz : le Conſeil de Colmar a cru que Mr Gomé y étoit condamnable, parce qu'il n'avoit pas voulu ſe ſoûmettre à la reſtitution de ces ſommes, c'eſt-là uniquement ce qu'il a jugé, & rien plus.

Dans ces circonſtances on penſe que le Procès peut ſe réduire à quatre Chefs : on verra dans le premier ſi Mr Gomé n'a pas été inſulté par Ferrier en faiſant les fonctions de ſon employ, & s'il n'a pas eû raiſon de ſe plaindre des Libelles injurieux & diffamans répandu par les Ferrier juſqu'au pied du Trône, on diſcutera en ſecond ordre la priſe à partie de Ferrier Fils & ſa récrimination : on reconnoîtra en troiſiéme lieu ſi par les Piéces il y a preuve des fauſſetés & prévarications que Ferrier Fils à imputé à Mr Gomé : on examinera en quatriéme lieu les démarches du Procureur Général du Conſeil Supérieur de Colmar, & les preuves qui réſultent des informations qu'il a priſes contre Mr Gomé.

PREMIER CHEF.

Sur l'insulte faite à Monsieur Gomé en faisant les fonctions de son Employ, & les Libelles diffamatoires répandus contre lui.

L'Insulte faite à Mr Gomé en remplissant les fonctions de sa Charge est constatée par son Procès verbal du 28. Février 1721. & les Libelles diffamatoires répandus contre lui, sont produits au Procès : le Procès verbal porte que *Mr Gomé étant dans l'Hôtel de Ville de Belfort pour proceder à l'audition des Témoins de la contr'Enquête de Ferrier Pere, il avoit entendu du bruit à la sortie des premiers Témoins, que cela l'ayant obligé de voir de quoi il s'agissoit, il avoit reconnu que Ferrier Fils engageoit les Témoins d'ajoûter aux dépositions qu'ils venoient de faire, qu'il lui avoit representé de même qu'au Procureur de Ferrier Pere nommé Queffemme qu'il falloit laisser la liberté aux Témoins, que malgré cette remontrance Ferrier Fils & Queffemme étoient entrés avec beaucoup de chaleur dans la Chambre où Mr Gomé travailloit à l'Enquête, que se servant de termes grossiers & méprisant, ils lui avoient dit que lui Mr Gomé devoit inserer des circonstances que les Témoins ne lui avoient pas déclaré, que leur ayant remontré de nouveau qu'ils ne devoient pas gehenner les dépositions des Témoins par leur présence, Ferrier Fils & Queffemme étoient sortis en murmurant avec irréverence, qu'ils s'étoient tenus à la porte de la Chambre en dehors pour écoûter ce que les Témoins disoient, qu'ils en avoient déja ainsi agi le premier jour de l'audition des Témoins, qu'ayant continué cette manœuvre, Mr Gomé avoit continué ses remontrances pour lesquelles Ferrier Fils & Queffemme n'ayans eû aucune déference, non plus que pour le Sergent Royal Lemoine qui avoit été mandé pour rester à la porte & empêcher que personne n'écoûtât, Ferrier Fils avoit fait dire à Mr Gomé qu'il ne vouloit plus qu'il entendit de Témoins sur le prétexte que le nommé Chardoillet à l'audition duquel il venoit de proceder avoit declaré par le serment qu'il avoit prêté, & la Sainte Eucharistie qu'il venoit de recevoir aux Capucins, qu'il n'avoit rien à dire que ce qu'il avoit declaré dans la déposition par lui portée dans l'Enquête du Comte de Renach, à laquelle il se réferoit; que Ferrier Fils prétendoit que Mr Gomé avoit dû l'engager à porter une nouvelle deposition pour faire tomber la premiere; que cela avoit obligé Mr Gomé de mander Ferrier Fils, lequel lui auroit dit avec la derniere hauteur & gestes de mepris, qu'il ne vouloit plus qu'on proceda ulterieurement à l'Enquête de son Pere, ce qui avoit necessité Mr Gomé de fermer l'Enquête, & de se retirer.*

Mr Gomé n'est pas à se repentir d'avoir ménagé Ferrier Fils dans ce Procès verbal, duquel la vérité est démontré en premier lieu par le caractere de celui qui l'a rédigé ; c'est un Officier de Cour Supérieure sur le Procès verbal, duquel l'Article 5. du Titre 10. de l'Ordonnance de 1670. permettoit de décréter de prise de Corps, & auquel la Loy Romaine attribuoit le pouvoir de punir sur le champ l'injure qu'on faisoit à sa dignité, *Unde quærit labeo si Magistratus municipalis servum meum loris ceperit, an possim cum eo experiri, quasi adversus bonos mores verberaverit : & ait judicem debere inquirere quid facientem servum meum verbaverit, nam si honorem ornamentaque petulanter attentantem occiderit, absolvendum eum, L. 1. §. 39. ff. de Injuriis*

C'est un Magistrat qui en dressant ce Procès verbal, n'a pas tant cherché à venger sa propre injure, que celle faite au Roy & au Public dans sa personne, qui a été insulté à huit clos, & dans une Chambre où il étoit seul avec son Greffier, & qui par ces circonstances doit être crû pour tout ce qu'il a inseré dans son Procès verbal, à l'exemple des Juges qui sont crûs, où lorsqu'ils disent qu'ils ordonnent un sequêtre à cause du scandale, ou lorsqu'ils affirment d'avoir fait quelque chose, *ex arbitrio & potestate ipsis concessa* : Ita Menoch, *de Arbitr. Lib. 1. Quest. 76. & de adispicend. Possess. Remed. 6. Num. 15. & 16.*

En deuxiéme lieu, par la cloture de la contr'Enquête faite à Requête de Ferrier Pere contre le Comte de Renach, portant que *Mr Gomé à clos son Procès verbal, sur ce que Ferrier Fils lui a dit qu'il ne vouloit plus produire de Témoins, & qu'il dresseroit un Procès verbal séparé!* D'où vient ce Procès verbal séparé, si ce n'est, parce que Mr Gomé avoit été insulté; aussi Ferrier Pere n'a-t'il jamais osé se plaindre de ce que sa contr'Enquête avoit été discontinuée, & Ferrier Fils n'a pas osé dire lui-même, qu'elle n'ait pas été discontinuée, sur ce qu'il avoit refusé de produire des Témoins; or cette discontinuation faite brusquement a dû avoir une Cause, & cette Cause n'est autre que l'insulte faite à Mr Gomé.

En troisiéme lieu, par la Cédule évocatoire, ou de prise à partie signifiée de la part de Ferrier Fils le 13. Mars 1721. où celui-ci dit bien que Mr Gomé a cessé d'entendre les Témoins de la contr'Enquête de son Pere, & qu'il s'en est revenu sans avoir achevé son Ouvrage, sans oser dire que *Mr Gomé s'en soit revenu de son mouvement, par caprice ou sans raison*; mais si jamais on n'a vû un Commissaire qui a lâché son Ordonnance pour procéder à une Enquête, s'en revenir avant que les Témoins produits ayent été entendus; il est certain que si Mr Gomé s'en revint avant que celle de Ferrier Pere eût été achevée, ce fut parce que Ferrier Fils refusa de plus produire de Témoins! Et d'où vient ce refus, que de ce que Ferrier Fils avoit formé le dessein d'insulter Mr Gomé, & qu'il l'insulta réellement.

En quatriéme lieu, par l'Arrêt rendu à Colmar le 17. Mars 1723. par lequel il est enjoint au Procureur Queffemme de porter à ses Supérieurs l'honneur & le respect qu'il leur doit! D'où vient cette injonction, c'est que Queffemme avoit participé à l'insulte faite à Mr Gomé pour être entré dans la Chambre où Mr Gomé travailloit à la contr'Enquête de Ferrier Pere; or dès que Queffemme ne s'est pas plaint d'une semblable injonction, la vérité du Procès verbal de Mr Gomé est jugé irrévocablement contre lui, & si elle est évidente à son égard, elle l'est de même à l'égard de Ferrier Fils.

On a observé dans le fait que lorsque les Informations faites à Requête de Mr Gomé contre les Ferrier au sujet des calomnies contenuës dans les Libelles qu'ils avoient répandus, furent communiqués au Parquet des Gens du Roy du Conseil de Colmar, le Procureur Général requit le 24. Septembre 1722. qu'avant faire droit, il fut informé à sa Requête, tant du contenu du Procès verbal d'irrévérence dressé par Monsieur Gomé que des faits portés par les Réponses de Ferrier Fils dans ses Interrogatoires, que malgré des Conclusions si injurieuses à la Magistrature, le Conseil de Colmar ordonna le recollement & la confrontation, que la Procédure achevée & remise de nouveau au Parquet, le Procureur Général ne voulu point donner de Conclusions diffinitives, & qu'au contraire il requit pour le Roy, qu'avant faire droit, il fût informé à sa Requête du contenu dans le Procès verbal d'irrévérence dressé par Mr Gomé; qu'après l'Arrêt du Conseil de Colmar du 17. Mars 1723. Ferrier Fils s'étant présenté pour purger sa Contumace, & le Procès communiqué au Parquet des Gens du Roy du Conseil de Colmar, le Procureur Général avoit requis une troisiéme fois, qu'il fût informé à sa Requête du contenu dans le Procès verbal d'irrévérence & des faits portés par les Réponses dans l'Interrogatoire de Ferrier Fils, qu'enfin par l'Arrêt de Colmar du 22. Septembre 1723. Ferrier Fils avoit été admis à la preuve des prétendus faits justificatifs posés dans son Interrogatoire, & que par le même Arrêt il avoit été ordonné, qu'à la diligence du Procureur Général de Colmar, il seroit informé du contenu dans le Procès verbal d'irrévérence dressé par Mr Gomé.

Mais à voir l'Information prise sur la vérité de ce Procès verbal, on diroit qu'elle a plûtôt été faite contre Mr Gomé, que pour acquérir la preuve de la vérité du Procès verbal d'irrévérence qu'il avoit dressé, on l'y fait passer pour un emporté ! Lui que l'âge, le tempérament, & trente ans de service dans une Compagnie Supérieure ont rendu l'homme du monde le plus modéré ; on y attribuë à Ferrier Fils un respect & une douceur infinie ! Lui qui est un écervelé, un étourdi, & l'homme du monde le plus orguëilleux.

Malgré cela, une Information aussi suspecte ne laisse pas que de prouver l'insulte faite à Mr Gomé, lorsqu'il procédoit à la contr'Enquête de Ferrier Pere, & cette preuve résulte des dépositions des 2. 4. 7. 9. 16. 23. & 26. Témoins; le 2. dit en effet, *qu'au moment qu'il sortoit de la Chambre où il avoit èté entendu, Ferrier Fils y entroit pour parler à Mr Gomé, & qu'il y avoit quelque difficulté entre eux* ! Qu'est-ce que Ferrier Fils alloit faire dans la Chambre où Mr Gomé travailloit ! & quelle difficulté pouvoit-il y avoir entre eux, autre que par raport à l'insulte que Mr Gomé venoit de souffrir des termes insolens & dérespectueux de Ferrier Fils.

Le 4. que *Mr Gomé lui ordonna de ne point quitter le vestibule de la Chambre où il travailloit, afin que Ferrier Fils ne parla pas aux Temoins* ! pourquoi cette injonction, si ce n'est parce que Ferrier Fils inquiétoit Mr Gomé, qu'il écoûtoit à la porte, & gehennoit la liberté des Témoins : ee Témoin ajoûte *que Ferrier Fils dit au Procureur Queffemme d'entrer dans la Chambre où étoit Mr Gomé, que ce Procureur y entra, que Ferrier Fils y entra lui-même, & qu'il dit à Mr Gomé qu'il ne vouloit plus faire entendre de Témoins, parce que les Témoins se plaignoient de ce qu'il ne faisoit pas rédiger leurs dépositions en entier* ! poussa-t'on jamais l'insolence plus loin ! & n'est-ce pas-là une injure atroce ! quoi un Commissaire de Cour Supérieure entend des Témoins, & Ferrier assisté d'un Procureur, a l'audace d'entrer dans la Chambre où il travaille, pour lui dire en face qu'il prévarique, en ne pas rédigeant les dépositions des Témoins dans leur entier : si Mr Gomé a manqué à quelque chose, c'est de n'avoir pas puni sur le champ cette impudence, & fait passer le Guichet à Ferrier Fils comme à Queffemme.

Le septiéme, que *Ferrier Fils entra dans la Chambre où Mr Gomé travailloit* ; le neuviéme que *Queffemme & Ferrier Fils joignirent Mr Gomé, qu'ils lui parlerent, & que Mr Gomé se facha* : le seiziéme que *Mr Gomé quitta son travail un peu après qu'ils lui eurent parlés* ! d'où vient Mr Gomé se seroit-il fâché ! & d'où vient auroit-il quitté, s'il n'avoit pas été insulté.

Le vingt-troisiéme, que *le soir du premier jour que Mr Gomé travailla à la contr'Enquête de Ferrier Pere, il se plaignit en soûpant de ce qu'il y avoit de grands coquins à Belfort, & que s'il lui arrivoit le lendemain ce qui lui étoit arrivé ce jour-là, il discontinueroit l'Enquête, & dresseroit son Procès verbal* ; *que pressé d'en dire la raison, Mr Gomé repondit que ces gens de Belfort étoient des coquins qui se laissoient suborner* : voilà la preuve que Mr Gomé avoit déja été troublé & inquieté le premier jour de la contr'Enquête de Ferrier Pere ; qu'il avoit vû de mauvaise manœuvre dans les Témoins qu'on lui produisoit, & qu'il en soupçonnoit la subornation.

Ce Témoin ajoûte que, *Mr Gomé revint chez lui le lendemain matin fort agité, qu'il se plaignoit de ce que Ferrier Fils l'avoit interrompu dans ses fonctions ; qu'à tout moment il obligeoit les Témoins de rentrer pour augmenter à leurs depositions, que Ferrier Fils rentroit incessamment pour le même pretexte, qu'il ne vouloit point se retirer de la Chambre où les Témoins deposoient, que s'il en sortoit, c'étoit pour écoûter à la porte & suborner les Témoins* : le vingt-sixiéme Témoin dit *avoir entendu les plaintes que Mr Gomé fit du procedé de Ferrier au moment qu'il retourna chez le Sieur Noblat le matin du jour que la contr'Enquête fût discontinuée* ! Quel est le sujet de l'agitation de Mr Gomé, & de ses plaintes, autre que l'insulte que Ferrier Fils & son Procureur lui avoient fait, soit en le troublant dans ses fonctions, soit en lui disant qu'ils discontinuoient leur contr'Enquête, parce qu'il prévariquoit : car dire à un Commissaire qu'il ne rédige pas les dépositions des Témoins dans leur entier, & lui dire qu'il prévarique, ce n'est qu'une même chose.

Cette

Cette insulte avoit été préméditée, & quelques-uns des Témoins de la contr'Enquête de Ferrier Pere étoient entrés dans le complot : c'est-là une circonstance bien essentielle & bien prouvée, en premier lieu, parce que Jean-Claude Cuënin premier Témoin de cette information, dépose lui-même, *qu'ayant été entendu en huitiéme ordre dans la contr'Enquête de Ferrier Pere, il chercha querelle à Mr Gomé sur ce qu'après avoir couché sa deposition dans la contr'Enquête, telle qu'il l'avoit déclaré, Mr Gomé avoit ajoûté qu'au surplus le Temoin se referoit à la déposition qu'il avoit porté dans l'Enquête du Comte de Renach.*

Mais s'il est vrai que ce Témoin ait trouvé mauvais que Mr Gomé ait inseré dans la contr'Enquête de Ferrier Pere, qu'au surplus il se réferoit à sa premiere déposition, c'est qu'il étoit du complot de Ferrier Fils & de Queffemme; car dez qu'un Témoin tel que Jean-Claude Cuënin, dépose pour & contre, il faut bien que le Commissaire qui l'entend, parle de sa premiere déposition, pour que le Témoin ne tombe point dans le parjure & la fausseté : nul homme au monde n'a pensé à se plaindre d'une pareille chose, & si Jean-Claude Cuënin s'en est plaint, c'est dans des vûës suspectes, c'est parce que colludant avec Ferrier Fils & Queffemme, il cherchoit à faire piéce à Mr Gomé.

En deuxiéme lieu, parce que le Commissaire qui a procedé à cette information a eu grand soin de faire dire à tous les Témoins que *Ferrier Fils & Queffemme ne s'étoient point échapés, que l'un n'avoit pas moins parlé que l'autre à Mr Gomé avec douceur, respect & moderation* : cependant ils avoient insulté Mr Gomé de la maniere du monde la plus cruelle, en lui disant en face devant plusieurs personnes, que s'ils ne vouloient plus produire de Témoins; c'étoit que Mr Gomé ne rédigeoit pas les dépositions des Témoins dans leur entier ! or où est l'homme qui ose faire une injure si atroce à un Commissaire, avec sang froid & douceur, à moins qu'il ne l'ait prémédité, & puisque le procedé que tient Ferrier Fils depuis dix années, marque ses emportemens contre Mr Gomé; nul doute que sa vivacité n'eût paru toute entiere, s'il n'avoit pas eu projeté depuis long-tems l'insulte qu'il fit à Mr Gomé avec la douceur & le respect que les Témoins de cette information lui suposent.

En troisiéme lieu, parce que l'Huissier Lemoine 4. Témoin de la même Information dépose, que *le premier jour de la contr'Enquête de Ferrier Pere, un ou deux Témoins se plaingnirent à lui de ce que Mr Gomé n'avoit pas voulu rédiger par écrit toutes les circonstances de leurs dépositions sur le prétexte que celles qu'il ômettroit étoient inutiles, que Ferrier Fils, & Queffemme présent à ces plaintes, dirent aux Témoins de rentrer pour prier Mr Gomé d'inserer les circonstances ômises, que Mr Gomé le fit; que le lendemain quelques Témoins firent à lui, qui dépose les mêmes plaintes que ceux du jour précèdent, que Ferrier Fils, & Queffemme les oüirent encore, que là-dessus ils prirent conseil ensemble, qu'ils entrerent dans la Chambre où étoit Mr Gomé, & qu'ils lui dirent qu'ils ne vouloient plus produire de Témoins, parce que Mr Gomé ne rédigeoit pas les dépositions dans leur entier.*

Que signifient les plaintes de ces Témoins toutes faites à l'Huissier Lemoine, & entenduës par Ferrier Fils & Queffemme ! Que veut dire l'affectation de Ferrier Fils & de Queffemme à obliger deux des Témoins oüis le premier jour de la contr'Enquête de rentrer dans la Chambre pour faire des ajoûtances à leurs dépositions, & la soûmission de ces Témoins à rentrer ! Que penser de ce Conseil tenu par Ferrier Fils & Queffemme, de leur entrée dans la Chambre où étoit Mr Gomé, & de l'insulte qu'ils lui firent, si ce n'est que tout cela étoit concerté que les Témoins étoient du complot, & l'insulte préméditée.

Trois autres circonstances dignes d'attention achevent d'en convaincre, la premiere est que ce que Marie-Ursule Courtot, Elizabeth Giboutet; Jean-Pierre & Conrard Tisserand, 4. 5. 11. & 12. Témoins de la contr'Enquête de Ferrier Pere ont ajoûté aux dépositions qu'ils y ont portées, se trouvant déja, ou équivalenment, ou formellement dans celles qu'ils ont portées dans l'Enquête de Mr de Renach; ce n'est que par des vûës secretes, ou malicieuses qu'ils ont affectés de se plaindre, & qu'ils ont fait ces ajoûtances.

La deuxiéme, est que l'Huissier Lemoine 4. Témoin de cette Information, assûre que *Mr Gomé, ayant dit à Ferrier Fils qu'il n'avoit qu'à écrire à Mr le President de Colmar, où à lui donner sa Requête pour avoir un autre Commissaire, Ferrier avoit repondu, vous voulez donc que je me pourvoye! Eh bien je me pourvoyerai!* Cette Réponse marque bien le dessein, que Ferrier Fils avoit formé de se pourvoir, & ce n'étoit que pour s'en ouvrir le chemin qu'il faisoit plaindre ses Témoins, qu'il les avoit suborné, & qu'il troubloit Mr Gomé dans ses fonctions.

La troisiéme est seule décisive, elle consiste en ce que Joseph Lanier, qui a vaqué en qualité de Commis Greffier à la contr'Enquête de Ferrier Pere, & qui a été entendu en vingt-cinquiéme ordre dans l'Information qu'on discute, dépose que *Pierre Chardoillet ayant comparu pour être oüi dans la contr'Enquête; Mr Gomé lui demanda s'il avoit quelque chose à augmenter ou diminuer, à la déposition qu'il avoit porté dans l'Enquête du Comte de Renach, qu'il répondit que non, que cela fût redigé par écrit, & que ce Témoin se retira*; Lanier a tû malicieusement une circonstance essentielle, c'est que Mr Gomé affirme par serment, que *Pierre Chardoillet ayant entendu la lecture des termes de l'Arrêt de preuve qui s'executoit l'assûra par le serment qu'il devoit à Dieu, à la Justice, & à la Sainte Eucharistie, qu'il venoit de recevoir chez les Capucins, qu'il avoit deposé la verité dans l'Enquête du Comte de Renach, & qu'il ne vouloit rien ajoûter ou diminuer à la déposition qu'il y avoit porté.*

Cependant le 16. Témoin de l'Information prise sur la vérité du Procès verbal d'irrévérence dressé par Mr Gomé, affirme que *Pierre Chardoillet sortant de la Chambre où il avoit été oüi dans la contr'Enquête de Ferrier Pere dit à Ferrier Fils qu'il prît garde à ce que Mr le Commissaire ne vouloit point rediger par écrit, ce que les Témoins deposoient, que là-dessus Ferrier Fils & Queffemme s'étant parlés en particulier, entrerent dans la Chambre où étoit Mr Gomé, & que peu après Mr Gomé se retira*; le Commis Lanier ajoûte que *Ferrier Fils & Queffemme firent de grandes Instances à Mr Gomé d'entendre de nouveau Pierre Chardoillet, & que sur le refus que Mr Gomé en fit, ils lui dirent qu'ils ne vouloient plus produire de Témoins.*

Qu'on réflêchisse un moment au procédé de Pierre Chardoillet, & on restera persuadé qu'il s'entendoit avec Ferrier Fils & Queffemme pour donner lieu à Ferrier de perdre Mr Gomé; on le voit en effet assûrer par le serment qu'il doit à Dieu, à la Justice, & à la Ste Eucharistie qu'il vient de recevoir, qu'il ne veut rien ajoûter ou diminuer à la prémiere déposition qu'il a porté dans l'Enquête du Comte de Renach.; il souffre que le Greffier l'écrive, il le signe, & en sortant il se plaint de ce que Mr Gomé ne rédige pas tout ce que les Témoins disent; il en avertit Ferrier Fils, lequel aidé de son Procureur entre dans la Chambre où Mr Gomé travaille, & fait instance sur instance pour qu'on entende de nouveau Chardoillet! Qui ne voit le complot; Chardoillet étoit suborné, & il avoit été d'autant plus facile de le gagner, qu'ayant déclaré en tête de sa déposition porté dans la contr'Enquête, que la premiere Femme de Ferrier Pere étoit sa petite Cousine, il lui étoit alié dans un dégré prohibé.

L'insulte faite à Mr Gomé dans le tems qu'il remplissoit les fonctions de son employ, est donc aussi véritable que le complot formé entre Ferrier Fils, & quelques-uns de ses Témoins pour le perdre, tant il est vrai ce qu'un ancien a dit que les mêchans prennent plaisir de faire injure à leur Juge; *suave. est judici injuriam facere, laboriosum autem juste agere.*

Le Libelle diffamatoire que Ferrier Fils composa quelques jours aprés cette insulte en marque la préméditation; il lui donna le nom de Cédule évocatoire, ou de prise à partie, il le remit entre les mains du Procureur Général du Conseil de Colmar le 13. Mars 1721. il y traite Mr Gomé de

Prévaricateur & de Commissaire partial vendu au Comte de Renach ; il l'y accuse d'avoir excité ce Gentilhomme à ternir l'Honneur de sa Famille , & de n'avoir pas fait lire aux Témoins le véritable Arrêt qui interloquoit les Parties.

Ce n'étoit là que les prémiers traits de la fureur de Ferrier Fils, il a dépeint Mr Gomé au pied du Thrône comme un méchant Homme, un Concussionnaire, & un Faussaire : telle est la premiere des trois Proposition qu'il avança dans un prémier Mémoire distribué au Conseil d'Etat, & rendu public dans tout le Royaume; il a renouvellé ses calomnies jusqu'à quatre fois devant le Conseil d'Etat, il y a dix ans qu'il les répand dans l'Alsace, & il continuë de diffamer Mr Gomé dans la Franche-Comté.

Il est Fils d'un homme qui a été Valet de Chambre d'un simple Officier, & d'une femme qui a vendu de l'Orviétan sur le Théatre ; mais malgré la bassesse de son extraction, il s'en est pris audacieusement à un Supost de Cour Supérieure; il n'a pas voulu réflêchir qu'en qualité d'Avocat au Conseil Supérieur d'Alsace, il devoit le respect à Mr Gomé qui y est Conseiller depuis 30. ans, qui se trouve à la tête de l'une des Chambres, & qui a eu souvent l'honneur d'y présider; il l'a insulté dans les fonctions de sa charge, & il l'a diffamé pour avoir fait son devoir; il n'étoit donc pas possible à Mr Gomé de dissimuler dans une occurence où son honneur étoit tant blessé, & celui de sa charge violé : voyons à présent, si pour en avoir poursuivi la Réparation, il a pû être exposé à une Récrimination, ou à une prise à partie, cela regarde le second chef du Procès.

DEUXIE'ME CHEF.

Sur la Prise à Partie de Ferrier Fils, & sa Récrimination.

IL est certain en fait qu'après la contr'Enquête de Ferrier Pere , Mr Gomé de retour à Colmar, rendit compte de sa Commission à sa Compagnie, que le 4. Mars 1721. il mit sur le Bureau son Procès verbal en irrevérence datté du 28. du mois de Février précédent; que Ferrier Fils voulant détourner le coup, composa un Libelle diffamatoire, auquel il donna le nom de Cédule évocatoire ou de prise à partie, que nul Procureur ne voulut le signer, & nul Huissier le signifier, que le 13. du même mois de Mars il le remit entre les mains du Procureur Général du Conseil de Colmar, & que cet Officier lui donna acte de la remise.

Mais ce n'est pas ainsi qu'on peut prendre à partie un Supost de Cour Supérieure, soit qu'on regarde la disposition de la Loy Romaine , ou l'usage du Royaume; la Loy défend en effet de faire descendre du Tribunal un Magistrat, ni de le traduire en Jugement *nisi obtenta venia* : il y en a des décisions dans la Loy 2. *ff. de in jus vocando*, & dans le §. 2. de la Loy 25. *ff. ex quibus causis majores: hæc clausula ad eos pertinet quos more majorum sine fraude in jus vocare non licet ut Consulem, Prætorem , cœterosquè qui imperium potestatem ve quam habent: sed nec ad eos pertinet hoc edictum quos prætor prohibet sine permissu suo vocari.*

L'usage est conforme à ce que la Loy Romaine décide sur ce point; car de même que chès les Romains les Senateurs, (a) *pars Corporis principis dicebantur*, & que les Empereurs se comptoient de leur nombre *jus Senatorum &* (b) *autoritatem in quo nos quoque ipsos numeramus, necesse est ab omni injuria deffendere*: de même nos Roys sont les chefs de leurs Parlemens, ils leur ont communiqués un rayon de l'autorité souveraine , & à l'exemple des Empereurs Romains, ils ont bien voulu qu'on leur attribua les Jugemens qui se rendent par ceux qu'ils ont honorés d'un caractere aussi éminent que celui de Conseillers de Cour Supérieure , *credidit enim*

(a) *L. quisquis cod. ad l. jul. Majest.*
(b) *L. 8. cod de dignit.*

princeps eos qui ob singularem industriam explorata eorum fide & gravitate ad hujus Officii magnitudinem adhibentur, non aliter judicaturos esse pro sapientia ac luce dignitatis suæ quam ipse foret judicaturus, l. unic. §. 1. ff. de Officio præf. præt.

C'est pour cela que l'Ordonnance de 1667. n'a permis dans aucun cas la prise à partie contre un Supost de Cour Supérieure à l'exemple du Prefet du Pretoire (a) *qui ne pouvoit dans aucun cas être Intimé en son nom propre*; & elle ne l'a permis contre les Juges inférieurs, ou que dans le cas qu'ils dénient la Justice, & cela est déterminé par l'article 1. du titre 25. ou lorsqu'ils retiennent les Instances ou Procès dont la connoissance ne leur apartient pas, & cela est prescrit par l'article 1. du titre 6.

Les anciennes Ordonnances du Royaume, telles que celle de Blois, n'admettoient déja les prises à partie contre les Présidiaux, que lorsqu'ils procédoient à la visitation des Procès par Commissaires, & que des Conseillers se chargeoient des Informations, sans qu'elles leur ayent été distribuées, & la même Ordonnance n'autorisoit les prises à partie (b) contre les Juges inférieurs, ou que lorsqu'ils dénioient le renvoy des causes dont la connoissance ne leur apartenoit pas, ou que lorsqu'il jugeoit par dol, fraude, ou concussion; mais il y a cela d'essentiel à observer que jamais on n'a souffert que des Plaideurs prissent à partie des Juges inférieurs, sans permission des Cours Supérieures, & à moins que ces prises à partie n'ayent été formées dans des termes incapables de blesser la dignité de ceux qu'on prétendoit intimer.

D'une part on a consideré qu'il n'apartenoit qu'aux Cours Supérieures de donner aux Parties la liberté d'attaquer leurs propres Juges; & que les Plaideurs devoient garder un silence respectueux sur la conduite des Ministres de la Justice, jusqu'à ce que la Justice elle-même ouvrit la bouche à leurs plaintes: on a réflêchi d'autre part que les Plaideurs devoient se contenter de joüir de la liberté que l'ordre publique leur accordoit de faire descendre le Juge de son Tribunal, & de le rendre égal à eux, en l'obligeant à devenir leur Partie, & qu'ils devoient toûjours respecter le caractere dans le tems qu'ils croyoient avoir droit de se plaindre de la personne, sans jamais oublier que celui qu'ils attaquoient avoit été autrefois leur Juge, toûjours digne de respect par l'honneur qu'il avoit de porter ce nom, quand même il auroit été assés malheureux pour en abuser.

L'usage du Parlement de Besançon est certain sur le fait des prises à partie, on n'y en admet aucune que le Parlement n'ait permis sur Requête, & la Requête est nécessaire au point que suivant l'article 23. du titre 24. de l'Ordonnance de 1667. les simples récusations doivent être proposées par Requête: celui du Parlement de Bourdeaux est attesté par (c) la Peyrere; on trouve dans Henris un Arrêt de Réglement fait à ce regard par le Parlement de Paris, adopté par le Conseil de Colmar, & tous les Tribunaux Supérieurs du Royaume, il est conçû dans ces termes: *ladite Cour faisant droit sur les Conclusions du Procureur General du Roy fait défenses à toutes personnes de quelque état & qualité qu'elles soient, de prendre à partie aucuns Juges, ni de les faire intimer en leur propre & privé nom sur l'apel des Jugemens par eux rendus, sans en avoir auparavant obtenu la permission expressement par Arrêt de la Cour, à peine de nullité des Procédures, & de telle amende qu'il conviendra: enjoint à tous ceux qui croiront devoir prendre des Juges à Partie de se contenter d'expliquer simplement & avec la moderation convenable les faits & les moyens qu'ils estimeront necessaires à la decision de leur cause, sans se servir de terme injurieux & contraires à l'honneur & à la dignité des Juges, à peine de punition exemplaire. Fait en Parlement le 4. Juin 1699.*

Ferrier Fils est bien éloigné de s'être conformé à un Reglement si judi-

(a) Loyseau, *des Offices l.* 1. *chap.* 14. *nomb.* 63.
(b) *Articles* 135. 143. & 147. de l'Ordonnance de Blois.
(c) Lapeyrere, *verb. juge nomb.* 51.
(d) Henris, *tom. liv.* 1. *chap.* 2. *quest.* 7.

cieux

cieux & si nécessaire pour maintenir l'honneur des Juges inférieurs; car il a attaqué insolenment un Supost de Cour Superieure, il l'a pris à Partie dans un Acte rempli d'impostures, & dicté par la passion; il s'y est écarté autant des régles de la bien-séance que de celle de l'honnête homme; il y à diffamé Mr Gomé; il a affecté de rendre sa diffamation publique: il n'a point obtenu de permission pour former une prise à partie aussi injurieuse, & n'ayant pû trouver, ni Procureur pour signer l'Acte qui la renfermoit, ni Huissier pour le signifier, il s'est contenté de le présenter au Procureur Général du Conseil d'Alsace, qui a bien voulu lui en donner Acte, & l'on comprend aisément qu'un pareil Decret ne peut pas tenir lieu d'un Arrêt, parce que les Gens du Roi n'ont pouvoir que de réquerir.

Lorsqu'un Juge a le malheur de faire la Cause sienne, la Loy Romaine le réputé coupable d'un quasi délit; *si Judex litem suam fecerit non propriè ex maleficio obligatus videtur*, (a) *sed quia neque ex contractu obligatus est, & utique pecasse aliquid intelligitur licet per imprudentiam: ideò videtur quasi ex maleficio teneri in factum actione*: Ce n'est pas seulement un quasi délit que Ferrier a imputé à Mr Gomé, c'est un délit le plus grand qu'un Juge puisse commettre, puisqu'il l'accuse de faussetés, de prévarications & même de concussions: or dez que Ferrier accusoit Mr Gomé d'un crime si énorme, en le prenant à Partie sur le faux prétexte qu'il l'avoit commis, il falloit recourir au Conseil Supérieur de Colmar, pour que les Chambres assemblées, il lui fût permis de le prendre à Partie, & cette permission étant encore à obtenir, la prise à partie de Ferrier n'est pas à present plus recevable qu'elle l'étoit le 13. Mars 1721.

Cette irrégularité n'est pas le seul moyen que Mr Gomé ait à proposer contre cette prise à partie, il y en a deux autres qui doivent encore la faire rebuter: l'un est qu'elle a déja été jugé injurieuse, & l'autre que c'est une récrimination autant oposée à la Loy qu'au bon ordre.

Qu'elle ait déja été jugée injurieuse, cela résulte de quelques circonstances du fait qu'on est obligé de rapeller: on y a observé que Mr Gomé informé que Ferrier Fils rendoit publique son Acte de prise à partie, avoit obtenu Arrêt du Conseil de Colmar le 26. Mars 1721. qui lui avoit permis de faire informer de cette diffamation, que l'information avoit été prise le 2. du mois d'Avril suivant, que Ferrier Fils avoit subi un interrogatoire en conséquence du Decret personnel rendu contre lui; que desesperé de cette procédure criminelle, il avoit donné une Requête au Conseil d'Etat, tant en son nom qu'en celui de son Pere, où ils avoient exposé mille calomnies contre Mr Gomé, que sur ce faux exposé, ils avoient surpris un Arrêt du 6. Septembre 1721. par lequel le Conseil d'Etat avoit ordonné l'aport des Procédures, que les Ferrier avoient ensuite insisté par Requête à ce que les Enquêtes & les Procédures faites ou instruites contre eux, fussent cassées & annullées, & les Minutes brûlées & suprimées; que défenses fussent faites d'en retenir ou debiter des Copies, à peine de faux, & que Mr Gomé & le Comte de Renach fussent condamnés chacun solidairement à 200000. livres de dépens, dommages & interêts; mais que le Conseil d'Etat avoit rebuté cette demande par un Arrêt du 25. Avril 1722. portant *qu'il seroit mis néant sur la Requête des Ferrier, & qu'en consequence les Minutes des Procedures instruites contre eux seroient renvoyées au Greffe du Conseil de Colmar, pour y proceder suivant les derniers erremens.*

C'est cet Arrêt du Conseil d'Etat qui fournit à Mr Gomé l'exception de la chose jugée sur le fait de la prise à partie de Ferrier; il subsiste dans toute sa force, & dès-qu'il a rejetté la Requête des Ferrier, tendante à la nullité & supression des Procédures instruites contre eux; il a nécessairement rejetté leur prise à partie, parce que les mêmes moyens qui la fondent, servoient de fondement aux nullités par eux imaginées contre les Procédures; car de croire avec Ferrier Fils que cet Arrêt a seulement jugé qu'il n'y avoit pas lieu à l'évocation du fond du Procès devant le Conseil

(a) *L. 6. ff. de variis & extraord. cognitionibus.*

d'Etat; c'est-là une idée incompatible avec l'Arrêt & la vérité!

L'évocation en effet à laquelle Ferrier Pere avoit insisté par son acte du 13. Mars 1721. ne pouvoit avoir lieu qu'autant qu'il y avoit lieu à la prise à partie, parce que Ferrier n'évoquoit le Procès pendant au Conseil de Colmar, que sur ce que Mr Gomé avoit fait la Cause sienne au moyen des faussetés & prévarications qu'on lui imputoit; il a donc fallu juger par préliminaire la prise à partie avant que de décider s'il y avoit ou s'il n'y avoit pas lieu à l'évocation: or dès-que l'Arrêt du Conseil d'Etat du 25. Avril 1722. porte que *la Requête des Ferrier sera reponduë par néant, & qu'on procedera devant le Conseil de Colmar, suivant les derniers erremens!* plus de doute que les moyens de prise à partie n'ayent été jugés autant inadmissibles que ceux d'évocation.

Le Conseil Supérieur de Colmar a jugé la même chose par deux Arrêts, l'un est celui du 14. Décembre 1722. par lequel il a ordonné que *les Temoins seroient récolés dans leurs dépositions & confrontés aux Ferrier*; l'autre est celui du 17. Mars 1723. par lequel *il a condamné Ferrier Pere de comparoître en la Chambre, pour y declarer en presence de Mr Gomé, que mal à propos & comme mal avisé, il avoit consenti que son nom fût inseré dans les actes du Procès, qu'il lui en demandoit pardon, & le tenoit pour Juge integre & incoruptible, avec ajudication au profit de Mr Gomé de 6600. livres, pour son deboursé, sans les depens du Procès.*

Cet Arrêt subsiste encore dans toute sa force en ce qui regarde Ferrier Pere, parce que celui-ci l'a exécuté en payant les Dépens, Dommages & Interêts ausquels il le condamnoit; il en résulte une seconde exception de la chose jugée en faveur de Mr Gomé sur le fait de la prise à partie de Ferrier, & il emporte une autre conséquence décisive.

C'est qu'il est impossible que Ferrier Pere flétri par cet Arrêt, & condamné pour avoir souffert qu'on mit son nom dans certains Libelles, ait été jugé un Calomniateur, sans que son Fils le soit pour avoir composé, écrit ou distribué ces Libelles! Comment se pourroit-il que Ferrier Fils ne fût pas un Imposteur, tandis que son Pere s'est avoüé tel en subissant la condamnation portée contre lui, tandis qu'il a reconnu que son Fils étoit tel en refusant d'entrer dans l'involution de procédures où cet entêté s'est depuis engagé! Comment se pourroit-il que Mr Gomé fût, par raport à Ferrier Pere, & en conséquence de l'Arrêt de Colmar du 17. Mars 1723. un Juge incoruptible, impartial, digne de l'employ dont il est revêtu, & que par raport à Ferrier Fils ce soit un Officier coupable de concussion, de fausseté, & de prévarication; le vrai & le faux, la lumiére & les ténébres s'allieroient plûtôt que des choses aussi incompatibles.

Ce qui augmente de beaucoup l'injustice de la prise à partie de Ferrier, est qu'il ne l'a formé que pour empêcher le Public d'avoir les yeux sur le veritable objet du Procès qu'il avoit avec le Comte de Renach; il a cherché à lui en imposer; & en mêlant Mr Gomé dans une affaire où il n'a jamais eu le moindre interêt personnel, il a cru qu'on perdroit de vûë la bassesse de l'extraction que le Comte de Renach lui avoit reproché, & qu'il avoit prouvé.

Trois faits principaux avoient été retenus en preuves à la charge de ce Gentilhomme, le premier, que *Ferrier Pere avoit été Valet de Chambre du Sr de St Just, Gouverneur du Château de Belfort*, le deuxiéme, *qu'il avoit été ensuite Aubergiste & Cantinier, donnant à boire à tous venans*, le troisiéme, que *sa Femme avoit été une Charlatanne, & qu'elle avoit monté publiquement sur le Theatre, où elle portoit le nom, & joüoit les Rolles de Colombine*; c'étoient-là des faits affirmatifs qui ne souffroient point de preuve contraire, parce que deux Témoins qui affirment, sont préferables à mille qui nient: or il est essentiel de transcrire ici les dépositions de quelques uns des Témoins oüis dans l'Enquête du Comte de Renach.

Marie Keller, Veuve de feu Henry Vernier, Bourgeois de Belfort, native dudit lieu, âgée de soixante & dix ans ou environ, dépose *qu'elle a parfaitement connu le Sr Ferrier Pere pendant qu'il demeuroit au service de Mr de*

St Just, Gouverneur de Belfort, qu'elle l'a vû plusieurs fois au Marché acheter des provisions de bouches pour la Maison de mondit Sr de St Just, & qu'il faisoit les fonctions de Maître d'Hôtel, qu'elle l'a vû Cantinier au Château de Belfort, ne sçait s'il tenoit Auberge ou non, & s'il donnoit à boire à tous venans, qu'elle se souvient bien d'avoir vû Dubillot sur le Theatre, & que son Frere étoit celui qui s'empoisonnoit pour faire valoir son Orvietan, qu'elle n'a point vû la Dame Ferrier, Veuve du Sr Dubillot monter sur le Theatre, ni ne sçait quel nom on lui donnoit dans les farces qui se joüoient; que pour le Frere on le nommoit Carolin, qui est tout ce qu'elle a dit sçavoir, &c.

David Pierron, Bourgeois de la Ville de Belfort âgé de 62. ans ou environ, dépose *qu'il a connu le Sr Ferrier Pere pendant qu'il demeuroit au service de Mr de St Just, Gouverneur de Belfort, qu'il étoit son Valet de Chambre ou son Maître d'Hôtel, ne peut nous dire l'une des deux de ces qualités; que led. Ferrier a eu la Cantine des Soldats, qu'il a connu parfaitement aussi défunt le Sr Dubillot Mari de la Dame Ferrier en premieres nôces, qu'il a vû ledit Dubillot Operateur montant sur le Theatre à la Place publique, qu'il a connu aussi le Frere dudit Dubillot qui se nommoit Carolin sur le Theatre, & qui s'empoisonnoit pour faire valoir son Orvietan: se souvient ledit Déposant lui avoir vû prendre trente-cinq grains d'Arcenic avec le sang d'un Crapeau*, qu'il a vû la Dame Ferrier sur le Théatre, laquelle dit au Sr Dubillot son Mary de se dépêcher à donner vite de l'Orvietan à son Frere, *qu'il ne sçait pas le nom qu'elle prenoit pour lors, lorsqu'elle joüoit ses farces, & qu'il ne l'a vû que cette seule fois là sur le Theatre, suivant qu'il a bonne souvenance, que ledit Dubillot ayant quitté sa Profession, entra Chirurgien Major des Cadets à Belfort, qui est tout ce qu'il a dit sçavoir*, &c. *Nota.*

Le Sr de la Bassiniere, Seigneur de Morvillars & autres lieux, agé de soixante-neuf ans ou environ, dépose *qu'il a connu parfaitement le Sr Ferrier, lorsqu'il demeuroit avec Mr de St Just, Lieutenant de Roy de la Ville de Grave, qui se trouvoit assiegée par les Troupes Imperiales*, que ledit Sr Ferrier pour lors étoit Domestique, Laquais ou Valet de Chambre de mondit Sr de St Just; qu'à la sortie de Grave ledit Sr de St Just fut fait Gouverneur de Belfort, & a vû ledit Ferrier faire pareillement les fonctions de Maître d'Hôtel ou Valet de Chambre, l'ayant vû plusieurs fois battre les Habits de mondit Sr de St Just, & les vergeter, comme aussi à couvrir la Table & mettre la Nape, *& qu'il ne peut se souvenir si ledit Sr Ferrier a eu la Cantine des Soldats, parce que lui qui depose suivit son Regiment à Besançon six semaines après, & que ledit Regiment ayant demoli les Fortifications de Dole, ils s'en retournerent à Besançon; qu'il a connu parfaitement le Sr Dubillot, qu'il l'a vû joüer à Belfort sur le Theatre, & a vû deux ou trois Femmes pareillement avec lui, & son Frere, qu'il l'a aussi vû joüer à Montbeliard avec ces mêmes Femmes, dont il y en avoit une entre autres très jolie, que l'on disoit être la Femme dudit Sr Dubillot, qu'il croit que son nom est Colombine, autant qu'il peut s'en souvenir, qui est tout ce qu'il a dit sçavoir*, &c. *Nota.*

Jean-Pierre Donat, Bourgeois de Belfort, travaillant à la Tuilerie d'Epert, âgé de quatre-vingt trois ans ou environ, dépose *qu'il a connu le Sr Ferrier au service de Mr de St Just, Gouverneur de Belfort*, qui faisoit les fonctions de Valet de Chambre dans sa Maison, qu'il a eu la Cantine au Château & à la Ville, *qu'il n'a pas de souvenance si ledit Sr Ferrier tenoit Auberge au Château ou non, qu'il a parfaitement connu le Sr Dubillot & la Dame Dubillot presentement Ferrier*, que ledit Sr Dubillot & sa Femme montoient sur le Théatre, & qu'il les a vû plus de dix fois, *que leur Theatre étoit sur la Place publique, qu'il n'a pas pris garde quel nom on lui donnoit dans les Rolles qu'elle joüoit, & qu'il y avoit encore deux Femmes avec la Dame Dubillot, dont l'une étoit la Femme d'un Joüeur de violon, & l'autre d'un autre Joüeur de violon à ce qu'il croit, qui est tout ce qu'il a dit sçavoir*, &c. *Nota. Nota*

Barbe Hauset, Veuve de François Adelin Aubergiste & Bourgeois à Belfort âgée de cinquante ans ou environ, dépose *qu'elle a connu le Sr Ferrier Domestique de Mr de St Just en qualité de Valet de Chambre ou Maître d'Hôtel dudit Sr*, que ledit Sr Ferrier avoit la Cantine, & qu'elle qui dépose tiroit le Vin pour donner à boire aux Soldats de la Garnison, que ledit Sr Ferrier tenoit Auberge au Château ou les Officiers y prenoient leurs repas; *qu'elle a vû pareillement led. Sr Dubillot défunt Charlatan ou Operateur, & que son Frere, qui est actuellement Chirurgien Major de l'Hôpital de cette Ville, étoit le Gilotin, & se nommoit Carolin sur le Théatre, lequel prêtoit son Corps au Poison pour faire valoir son Orvietan, qu'elle n'a pas vû lad. Dame Dubillot à present Ferrier sur le Theatre à Belfort, mais qu'elle a oüi dire qu'elle montoit sur le Théatre à Montbeliard, & qu'elle ne sçait pas quel nom on lui donnoit dans les Rolles qu'elle representoit, qui est tout ce qu'elle a dit sçavoir.*

Nota.

Il y a. 47. autres Témoins oüis dans l'Enquête du Comte de Renach qui ne vérifient pas moins les faits admis en preuves contre les Ferrier, que les dépositions de ceux qu'on vient de transcrire : si on n'insere pas de mot à autre les dépositions des autres Témoins, c'est qu'on craint de trop grossir cet ouvrage! que peut dire Ferrier contre des dépositions aussi précises que celles qu'on *a raportées* ! & qu'elle preuve contraire lui étoit-il possible d'acquerir : s'il ne veut pas s'y arrêter! qu'il lise le Certificat suivant, donné par le Sr de St Just, & produit au Procès. *Nous Brigadier des Armées du Roy, & Gouverneur de la Citadelle de Vallenciennes. Certifions à tous qu'il apartiendra que Mr Ferrier a servi en qualité de Maître d'Hôtel & homme d'affaire & non autrement, depuis l'année* 1674. *jusqu'en l'an* 1677. *auquel tems il se maria à Belfort, ce que Nous promettons d'affirmer par serment pardevant tous Juges qu'il apartiendra en étant requis. en foy de quoy Nous avons signé le Present, & aposé le Cachet de nos Armes, pour servir audit Sr Ferrier, ce que de raison. Fait à la Citadelle de Vallenciennes le* 13. *Août* 1720. Signé, *DE ST JUST.*

Tout flatteur que soit ce certificat, il en résulte que Ferrier Pere a été dez 1674. jusqu'en 1677. Maître d'Hôtel & Homme d'Affaires du Sieur de St Just; mais le Sieur de St Just a tû avec prudence ce que Ferrier étoit chez lui avant 1674. & lorsqu'on sçaura que le Sieur de St Just étoit un Officier sans biens & sans d'autres revenus que ses apointemens, qui dans le tems qu'il étoit à Belfort ne se montoient au plus qu'à 4000. liv. on restera aisément persuadé que l'Homme d'Affaires du Sieur de St Just ou son Maître d'Hôtel, n'étoit qu'un Maître Valet ou un Valet de Chambre! que peut-on répondre à la déposition du Sieur de Morvillars qui parle de son fait, & qui assûre d'avoir vû Ferrier Pere battre les Habits du Sieur de St Just, mettre la Nappe & couvrir la Table.

Ferrier Fils est donc convaincu d'une témérité sans exemple pour s'être égalé à un Gentilhomme d'aussi grande Noblesse que le Comte de Renach, d'une fourberie pour avoir voulu cacher la bassesse de sa Naissance, d'une impudence pour avoir osé demander sous le nom de son Pere d'être admis à la preuve des faits contraires à ceux retenus à la charge du Comte de Renach, & d'une malice inoüie pour avoir impliqué Mr Gomé dans une affaire qui ne le regardoit pas.

C'est par récrimination qu'il l'y a impliqué, feu Mr le Garde des Sceaux d'Armenonville l'a bien reconnu, & il l'a dit expressément dans la lettre qu'il écrivit le 2. Décembre 1722. à Mr le Président Kliglin : or la récrimination n'est jamais permise à un Accusé. *Is qui reus factus est purgare* (a) *se debet nec ante potest accusare quam fuerit excusatus*, & trois circonstances particulieres la rendent bien plus répréhensible dans l'espece du fait que dans aucun autre cas; la premiere est, que c'est un Plaideur qui récrimine un Juge; la deuxiéme est, que ce Juge est Supost de Cour Supérieure, & la troisiéme qu'il le récrimine dans un Procès ou de son aveu il n'est point Partie.

(a) L. 5. ff. de publicis judiciis.

Ce

Ce n'eſt pas en effet Ferrier Fils, qui originairement a eû un Procès avec le Comte de Renach, c'eſt Ferrier Pere, c'eſt contre lui que le Comte de Renach a poſé des faits, & qu'il a été admis à les prouver par l'Arrêt rendu à Colmar le 11. Septembre 1720. c'eſt lui qui ſeul a donné une Requête, tendante à être admis à la preuve des faits contraires retenus à la charge du Comte de Renach, qui ſeul obtint l'Arrêt du 22. Janvier 1721. par lequel il fut admis à la preuve de ces faits, qui ſeul prit l'Ordonnance de Mr Gomé le 10. du mois de Février ſuivant, pour procéder à ſa contr'Enquête, & qui ſeul produiſit des Témoins; Ferrier Fils ne s'y eſt preſenté que dans le deſſein formé d'inſulter Mr Gomé.

Interrogé, *le 2. Avril 1721. s'il n'étoit pas vrai qu'il s'étoit emparé du Procès verbal, de l'Ordonnance du Commiſſaire, de la feüille qui contenoit les noms des Témoins, qu'il avoit dit au Commiſſaire qu'il n'en vouloit plus faire entendre, ce qui avoit obligé Mr Gomé de clorre ſon Enquête* : il répondit que *non, & que c'étoit ſi peu cette raiſon qui avoit fait diſcontinuer l'Enquête, que quand il auroit dit vingt fois au Commiſſaire de ceſſer, il n'en auroit rien fait, parce qu'il ſçavoit bien que lui Repondant n'étoit pas la Partie, & que l'Enquête ne ſe faiſoit pas à ſa Requête.*

C'eſt-là un aveu bien précis de Ferrier Fils, qu'il n'a pas plus été Partie dans la contr'Enquête de ſon Pere, que dans l'Enquête du Comte de Renach; or Ferrier Fils ayant preſenté une Requête au Conſeil de Colmar, tendante à ce qu'il fût ordonné à Mr Gomé de faire procéder au Jugement du Procès ſur les faits portés dans ſon Procès verbal d'irrevérence ſeulement, faute de quoi il lui ſeroit permis de pourſuivre l'inſtruction de ſa priſe à partie eût l'affront de voir mettre un néant ſur ſa Requête par Arrêt du 27. Août 1722. & cet affront fut ſuivi d'un autre bien plus ſanglant.

C'eſt que ſon Pere interrogé le 27. du mois de Septembre ſuivant, répondit *qu'il n'avoit point de connoiſſance de la Cedule évocatoire qu'on qualifioit d'acte injurieux, qu'il ne l'avoit jamais lû, que ſon Fils lui avoit ſeulement fait entendre qu'il ne vouloit que faire évoquer au Conſeil la conteſtation qui étoit entre lui & le Comte de Renach; que quand au Libelle diffamatoire imprimé, il ne l'avoit vû que le jour même que le Procès ſe jugeoit au Conſeil, & qu'il ne pouvoit pas en cela avoüer ſon Fils, qu'il avoit crû aſſés prudent & ſage pour ne rien faire qui pût intereſſer perſonne.*

Voilà un déſaveu authentique fait par Ferrier Pere autant de la priſe à partie formée par ſon Fils, que des calomnies contenuës dans les écrits que ſon Fils a diſtribué ! voilà en même tems un Arrêt qui juge contradictoirement, qu'aprés celui rendu par le Conſeil d'Etat le 25. Avril 1722. il ne faut plus parler de la priſe à partie formée par l'Acte du 13. Mars 1721. or cette priſe à partie jugée injurieuſe par le Conſeil d'Etat & par le Conſeil Supérieur de Colmar, déſavoüée d'ailleurs par Ferrier Pere, ne peut plus avoir d'exiſtance dans la perſonne de Ferrier Fils, que pour le punir de ce qu'il a tenté de la renouveller.

Dez que la priſe à partie a été jugée injurieuſe, & que de l'aveu de Ferrier Fils, contenu dans ſon interrogatoire, il n'a pas plus été Partie dans la contr'Enquête de ſon Pere, que dans l'Enquête du Comte de Renach; il ſuit de-là que malgré l'Arrêt du Conſeil de Colmar du 22. Septembre 1723. qui a admis Ferrier Fils à la preuve de ſes prétendus faits juſtificatifs, & malgré ſon Enquête ſur ces faits, Ferrier Fils doit être condamné pour deux raiſons, & puni comme un Calomniateur.

La premiere eſt que ſon Pere l'a déja été, & puiſqu'il étoit ſeule Partie dans ſa contr'Enquête comme dans l'Enquête contraire; nul autre que lui n'a eu qualité pour ſe plaindre de ce qui y avoit été fait : auſſi s'eſt-il plaint, & ſa plainte ayant été rebutée par deux Arrêts qu'il a exécuté, ces Arrêts joints à l'exécution qu'il y a donné, ont dû fermer la bouche à ſon Fils.

La deuxiéme que quand il ſeroit auſſi vrai qu'il eſt faux, que Mr Gomé auroit eu le malheur de s'écarter du droit chemin, Ferrier Fils n'en ſeroit pas moins répréhenſible de l'avoir diffamé par des écrits publiques répandus dans le Royaume avec une affectation sans exemple, parce que les voyes de la Justice lui étoient ouvertes, c'étoit la récusation, & au besoin l'inscription de faux.

En ramassant les prétendus faits justificatifs retenus à la charge de Ferrier par l'Arrêt qu'il surprit au Conseil de Colmar le 22. Septembre 1723. on voit qu'il y en a qui concourent à une simple récusation, & d'autres à un faux : ceux qui pouvoient donner lieu à une récusation, sont que *Monsieur Gomé n'eût pas plûtôt apris que Ferrier Fils avoit traité d'un Office de Conseiller du Conseil Superieur de Colmar ; qu'il commença à tenir de lui des discours très-desavantageux ; qu'avant qu'il n'eût aucune difficulté avec le Comte de Renach, Mr Gomé avoit déja commencé à publier contre lui les faits injurieux à sa Famille, à la preuve desquels le Sr de Renach a été admit par la suite ; qu'il a excité le Sr de Renach à soûtenir le Procès contre lui ; que Mr Gomé procedant à l'Enquête du Comte de Renach, avoit suprimé adroitement les circonstances des depositions qui alloient à detruire les faits posés par le Sr de Renach, qu'il n'a pas expliqué aux Temoins le sens naturel de l'Arrêt, pour les mettre en état de deposer à charge & decharge ; que Mr Gomé avoit fait voir la premiere Enquête, tant à Colmar qu'à Belfort à plusieurs personnes qu'il pressoit d'en prendre lecture ; que sur ce qu'on lui disoit que ces dépositions n'operoient aucune preuve, il s'emportoit & disoit qu'on n'en pouvoit voir de plus claires ; qu'il avoit témoigné de la passion contre lui en plusieurs compagnies par ces discours dans l'intervalle des deux Enquêtes.*

A supofer ces faits vrais, ils ne pouvoient servir qu'à une Récusation ; mais pour récuser Mr Gomé, deux choses étoient réquises essentiellement, l'une étoit de donner une Requête, tendante à Récusation, conformément à l'Article 23. du Titre 24. de l'Ordonnance de 1667. l'autre étoit de ne point parler de Mr Gomé en termes offençans ; car Mr le Prêtre raporte un Arrêt par lequel il fut fait (*a*) défenses de parler au désavantage d'un Conseiller de Cour Supérieur ; *nisi petitâ curiæ veniâ*, & d'Epeisses en raporte plusieurs (*b*) autres qui ont décidés que *toute Recusation devoit se faire en termes convenables, & éloignés de tout ressentiment, passion, ou injure* ; c'est pour cela que l'Ordonnance de 1667. condamne à 200. livres d'amende, & à une réparation ceux qui auront été déboutés des récusations par eux proposées contre quelques Suposts des Parlemens, parce que la récusation *famæ causa est* : c'est pour cela que Charles VIII. & François I. (c) avoient déja ordonné de punir sévérement ceux qui récusoient sans raisons les Présidens ou Conseillers de leurs Parlemens, *ex malitiâ ; enim non debent recusari Judices, sed ex causâ, & quidem justâ.*

Mais ce n'est pas ainsi que Ferrier Fils en a agi, il n'a point donné de Requête pour récuser Mr Gomé, il a commencé au contraire à le troubler dans les fonctions de son employ ; il l'a insulté, en lui disant en face qu'il prévariquoit en ne pas rédigeant les dépositions des Témoins dans leur entier, il l'a ensuite calomnié par son acte du 13. Mars 1721. & au lieu de le récuser par Requête, il l'a pris à partie de sa propre autorité ; il l'a depuis diffamé jusqu'aux pieds du Trône, par des écrits remplis d'impostures: les termes de Faussaire, de Prévaricateur, de Concussionnaire, ne lui ont pas parus assés emportés pour assouvir sa passion ; & aprés avoir ainsi violé l'honneur de la Magistrature, & celui de Mr Gomé, il pense se sauver sur le prétexte de certains faits qu'il apelle justificatifs, & qu'il faut apeller injurieux ! n'est-ce pas là ajoûter l'impudence à la calomnie.

Les faits tendans à un faux retenus à sa Charge par l'Arrêt de Colmar du 22. Septembre 1723. sont que *Mr Gomé avoit inseré contre l'intention des Temoins oüis dans l'Enquête du Comte de Renach des termes qui alloient à établir ces mêmes faits, qu'il n'avoit pas fait lire à plusieurs Temoins le veritable Arrêt qui interloquoit les Parties, que par artifices & équivoque*

(a) Le Prêtre, *cent.* 1. *chap.* 9. & 10.
(b) d'Epeisses, *tom.* 3. *tit.* 4. *nomb.* 11.
(c) Ordonnance de François I. de 1539. art. 14.

il avoit empêché les Témoins de dire positivement que son Pere n'avoit pas été Valet de Chambre du Sr de St Just, que le nommé Ferrand en avoit fait les fonctions, & s'ils avoient vû sa Mere sur le Theatre.

Ce sont là des faits que Ferrier Fils a répeté cent fois dans ses écrits, qu'il a eû soin de répandre par tout, de lire, de faire voir, & de distribuer: mais lui étoit-il permis de diffamer ainsi un Supôst de Cour Supérieure, & si dans de certaines occurences *veritas convicii non excusat à convicio* ! quelle punition ne merite pas Ferrier d'avoir commencé par la diffamation; il s'est fait justice, & il ne le pouvoit pas; il avoit la voye de l'inscription de faux, & ne l'ayant pas tenté, son procedé est autant punissable après son Enquête sur ses prétendus faits justificatifs qu'il l'étoit auparavant.

Les Cours Supérieures ne sont pas en effet liées par leurs Arrêts interlocutoires; & on les voit souvent ne pas s'y arrêter; c'est l'équité qu'elles ont pour objet, & devant prédominer dans toutes sortes d'affaires, elles sont apaisées dez qu'elles croyent de l'avoir trouvé; elles sçavent que les décisions ordinaires toutes augustes qu'elles soient sont souvent humaines, elles abhorrent les surprises, & au moment qu'elles les ont reconnus, elles ne souffrent pas que *nascantur injuriæ unde jura nascuntur*; elles suivent avec joye le Conseil que Innocent III. le plus sçavent des Papes qui ait été élevé sur la Chaire de St Pierre, donnoit autrefois à l'Evêque de Verceil, *ideoque mandamus quatenus ad conscientiæ vestræ judicium recurrentes; si contra præscriptum ordinem, tanquam homines excessistis, non pudeat vos errorem vestrum corrigere, qui positi estis ut aliorum corrigatis errores, quoniam apud judicem districtum in quâ mensurâ mensi fueritis, remetietur vobis*, cap. *qualiter* X. *de accusat.*

Mr Expilly raporte que le Parlement de Grenoble avoit admis le nommé Fournier, accusé à récriminer Laurent de Deaus, & que sur l'information faite à sa Requête, Deaus qui étoit le Plaignant originaire, fut décrété d'ajournement personnel: mais la surprise & la récrimination ayant été reconnuë, *cette Procedure fut cassée par Arrêt du* 30. *May* 1578. (a) *& Deaus dechargé du Decret rendu contre lui*: c'est-là precisément le cas ou les Parties se trouvent, Mr Gomé est en effet Plaignant originaire; Ferrier est accusé, & quoique tel il a osé récriminer pour éloigner l'accusation déferée contre lui, le tems a manifesté sa fourberie, & l'examen qu'on va faire du troisiéme chef du Procès, persuadera que loin qu'il ait acquis la preuve des faits qu'il apelle justificatifs, sa propre Enquête prouve l'intégrité & la régularité de la conduite de Mr Gomé.

TROISIÉME CHEF.

Y a-t-il preuve des faussetés, Prévarications, & Concussions imputées par Ferrier à Mr Gomé !

DAns les faits obscurs l'intention est la régle qu'on doit suivre pour juger des sentimens qu'un homme a eu pour faire quelque chose: *quod factum est, cum in obscuro sit*, (b) *ex affectione cujusque capit interpretationem*: c'est ordinairement l'interêt qui donne le mouvement à nos actions, & lorsqu'on n'en a point dans une affaire, il est inoüi qu'on s'abandonne aux crimes les plus énormes, sans d'autre utilité que la malheureuse satisfaction de les avoir commis.

A quelque extrémité que Ferrier Fils se soit porté contre Mr Gomé, il n'a pas osé l'accuser ni d'avoir reçû de l'argent du Comte de Renach, ni d'avoir jamais eû l'ombre de difficulté avec la Famille, où le moindre interêt à démêler avec elle: Interrogé au contraire le 1. Juillet 1720. s'il

(a) Expilly, *en ses Arrêts chap.* 71.
(b) L. 168. §. 1. *ff. de reg. jur.*

ne ſçavoit pas le ſujet pour lequel le Comte de Renach avoit porté des plaintes contre lui: il répondit que *le Comte de Renach n'avoit formé ſa plainte que pour prevenir celle que Lui, ſon Pere & ſa Famille devoient porter des injures diffamatoires par lui proferées contre leur honneur & leur réputation qu'il y avoit long-tems qu'il leur en vouloit, ſi vrai qu'en* 1718. *lui Repondant s'étoit déja reſervé une demande en reparation contre lui, & que ſa reſerve avoit été portée ſur le Regiſtre*: il a ajoûté dans ſa réponſe au penultiéme interrogat que *l'inſulte que le Comte de Renach lui avoit fait pendant le mois de May* 1720. *n'étoit qu'une ſuite de celles qu'il lui avoit fait anterieurement, puiſqu'il offroit de prouver que long-tems auparavant la Plaidoirie où le Comte de Renach pretendoit avoir été inſulté; ce Gentilhomme avoit tenu de pareils diſcours, & d'autres auſſi diffamans ou prejudiciables.*

Au tems de ces réponſes, Mr Gomé ne paſſoit pas encore dans l'eſprit de Ferrier pour un mauvais Juge, un fauſſaire, un prévaricateur; & il ne paſſoit pas encore pour tel dans ſon eſprit, ni au tems que la Cauſe fût depuis portée à l'Audience, ni au tems que le Comte de Renach prit l'Ordonnance de Mr Gomé pour procéder à ſon Enquête, ni au tems que Ferrier Pere en prit une pour ſa contr'Enquête; car s'il eû été vrai que Mr Gomé eût marqué autant de haine contre la Famille des Ferrier, & autant de partialité qu'ils l'ont ſupoſés! eſt-ce qu'ils ne l'auroient pas récuſés, au lieu de prendre ſon Ordonnance, & de faire devant lui une contr'Enquête.

En ramaſſant les prétendus faits juſtificatifs de Ferrier, on trouve qu'il a poſé *qu'auſſitôt qu'il eût traité d'un Office de Conſeiller au Conſeil Supérieur de Colmar, Mr Gomé commença de tenir de lui des diſcours très-déſavantageux; qu'avant qu'il eût aucune difficulté avec le Comte de Renach, Mr Gomé avoit déja commencé à publier les faits injurieux, à la preuve deſquels le Comte de Renach avoit depuis été admis, qu'il avoit excité le Sr de Renach à ſoûtenir le Procès, & qu'il avoit témoigné beaucoup de paſſion contre ſa Famille, dans l'intervale des deux Enquêtes.*

Ce ſont-là autant de ſupoſitions fauſſes & prouvées telles, ſoit par les réponſes de Ferrier Fils à ſon interrogatoire du 1. Juillet 1720. ſoit par l'Ordonnance que Ferrier Pere prit de Mr Gomé pour ſa contr'Enquête.

Ferrier a ajoûté d'autres faits auſſi faux, & dont d'ailleurs la preuve eſt impoſſible: c'eſt que *Mr Gomé en procedant à l'Enquête du Comte de Renach avoit ſuprimé adroitement les circonſtances des dépoſitions qui alloient à detruire les faits retenus à ſa charge, que contre l'intention des Témoins il avoit inſeré des termes tendans à la preuve de ces faits; qu'il n'avoit pas fait lire à pluſieurs Temoins le veritable Arrêt qui interloquoit les Parties; que par artifices & équivoque il avoit empêché les Temoins de dire poſitivement que ſon Pere n'avoit pas été Valet de Chambre du Sr de St Juſt, où s'ils avoient vû ſa Mere ſur le Théatre.*

Comment en effet parvenir à la preuve de ces faits, car il n'y a point de dépoſition dans l'Enquête du Comte de Renach qui ne porte que *lecture en a été faite au Temoin, qu'il y a perſiſté, & qu'il l'a ſigné lorſqu'il en a eu l'uſage avec le Commiſſaire & le Greffier*! Plus dès-là de poſſibilité de l'attaquer par un témoignage contraire, parce que ſi la dépoſition avoit été rédigée autrement qu'elle n'a été faite, le Témoin deviendroit lui-même un Fauſſaire en la ſignant, & le Greffier en ſeroit encore un pour l'avoir lû & ſigné, enſorte qu'on ne pourroit pas faire le Procès au Commiſſaire ſans leur faire le leur, & il faudroit pour cela qu'ils ſe le fiſſent à eux-mêmes, *nimis autem indignum judicamus, quod ſua quiſque voce dilucide poteſtatus eſt, id in eumdem caſum infirmare teſtimonioque proprio reſiſtere l.* 13. *cod. de non numerata pecunia.*

Dans ces ſortes de cas, tout eſt remis à l'honneur du Juge, à ſon ferment & à ſa Réligion; le péril d'une infidélité de la part des Témoins, eſt trop à craindre, & non-ſeulement la Loi veut qu'on puniſſe comme un Fauſſaire quiconque porte en Jugement deux dépoſitions differentes, elle veut encore que la premiére dépoſition prévale, & que le Témoin ſoit puni.

Le

Le premier de ces principes a son fondement dans la Loi 27. au Digeste *ad Legem Corneliam de falsis : eos qui diversa inter se testimonia præbuerunt quasi falsa fecerint & prescripto legis teneri pronunciatum est, & eum qui contra signum suum falsum præbuit testimonium pœna falsi teneri pronunciatum est, de impudentia ejus qui diversa duobus testimonia præbuit cujus ita anceps fides vacillat, quod crimine falsi teneatur, nec dubitandum est* : de-là est venu le principe établi par Jule-Clare que *quando testis in uno judicio deponit* (a) *contrarium ejus quod deposuerat in alio judicio, & hoc casu cum utrumque dictum sit juratum, certum est quod potest tanquam falsarius puniri, & est communis opinio.*

Le deuxiéme de ces principes a son fondement dans la Loi 16. au Digeste *de testibus : qui falsò vel varie testimonia dixerunt, vel utrique parti prodiderunt ; à Judicibus competenter puniuntur* : la Loi présume en ce cas que la deuxiéme disposition a été suggeré, & le Témoin suborné par la Partie qui a eu connoissance de la premiére : *communis tamen verior est* (b) *Sententia illorum qui putant primam testium depositionem prævalere debere, quasi posterior captata per subornationem præsumatur . . . nam* (c) *quando testibus publicatis, est verisimile quod testis loqui potuerit cum teste producente vel alio parti producenti amico vel affectionato, ipse præsumitur subornatus aliter deponendo in secundâ depositione quam si deposuerit in primâ. . . . sed* Bartholus *contra existimat primæ depositioni credendum esse, &* (d) *suadetur optimâ ratione, quia talis testis præsumitur subornatus à parte, ergo sequitur primum dictum præsumi verius, alias esset in potestate testis annullari dictum suum & tollere jus quæsitum parti..* Vide Barthol. *in l. postulaverit §. penult. ff. ad l. Jul. de adult.* Bald. Innocent, Joann. And. Immol. Alciat. *cités par* Minsingere *dict. observat.* 86.

De 62. Témoins dont l'Enquête du Comte de Renach & la contr'Enquête de Ferrier Pere sont composées, Ferrier Fils n'en a produit que 40. dans son Enquête sur ses prétendus faits justificatifs : or ou ces Témoins ont déposé dans cette Enquête la même chose que dans celles du Comte de Renach & de Ferrier Pere, ou ils ont fait des dépositions contraires: s'ils ont déposé la même chose, Ferrier Fils reste sans preuve, & si leurs dépositions sont contraires, c'est que Ferrier Fils les a suborné, mais inutilement, parce que leurs premieres dépositions prévalent, & il y a lieu de les punir comme faux Témoins, soit qu'on regarde la disposition de la Loi, ou qu'on considere l'Ordonnance de 1670. qui dans l article 11. du titre 15. répute tels les Témoins qui depuis leur récolement rétractent leurs dépositions, ou les changent dans des circonstances essentielles.

Si donc Mr Gomé examine dans le détail les dépositions des Témoins qui composent l'Enquête sur les prétendus faits justificatifs de Ferrier Fils, c'est sans nécessité, ce n'est que surabondamment, & pour convaincre ses Juges, qu'il ne craint point les éclaircissemens; sa conduite a déja été éprouvée tant de fois, & trouvée irréprochable dans tant de Tribunaux qu'il se soûmet volontiers à un nouvel examen, persuadé que plus l'épreuve en sera réiterée! plus elle couvrira son Calomniateur de confusion

Pour garder un ordre dans cette discussion, on commencera par les dépositions des Témoins que Ferrier Fils a fait entendre dans son Enquête, & qui ont été entendus par Mr Gomé, ou dans l'Enquête du Comte de Renach, ou dans la contr'Enquête de Ferrier Pere, on se détermine à suivre cet ordre, parce que la preuve des prévarications imputées faussement à Mr Gomé, ne pouvant résulter que des dépositions des Témoins qu'il a entendu, ce sont ces dépositions qui doivent d'abord entrer en considération, on les examinera suivant que les Témoins ont été produit devant Mr Gomé, & non pas suivant que Ferrier Fils les a fait entendre dans

(a) Jules-Clare *lib.* 5. *§. ult. quest.* 53. *num.* 13.
(b) Ferrieres *sur la question* 546. *de Guypape.*
(c) Guypape *quæst.* 546.
(d) Misingere *cent.* 2. *observat.* 86. *num.* 3.

ſon Enquête, on mettra dans une colomne les dépoſitions de ceux produits par Ferrier & entendus par Mr Gomé, on mettra dans l'autre colomne les réfléxions qui ſervent à atténuer chaque dépoſition; on verra enſuite ce que dépoſent les Témoins que Mr Gomé n'a pas oüis, & que Ferrier Fils a fait entendre.

Mais avant que d'entrer dans ce détail, on obſerve quatre choſes eſſentielles, la premiere que les Témoins oüis par Mr Gomé, ou dans l'Enquête du Comte de Renach, ou dans la contr'Enquête de Ferrier Pere & qui ont été entendus ou dans l'Enquête de Ferrier Fils, ou dans l'information faite ſur la vérité du Procès verbal en irrevérence dreſſé par Mr Gomé, n'ont été entendus que trois ans après leurs premieres dépoſitions : car l'Enquête du Comte de Renach fut faite en Octobre 1720. la contr'Enquête de Ferrier Pere l'a été en Février 1721. & l'Enquête de Ferrier Fils de même que l'information ſur la vérité du Procès verbal en irréverence, l'ont été en Octobre 1723. où eſt celui qui après trois ans d'intervale, puiſſe ſe ſouvenir précisément des paroles qu'il a dit devant un Commiſſaire, ou des expreſſions dont ce Commiſſaire s'eſt ſervi pour rédiger ſa dépoſition.

L'expérience aprend qu'un ſeul & même Témoin entendu ſur les mêmes faits, devant differens Commiſſaires, ne ſe trouvera pas avoir depoſé deux fois dans les mêmes termes, à moins qu'il n'ait écrit ſa dépoſition, ſoit parce qu'il ne ſe ſera pas toûjours ſervi des mêmes paroles pour expliquer ſes penſées, ſoit parce que chaque Commiſſaire aura ſa maniere pour rédiger la dépoſition, & que tous ſe ſerviront d'expreſſions differentes pour la rédiger, ſoit enfin parce que le même Témoin dira aux uns ce qu'il ne dira pas aux autres.

La deuxiéme choſe eſſentielle qu'on obſerve, eſt que le Commiſſaire qui a entendu en 1723. les Témoins, à l'audition deſquels Mr Gomé avoit procédé en 1720. & 1721. s'eſt contenté de répreſenter à ces Témoins, l'Arrêt en conſéquence duquel Mr Gomé avoit vaqué, & il leur a ſeulement demandé ce qu'ils avoient dépoſés devant Mr Gomé; mais il falloit leur lire leurs premiéres dépoſitions, pour qu'ils reconnuſſent par eux-mêmes, ſi Mr Gomé y avoit ômis ou changé quelque circonſtance : il y a en cela une affectation marquée de la part du Commiſſaire, & de la part des Témoins, il y a une malice qui ne peut être que l'effet de leur ſubornation, parce qu'il ne leur a pas été poſſible de ſçavoir ni de ſe ſouvenir ſi Mr Gomé avoit ômis ou changé quelque circonſtance de leurs premieres dépoſitions, ſans ſe les faire lire.

La troiſiéme eſt que l'Enquête du Comte de Renach étant compoſé de 52. Témoins, & la contr'Enquête de Ferrier Pere, l'étant de 14. Témoins; Mr Gomé a entendu 66. Témoins, mais ces 66. Témoins doivent être réduits à 62. parce que Jean-Claude Cuënin, Elizabeth Giboutet, Jacques Guillemin, & Pierre Chardoillet entendus en 3. 8. 19. & 21. ordre dans l'Enquête du Comte de Renach ont encore été entendus dans la contr'Enquête de Ferrier Pere : & de ces 62. Témoins, il y en a 11. que Ferrier Fils n'a pas oſé nommer pour Témoins ſur ſes prétendus faits juſtificatifs, & 11. qu'il avoit nommé ſans avoir oſé les produire dans ſon Enquête; on en parlera plus au long dans la ſuite.

La quatriéme que le fait principal poſé par Ferrier Fils, le plus grave & le plus capable de faire ſoupçonner la conduire de Mr Gomé a été que *Mr Gomé n'a pas fait lire à pluſieurs Témoins le véritable Arrêt qui interloquoit les Parties* : mais lorſqu'en voyant l'Enquête ſur les prétendus faits juſtificatifs de Ferrier Fils, on reconnoîtra que de tous les Témoins qui la compoſent, entendus devant Mr Gomé, il n'y a pas un ſeul qui ne dépoſe, ou que Mr Gomé leur a fait faire lecture du véritable Arrêt qui interloquoit les Parties, & qu'il leur en a expliqué le ſens naturel, ou qu'il les a interrogé ſur les faits portés dans cet Arrêt : Ferrier Fils ne doit-il pas s'attendre à une punition ſévere de ſon impoſture.

Les Témoins oüis ou dans l'Enquête du Comte de Renach, ou dans la contr'Enquête de Ferrier Pere, & entendus dans l'Enquête sur les prétendus faits justificatifs de Ferrier Fils, sont les 1. 2. 3. 4. 5. 6. 7. 8. 9. 12 13. 14. 15. 16. 18. 21. 22. 23. 24. 25. 26. 28. 29. 30. 31. 35. 41. 47. 49. 50. & 51. de l'Enquête du Comte de Renach, & les 1. 3. 4. 5. 6. 7. 8. 9. 10. 11. 12. & 14. Témoins de la Contr'Enquête de Ferrier Pere, mais encore que tous ces Témoins ainsi réünis, se trouvent au nombre de 43. il n'en faut pourtant compter que 40. parce que Jean-Claude Cuënin, Elizabeth Giboutet, & Jacques Guillemin qui ont été entendus en 3. 8. & 21. ordre dans l'Enquête du Comte de Renach l'ont encore été en 5. 8. & 10. ordre dans la contr'Enquête de Ferrier Pere: or l'examen qu'on va faire des dépositions de ces 40. Témoins, convaincra, ou qu'il n'y a rien à en conclure contre Mr Gomé, ou que ce sont des Témoins subornés.

Joseph Bellot le vieux 12. Témoin en ordre dans l'Enquête de Ferrier Fils, dépose *qu'il n'a autre connoissance desdits faits, sinon qu'ayant comparu au mois d'Octobre 1720. devant Mr Gomé, pour deposer en l'Enquête qui devoit être faite, Mr Gomé lui donna lecture des faits inserés en l'Arrêt du 11. Septembre precedent, que nous lui avons representé, & que sur le second desdits faits le Deposant repondit que le Sr Ferrier Pere avoit eu la Cantine, laquelle il faisoit exercer par ses Domestiques, mais qu'il ne versoit point à boire, & sur le troisiéme fait concernant la Femme dudit Ferrier qui étoit Veuve de Dubillot, lorsque ledit Ferrier l'avoit épousé; le Deposant avoit repondu que ledit Dubillot ne l'avoit épousé qu'après avoir quitté Belfort, & qu'au surplus il ne sçavoit point si depuis son mariage elle avoit montée sur le Theatre ou non, ledit Dubillot n'ayant point joüé à Belfort depuis ce temslà, & que par les interrogats que Mr Gomé faisoit au Déposant, il sembloit qu'il auroit voulu lui faire dire choses au desavantage de la Famille dudit Ferrier, que le Deposant ne sçavoit point, qu'est tout ce qu'il a dit sçavoir.*

Ce Témoin a été oüi en premier ordre dans l'Enquête du Comte de Renach faite devant Mr Gomé; voici dans quels termes sa déposition s'y trouve couchée, *depose sur les faits mentionnés audit Arrêt dont nous lui avons fait faire lecture; qu'il se souvient que lorsque le Sr Ferrier est venu à Belfort avec Mr de St Just, Gouverneur de cette Ville, il faisoit les fonctions de Maître d'Hôtel; ne sçait ce qu'il a été auparavant, s'il avoit été Valet de Chambre dudit Sr ou Laquais; qu'il est vrai qu'il a été Cantinier, qu'il a oüi dire que le Sr Dubillot avoit été Charlatan, & qu'il avoit épousé la Dame Ferrier, Mere dudit Maître Ferrier, Avocat au Conseil d'Alsace; ne sçait si la Dame Ferrier, Veuve du Sr Dubillot a monté sur le Théatre avec son Mari defunt ou non, qui est tout ce qu'il a dit sçavoir.*

En conferant ces deux dépositions, on remarque qu'elles sont en tout semblables; car si le Témoin a dit dans la premiere, que Ferrier Pere avoit été Cantinier, & qu'il ait dit dans la seconde qu'il avoit eu la Cantine, ce n'est-là qu'une même chose, parce que de même que ceux qui tiennent Auberge ou Cabaret sont Aubergistes ou Cabaretiers, de même celui qui tient la Cantine est Cantinier; ce Témoin est un malheureux pour avoir imaginé une difference entre être Cantinier & tenir la Cantine: s'il a cru que Mr Gomé vouloit lui faire dire quelque chose au désavantage de la Famille de Ferrier qu'il ne sçavoit pas, c'est un effet de la préoccupation de son esprit, ou plûtôt un effet de la subornation de Ferrier Fils! n'en avoit-il pas assés dit, dès-qu'il avoit assûré que Ferrier Pere avoit été Cantinier, & qu'il faisoit les fonctions de Maître d'Hôtel chès le Sr de St Just, qualité qui ne peut convenir qu'à un Maître Valet dans la Maison d'un Officier, telle que celle du Sr de St Just, qui n'avoit aucuns biens, fonds, & qui joüissoit à peine d'environ quatre milles livres de Rente de son Poste.

Ce Témoin ne dit pas que Mr Gomé lui ait proposé d'affirmer quelques faits contre sa connoissance, *il lui sembloit*, dit-il, *que Mr Gomé vouloit lui faire dire quelque chose au desavantage de la Famille des Ferrier qu'il ne sçavoit pas!* mais n'est-il pas du devoir d'un Commissaire d'interroger chaque Témoin sur tous les faits retenus par un Arrêt de preuves ! pourquoi donc ce Témoin auroit-il trouvé mauvais que Mr Gomé lui forma plusieurs demandes : il ne lui en a point formé qui ne tendit à l'éclaircissement de la vérité, qui n'eût relation avec les faits retenus par l'Arrêt de preuve, & qu'il n'ait été en droit de lui former : c'étoit à Mr Gomé d'interroger, & aux Témoins de répondre ; ce Témoin parle dubitativement, *il lui sembloit*, dit-il, *testis autem deponens per verbum mihi videtur, nihil probat :* régle d'autant plus certaine contre ce Témoin, qu'il a crû pénétrer l'intention de Mr Gomé, sa pensée & sa volonté, comme si le cœur humain n'étoit pas un abime impénétrable à tout autre qu'à celui qui en a formé les divers ressorts.

Pierre-Antoine Martin dit la Taille Aubergiste & Bourgeois de Belfort treiziéme Témoin en ordre dans l'Enquête de Ferrier Fils, âgé d'environ 63. ans depose, *que lorsqu'il a deposé en l'Enquête du mois d'Octobre 1720. Mr Gomé lui donna lecture des faits portés en l'Arrêt du 11. Septembre precedant que nous lui avons representés, qu'il lui en expliqua le sens, & qu'il ne s'aperçût point d'aucune partialité en Mr Gomé, ni qu'il ait changé aucune circonstance de sa deposition, ou ait voulu l'empêcher de répondre positivement sur les faits dont il étoit question, qu'il n'a point de connoissance des autres faits justificatifs portés en l'Arrêt, qu'est tout ce qu'il a dit sçavoir.*

Ce Témoin est le second en ordre dans l'Enquête du Comte de Renach : il est tout à l'avantage de Mr Gomé; il rend témoignage de son impartialité & de sa droiture, il prouve seul la calomnie de Ferrier Fils, *plene enim probat contra producentem.*

Jean-Claude Cuënin, Directeur de l'Hôpital du Roy d'Huningue 22. Temoin en ordre dans l'Enquête de Ferrier Fils, âgé de 63. ans dépose, *qu'il a été oüi comme Temoin dans les deux Enquêtes faites par Mr Gomé, lequel lui donna lecture des faits porté par l'Arrêt du 11. Septembre precedent que nous lui avons representés; que le Déposant crût reconnoître quelque partialité en lui, par la maniere dont il l'interrogeoit sur lesdits faits, en lui demandant s'il n'avoit point vû le Sr Ferrier Pere porter la livrée, s'il ne l'avoit point vû la serviete sur le bras, versant à boire dans la Cantine du Château, & s'il n'avoit point vû la belle Colombine sur le Theatre, & par la maniere dont Mr Gomé répondit au Deposant lorsqu'il eût satisfait aux interrogats, Mr Gomé lui ayant dit, vous ne voulés pas dire ce que je vous demande, mais d'autres le diront, car je sçai qu'il y en a qui le sçavent, à quoi le Déposant repli-*

Ce Témoin a été entendu en troisiéme ordre dans l'Enquête du Comte de Renach, & en huitiéme ordre dans la contr'Enquête de Ferrier Pere : voici ce qu'il a déposé dans la premiere, *le Sr Jean-Claude Cuënin Directeur des Fourages de Belfort, âgé de 60. ans ou environ, dépose qu'il a vû ledit Sr Ferrier Pere chés Mr de St Just en qualité de Maître d'Hôtel, qu'il ne sçait point si auparavant d'être Maître d'Hôtel il a fait les fonctions de Valet de Chambre ou non, qu'il ne sçait pas non plus s'il a été Cantinier, qu'il a oüi dire seulement que le Sr Dubillot de son vivant, premier Mari de la Dame Ferrier d'aujourd'hui avoit monté sur le Théatre conjointement avec son Frere, lequel faisoit les fonctions d'Arlequin, lequel Frere à ce qu'on dit étoit celui qui s'empoisonnoit pour faire valoir son Orviétan, & qu'à l'égard de la Dame Ferrier pareillement, à ce qu'il a oüi dire n'a point monté sur le Theatre que que qui que ce soit ne pouvoit dire sans faire tort à sa conscience, qu'il eût vû la Dame Ferrier sur le Theatre*; le Déposant dit aussi dans sa déposition que *c'étoit le nommé Ferrand qui étoit Valet de Chambre du Sr de St Just; mais Monsieur Gomé ne fit point rediger cette circonstance par écrit, & quant aux autres faits justificatifs portés par l'Arrêt, le Deposant n'en a autre connoissance, sinon que feu le Sr Morandon son Gendre lui dit un jour qui étoit vers le tems de la premiere Enquête, ne peut dire si c'étoit avant ou immediatement aprés ladite premiere Enquête; que Mr Gomé avoit dit audit Morandon & à d'autres personnes, que M. Ferrier Fils ne seroit jamais reçû en la Charge de Conseiller au Conseil qu'il venoit d'acheter, & ajoûta ledit Morandon qu'il avoit même disputé avec Mr Gomé là-dessus, ajoûte que plusieurs Temoins qui ont deposés dans les deux Enquêtes, ont dit au Deposant qu'ils s'étoient bien aperçûs que Mr Gomé n'étoit pas bien intentioné pour le Sr Ferrier, qui est tout ce qu'il a dit sçavoir.*

Théatre, qui est tout ce qu'il a dit sçavoir

Ce Témoin n'a déposé dans l'Enquête du Comte de Renach d'aucuns faits contre Ferrier Pere, si ce n'est qu'il avoit été Maître d'Hôtel du Sr de St Just, & les Ferrier ne l'ont jamais désavoüé : il a dit au reste qu'il ne sçavoit pas, ni s'il avoit fait les fonctions de Valet de Chambre, ni s'il avoit été Cantinier, ni si sa Femme avoit monté sur le Théatre, c'est-à-dire, que rien ne résulte de sa déposition contre les Ferrier, que la preuve d'un fait qu'ils n'oseroient dénier; il a déposé en huitiéme ordre dans la contr'Enquête de Ferrier Pere, & la déposition qu'il y a portée étant entierement conforme à celle qu'il a portée dans l'Enquête du Comte de Renach; il suit que dès-que Mr Gomé a rédigé deux fois fidélement ses dépositions, il n'y a point de partialité à lui imputer de ce Chef.

Cependant ce Témoin dit qu'il crut reconnoître qu'il y en avoit de la part de Mr Gomé, & rien de plus ridicule que les marques qui les lui ont fait entrevoir, *c'est*, dit-il, *que Mr Gomé l'interrogeoit, s'il n'avoit point vû Ferrier Pere porter la livrée, s'il ne l'avoit point vû la serviette sur le bras, versant à boire dans la Cantine du Château, & s'il n'avoit point vû la belle Colombine sur le Theatre*; mais que peut-il y avoir de répréhensible dans ces interrogats, dès-que l'Arrêt interlocutoire du 11. Septembre 1720. recevoit le Comte de Renach à faire preuve que Ferrier Pere avoit été Valet de Chambre du Sr de St Just; qu'il avoit été Cantinier dans le Château de Belfort, où il tenoit Auberge, & versoit à boire à tous venans; que sa Femme avoit été Charlatanne, qu'elle avoit monté publiquement sur le Théatre, & que dans les farces elle joüoit les Rolles de Colombine.

Quelle difference y a-t'il entre les termes de cet Arrêt, & la maniere dont Cuënin supose que Mr Gomé l'a interrogé; l'Arrêt porte le fait que *Ferrier Pere a été Valet de Chambre*, Mr Gomé a donc dû demander à ce Témoin, *s'il n'avoit point vû Ferrier Pere porter la Livrée*, & une preuve que cet interrogat étoit le même que le fait de l'Arrêt, c'est que le Témoin a répondu que *Ferrier étoit Maître d'Hôtel*! réponse que Mr Gomé a fait rédiger par écrit.

L'Arrêt admet à la preuve du fait, que *Ferrier Pere a eu la Cantine, qu'il a tenu Auberge & versé à boire à tous venans*; Monsieur Gomé a donc dû demander à ce Témoin, *s'il n'avoit point vû Ferrier Pere la serviette sur le bras, versant à boire dans la Cantine du Château*! étoit-il possible à Mr Gomé de remplir le dispositif de son Arrêt, sans faire cet interrogat, & dès que cet Arrêt ordonnoit la preuve du fait que *la Femme de Ferrier avoit été Charlatanne, qu'elle avoit monté sur le Théatre, & qu'elle joüoit le Rôle de Colombine*! quelle partialité ou qu'elle prévarication y a-t'il à reprocher à Mr Gomé de ce qu'il a demandé à ce Témoin, *s'il n'avoit point vû la belle Colombine sur le Theatre*! Pouvoit-il employer d'autres termes que ceux de l'Arrêt, & quand il en auroit employé quelques autres! n'est-ce pas une impudence que de rechercher un Commissaire de Cour Supérieure sur quelques paroles qu'il peut avoir proferé en entendant des Témoins; c'eſt une prévarication que Ferrier Fils a dû prouver, & le 22. Témoin de ſon Enquête, ne la prouve pas plus que les autres.

Ce Témoin ajoûte, *qu'il a encore reconnu la partialité de Mr Gomé, ſur ce qu'il lui tint ce diſcours, vous ne voulés pas dire ce que je vous demande, d'autres le diront, car je ſçai qu'il y en a qui le ſçavent*, mais où eſt la poſſibilité qu'un homme tel que Cuënin qui s'eſt dit âgé de 63. ans, ait pû ſe ſouvenir de quelques paroles proferées une ſeule fois, & trois ans après avoir été dites! qu'eſt-ce que ces paroles ſignifient en elles-mêmes! rien, ſi ce n'eſt que Mr Gomé cherchoit la vérité, ces paroles ne l'ont pas empêché de rédiger deux fois fidellement les dépoſitions de Cuënin, & ſi on veut réflêchir un moment, qu'il étoit de l'honneur & de la dignité du Conſeil Supérieur de Colmar, d'empêcher que le Fils d'un Valet de Chambre & d'une Comédienne y entrât! trouvera-t'on mauvais que Mr Gomé qui ſe trouvoit à la tête de l'une des Chambres de ce Conſeil, n'ait rien oublié pour que les Témoins ne déguiſaſſent pas la vérité.

S'il a tenu le diſcours que Cuënin raporte, ce n'eſt pas dans de mauvaiſes vûës, il n'en réſulte aucune partialité, & bien moins une prévarication, il n'a point gehenné la liberté du Témoin, & il a eu raiſon de ne pas inſerer que le nommé Ferrand étoit Valet de Chambre du Sr de St Juſt, ſoit parce qu'il n'étoit point queſtion de ſçavoir ce que Ferrand avoit été, & que ce fait n'étoit point retenu par l'Arrêt, ſoit parce que le Témoin aſſûrant que Ferrier Pere étoit Maître d'Hôtel, il aſſûroit en même tems, qu'il n'étoit point Valet de Chambre.

Au reſte l'oüi-dire que ce Témoin raporte de ſon Gendre apellé Morandon ne fait aucun degré de preuve; car il n'eſt point circonſtancié du tems & du lieu; il eſt en lui-même indifferent; ce Témoin ne nomme pas ceux qu'il ſupoſe lui avoir dit qu'il s'étoit aperçû que Mr Gomé n'étoit pas bien intentionné pour Ferrier; & deux circonſtances démontrent qu'il a été ſuborné.

L'une eſt que dans l'Information priſe à Requête du Procureur Général du Conſeil de Colmar ſur le Procès verbal d'irrévérence dreſſé par Mr Gomé, où il a été entendu en premier ordre, il a dit, *qu'il avoit trouvé mauvais que Monſieur Gomé eût inſeré dans la depoſition par lui portée en huitieme ordre dans la contr'Enquête de Ferrier Pere, qu'au ſurplus il ſe referoit à la premiere depoſition par lui portée en troiſieme ordre dans l'Enquête du Comte de Renach*, & il eſt certain qu'il ne l'eût pas trouvé mauvais, ſi au tems de cette contr'Enquête, il n'eût pas déja entré dans le complot de Ferrier Fils, & du Procureur Queffemme de faire peine à Mr Gomé, & de le jetter dans l'embaras; l'autre eſt, qu'on n'a jamais vû un homme comme Cuënin, qui a dépoſé deux fois devant un Commiſſaire; avoüer que ce Commiſſaire a rédigé fidélement ſes deux Dépoſitions, & avoir le front de venir trois ans aprés lui faire des reproches ſur une partialité mal imaginée; il n'y a qu'un homme vendu & corrompu qui ſoit capable d'une ſemblable extrémité, parce qu'il eſt écrit, *non judices contra judicem, quoniam ſecundum quod juſtum eſt judicat, Eccleſiaſt. Cap. 8. Verſ. 17.*

Meſſire Antide Movilleſeaux, Chanoine de la Collégiale de Belfort 17. Témoin en ordre dans l'Enquête de Ferrier Fils dépoſe, *qu'il a été oüi comme Témoin en l'Enquête faite au mois d'Octobre 1720. par Mr Gomé, lequel lui fit lecture de l'Arrêt du 11. Septembre precedent que nous lui avons repreſenté; qu'il ne s'eſt point aperçû que Mr Gomé ait ſuprimé ou alteré les circonſtances de ſa depoſi-*

Ce Témoin a été entendu en quatriéme ordre dans l'Enquête du Comte de Renach; c'eſt un Chanoine & un Homme reſpectable par ſon âge, il juſtifie la conduite de Mr Gomé.

tion, & qu'il ne ſçait rien des autres faits juſtificatifs portés audit Arrêt, qu'eſt tout ce qu'il a dit ſçavoir.

Meſſire François-Joſeph Obrier, Chanoine de la Collégiale de Belfort, 16. Témoin en ordre dans l'Enquête de Ferrier Fils dépoſe, *qu'il a été oüi comme Temoin en l'Enquête faite par Mr Gomé au mois d'Octobre 1720. lequel lui expliqua les faits poſés par l'Arrêt du 11. Septembre precedent que nous lui avons repreſenté, qu'au ſurplus il ne s'eſt point aperçû que Mr Gomé ait ſuprimé les circonſtances de ſa depoſition, & qu'il ne ſçait rien des autres faits juſtificatifs portés par l'Arrêt, qui eſt tout ce qu'il a dit ſçavoir.*

Ce Témoin eſt le cinquiéme en ordre dans l'Enquête du Comte de Renach; c'eſt encore un Prêtre autant reſpectable par ſon âge, & par ſa qualité que le precédent Témoin, il met encore en évidence la droiture de Mr Gomé.

Jean-Pierre Chardoillet, natif de Belfort, 30. Témoin en ordre dans l'Enquête de Ferrier Fils dépoſe, *qu'ayant été oüi en l'Enquête du mois d'Octobre 1720. Mr Gomé lui fit donner lecture de l'Arrêt du 11. Septembre precedent que nous lui avons repreſenté; qu'il lui demanda enſuite s'il n'avoit pas vû le Sr Ferrier Pere Domeſtique chès le Sr de St Juſt, que le Depoſant avoit repondu que oüi, & qu'il étoit Maître d'Hôtel, que lui ayant demandé ſi ledit Ferrier Pere n'avoit pas été Cantinier, & s'il n'avoit pas verſé à boire à tous venans, à quoi le Depoſant avoit repondu qu'il avoit été Cantinier, c'eſt-à-dire, qu'il avoit affermé la Cantine, mais qu'il la ſouffermoit à d'autres perſonnes, ne l'exerceant point par lui même, & qu'il ne l'avoit pas vû, ni ne ſçavoit pas s'il avoit donné à boire, que lui ayant demandé s'il avoit vû joüer les Dubillot ſur le Theatre, & la Dame Ferrier Femme de l'aîné Dubillot, le Depoſant avoit repondu avoir vû leſdits Dubillot ſur le Theatre à Belfort, leſquels n'étoient point encore mariés, & que l'aîné n'avoit épouſé la Dame Ferrier qu'à Clerval où elle demeuroit, & cela long-tems après être ſorti de Belfort, ayant depuis joüé à Porrentruy, & enſuite à Montbeliard avant ſon Mariage avec lad. Dame Ferrier, laquelle le Depoſant n'avoit jamais vû lorſque ledit Dubillot après avoir quitté la profeſſion d'Operateur, vint être Chirurgien Ma-*

Ce Témoin eſt le 6. en ordre dans l'Enquête du Comte de Renach; voici ce qu'il y a dit; *depoſe qu'il a vû le Sr Ferrier Pere chès Mr de St Juſt, Gouverneur de Belfort, lequel étoit Domeſtique de mondit Sr de St Juſt, & faiſoit les fonctions de Maître d'Hôtel; qu'il ne ſçait s'il a été auparavant Laquais ou Valet de Chambre dudit Sr; qu'il a vû auſſi Cantinier ledit Sr Ferrier Pere; qu'il ne ſçait pas s'il donnoit à boire à tous venans; qu'il a vû auſſi le Sr Dubillot de ſon vivant & ſon Frere qui faiſoient le métier d'Operateurs, & montoient ſur le Theatre publiquement; & que le plus jeune des Freres étoit celui qu'on nommoit Carolin, qui s'empoiſonnoit pour faire valoir ſon Orvietan; qu'à la ſortie de Belfort ils furent demeurer à Porrentruy, faiſant publiquement leur métier de Charlatans, & enſuite furent demeurer à Clerval où il épouſa la Dame Ferrier d'aujourd'hui; qu'il a oüi dire que la Dame Ferrier a pareillement monté ſur le Theatre avec eux dans d'autres endroits de la Province, & que lui qui depoſe ne les a point vû, & qu'il ne ſçait point quel nom la Dame Ferrier prenoit dans les Farces qu'elle joüoit, qu'eſt tout ce qu'il a dit ſçavoir.*

En conférant ces deux dépoſitions, on les trouve conformes l'une à l'autre, & il eſt bien certain, que ſi dans le tems que ce Témoin porta la ſeconde, on lui avoit fait lecture de *jor des Cadets audit Belfort, & qu'il amena avec lui ladite Dame pour lors sa Femme; qu'il est vrai que quelques-uns ont dit que ladite Dame après s'être mariée avant que de venir à Belfort avoit monté sur le Theatre; qu'il doute que Mr Gomé ait fait rédiger par écrit toutes les circonstances de sa deposition, ne pouvant se ressouvenir positivement de ce qu'il lui fût lû pour lors, & qu'au surplus il ne sçait rien des autres faits justificatifs énoncés en l'Arrêt, qui est tout ce qu'il a dit sçavoir.*

la premiere, il auroit reconnu qu'elle y étoit semblable; cependant ce Témoin a l'impudence de dire, *qu'il doute que Mr Gomé ait fait rédiger toutes les circonstances de sa déposition?* Et de bonne foy, sur quoy ce doute peut-il être fondé! pourquoi ce Témoin, n'a-t'il pas cherché à le lever en se faisant lire sa premiere déposition! D'où vient le Commissaire qui vaquoit à l'Enquête de Ferrier Fils ne la lui a-t'il pas lû! En bonne justice, ce seroit à ce Commissaire à qui il faudroit faire le Procès, parce que sa partialité & son envie de perdre un Confrere, n'a pas moins été grande que l'affectation de ce Témoin à ne pas s'éclaircir sur son doute.

Jean-Claude Bellot, Bourgeois de Belfort, 38. Témoin en ordre dans l'Enquête de Ferrier Fils dépose, *qu'il a été oüi en l'Enquête du mois d'Octobre 1720. que Mr Gomé lui fit donner lecture de l'Arrêt du 11. Septembre precedent que nous lui avons representé, & qu'il ne croit pas que Mr Gomé ait suprimé ou changé les circonstances de sa deposition, du moins qu'il ne s'en est point aperçû; qu'il ne sçait rien des autres faits justificatifs contenus en l'Arrêt, qui est tout ce qu'il a dit sçavoir.*

Ce Témoin est le 7. en ordre dans l'Enquête de Mr de Renach; il rend témoignage à la vérité, & en même tems, il acheve de convaincre de l'intégrité de Mr Gomé.

Elizabeth Giboutet, Veuve de défunt Jacques Bellot 70. Témoin en ordre dans l'Enquête de Ferrier Fils, âgée d'environ 65. ans dépose, *qu'elle ne se souvient point qu'il lui eût été fait lecture d'aucun Arrêt, lorsqu'elle a deposé dans les deux Enquêtes des mois d'Octobre 1720. & Fevrier 1721. que Mr Gomé l'interrogea cependant sur les faits portés par l'Arrêt du 11. Septembre precedent, que nous lui avons representé, qu'ayant repondu en l'une & l'autre de ses depositions que le Sr de St Just arrivant à Belfort pour y être Gouverneur, le Sr Ferrier Pere qui étoit avec lui, logea chès le Pere de la Deposante, & qu'il étoit Maître d'Hôtel dudit Sr de St Just; qu'elle n'avoit jamais vû, & ne s'étoit point aperçû que ledit Ferrier eût eu la Cantine de Belfort; que sur ces deux reponses Mr Gomé lui disoit si elle ne l'avoit pas vû avec l'Eguillette sur l'épaule ou bien une Serviette sur le bras, versant à boire,*

Cette Femme a déposé en huitiéme ordre dans l'Enquête du Comte de Renach; & en cinquiéme ordre dans la contr'Enquête de Ferrier Pere; il est nécessaire de transcrire ses deux premieres dépositions, pour qu'en les conferant avec celle qu'elle a portée en faveur de Ferrier Fils, sa subornation reste évidente: voici dans quels termes elle a déposé dans l'Enquête du Comte de Renach.

Elizabeth Giboutet dépose qu'elle se souvient parfaitement, lorsque Mr de St Just est venu à Belfort, pour prendre possession de son Gouvernement, elle a vû ledit Sr Ferrier qui étoit avec lui, & qu'ils descendirent chès la Déposante, qu'elle a vû les clefs des Coffres de Mondit Sr de St Just entre les mains dudit Sr Ferrier, lequel faisoit les fonctions de Maître d'Hôtel, qu'elle n'a aucune souvenance d'avoir vû ledit Sieur Ferrier Cantinier, qu'elle se souvient avoir vû Dubillot défunt monter sur le à quoi elle repondit que bien éloigné, il étoit habillé comme un Officier, & étoit fort consideré par le Sr de St Just, & sur le troisieme fait concernant la Dame Ferrier; elle deposa dans la premiere Enquête qu'elle avoit vû joüer les Dubillot à Belfort, mais qu'elle n'avoit point vû la Dame Ferrier avec eux, parce que ni l'un ni l'autre desd. Dubillot, n'étoit marié alors, laquelle derniere circonstance Mr Gomé ne fit point écrire, & lors de la seconde deposition ayant dit les mêmes raisons, & ayant demandé qu'elles fussent écrites en leur entier; Mr Gomé ne voulut point écrire que la Deposante n'avoit point vû la Dame Ferrier sur le Theatre, & qu'elle n'étoit pas mariée, lorsque les Dubillot joüoient à Belfort; & sur ce que la Deposante insistoit à ce que cela fût écrit; Mr Gomé se mit en colere, & dit à la Deposante qu'elle étoit une vieille, auquel termes il en ajoûta encore d'autres plus rudes, & qu'elle ne sçavoit ce qu'elle disoit; elle repliqua toute étourdie d'un pareil traitement; que si on ne vouloit point l'écoûter, & écrire ce qu'elle disoit, il étoit inutile de la faire venir, cependant elle se retira, & ayant rencontré Maître Queffemme à l'entrée du vestibule près de l'escalier, par lequel il venoit de descendre de l'Etage d'en-Haut, la Deposante lui fit ses plaintes, lesquelles ayant été aparemment entenduës de Mr Gomé, il ouvrit la Porte de la Chambre dans laquelle il étoit; Queffemme s'avança, lui dit le sujet des plaintes de la Deposante, & le suplia avec honnêteté de deferer à sa priere; Mr Gomé continua d'en faire difficulté, & ne s'y rendit qu'après plusieurs instances; après quoi il fit rentrer dans la Chambre la Déposante, & fit ajoûter en marge la circonstance qui concérnoit la Dame Ferrier, & la Deposante après avoir signée cet ajoûté se retira, qu'elle ne sçait rien des autres faits justificatifs portés par l'Arrêt, sinon que la plûpart des Temoins se plaignoient de la partialité de Mr Gomé, qu'il temoignoit par la maniere dont il les interrogeoit, & dont il faisoit rediger les depositions, qu'est tout tout ce qu'elle a dit sçavoir. Ajoûte qu'elle croit autant qu'elle s'en souvient, que Maître Ferrier Fils étoit avec Queffemme, lorsque Théatre, sur la Place publique de Belfort, qu'elle a vû prendre du poison au jeune Dubillot, & qu'il s'empoisonnoit pour faire valoir son Orvietan; qu'elle n'a point vû la Dame Ferrier sur le Théatre, ni ne sçait quel nom on lui donnoit dans les Farces qui se joüoient: qu'elle croit que lesd. Dubillot & Compagnie, en sortant de Belfort allerent joüer à Porrentruy ou à Montbeliard, qui est tout ce qu'elle a dit sçavoir Voici dans quels termes ce Témoin a déposé dans la contr'Enquête de Ferrier Pere.

Elizabeth Giboutet dépose sur les faits contenus audit Arrêt, dont nous lui avons fait faire lecture; qu'elle a déja déposé dans la premiere Enquête, & qu'elle n'a rien à y ajoûter, sinon que lorsque Mr de St Just est venu à Belfort prendre possession de son Gouvernement, elle a vû le Sr Ferrier avec lui, il demanda à la Déposante deux lits, un pour lui, & l'autre pour son Maître d'Hôtel qui étoit le Sr Ferrier, & que ledit Maître d'Hôtel étoit fort respecté & consideré par les Domestiques de la suite, lesquels tenoient le Chapeau bas quand ils lui parloient, & que ledit Sieur Ferrier avoit les clefs des Coffres de mondit Sr de St Just, & qu'elle n'a point vû ladite Dame Dubillot, à présent Ferrier, sur le Théatre, & qu'elle n'étoit point mariée avec ledit Dubillot, qui est tout ce qu'elle a dit sçavoir.

Les deux dépositions qu'on vient de transcrire, portent, l'une & l'autre, que Mr Gomé a fait lecture à Elizabeth Giboutet de l'Arrêt de preuves! Convient-il aprés cela à cette femme de dire, *qu'elle ne se souvient pas si lecture lui en a été faite*! âgée de 65. ans, il n'est pas extraordinaire qu'elle l'ait oubliée, & avoüant que Mr Gomé l'a interrogé sur les faits de l'Arrêt qui interloquoit les Parties; cela n'est-il pas équivalent à une lecture!

Ces faits n'étoient pas embarassés au point qu'il fût bien difficile de les rétenir! Ferrier Pere avoit-il été Valet de Chambre du Sr de St Just, Cantinier, versant à boire à tout le monde! Sa femme avoit-elle été Commédienne, montant sur le Théatre, & y joüant le Rôle de Colombine! C'est à cela *qu'elle lui parla, & qu'ils parlerent tous les deux ensemble à Mr Gomé.* qu'ils se réduisoient : cette femme a déposé dans l'Enquête du Comte de Renach, tout ce qu'elle pouvoit en faveur des Ferrier; sa déposition a été rédigée sans aucun renvoy, elle y a dit que Ferrier Pere avoit été Maître d'Hôtel du Sr de St Just, qu'il n'avoit point été Cantinier, & que sa Femme n'avoit point monté sur le Théatre ; Mr Gomé a rédigé toutes ces circonstances fidélement ! Qu'est-ce donc qu'il y a de ce chef à lui reprocher.

Elizabeth Giboutet étoit apostée pour surprendre Mr Gomé ; car deux circonstances font voir qu'elle est entrée dans le complot fait pour cela par Ferrier Fils & Queffemme ; la premiere est, que dès que dans l'Enquête du Comte de Renach, elle avoit déposé en faveur des Ferrier sur tous les faits retenus par l'Arrêt, il n'étoit plus nécessaire de la faire entendre une seconde fois; & Ferrier Fils se fut bien gardé de l'exposer à une variation en la produisant dans la contr'Enquête de son Pere, s'il ne l'avoit pas sifflé pour la faire plaindre de ce que Mr Gomé n'inséroit pas toutes les circonstances que les Témoins de Ferrier Pere lui disoient.

La deuxiéme est, qu'aprés avoir dit dans la prémiere déposition qu'elle a portée dans l'Enquête du Comte de Renach; que *Ferrier Pere étoit venu à Belfort avec le Sr de St Just; qu'il faisoit chès lui les fonctions de Maître d'Hôtel, & qu'il avoit les Clefs de ses Coffres entre les mains*; elle voulut que Mr Gomé ajoûtât dans la déposition par elle portée dans la contr'Enquête de Ferrier Pere; que *le Sr de St Just demanda à son arrivée à Belfort deux Lits, l'un pour lui, & l'autre pour son Maître d'Hôtel, qui étoit le Sr Ferrier* : or qui ne comprend qu'une semblable ajoûtance, qui en elle-même est indifferente ; & qui d'ailleurs n'étoit pas du nombre des faits retenus par l'Arrêt interlocutoire ; a été suggérée à cette femme dans de mauvaises vûës.

Dans la premiere déposition, Elizabeth Giboutet a dit qu'*elle ne se souvenoit pas d'avoir vû Ferrier Pere Cantinier*, & elle s'en est tenu là sur ce fait dans ses autres dépositions : elle a dit dans la premieres, *qu'elle n'avoit point vû la Femme de Ferrier sur le Théatre*, & c'est à l'occasion de ce fait, qu'elle affecta de se plaindre au tems de la contr'Enquête de Ferrier Pere, sur le prétexte que Monsieur Gomé n'avoit pas d'abord jugé à propos de mettre par renvoi que le nommé Dubillot n'étoit point marié, lorsqu'il vendoit de l'Orviétan à Belfort.

Elle rentra dans la Chambre où Mr Gomé travailloit, pour le faire ajoûter, & sur ses instances Mr Gomé l'ajoûta : mais il pouvoit ne le pas faire, parce qu'il n'étoit pas question de sçavoir, si la Femme de Ferrier Pere avoit monté sur le Théatre avant qu'elle eût épousé en premieres nôces l'Operateur Dubillot ; il s'agissoit de sçavoir si pendant sa vie, elle n'avoit pas été Charlatanne, ou joüé sur le Théatre le Rôle de Colombine; & la circonstance que la vieille Giboutet vouloit qu'on ajoûta ne faisant rien à ce fait, Mr Gomé auroit eu raison de ne le pas inserer, car il n'est pas permis à un Témoin de charger sa déposition de faits non concluans ; c'est au Commissaire à prendre dans les faits que le Témoin lui raporte ceux qui tendent ou à l'éclaircissement de la vérité, ou à la preuve de ceux qui ont été retenus, & Elizabeth Giboutet n'eût pas pensé à la circonstance qu'elle relevoit, si elle ne fût pas entrée dans le complot que Ferrier Fils avoit formé avec elle, & quelques autres Témoins de la contr'Enquête de son Pere.

Mais dez que cette Femme avouë que les deux dépositions qu'elle a porté devant Mr Gomé ont été rédigées fidélement, cela suffit pour la justification de Mr Gomé ! n'est-ce pas une chose honteuse d'avoir inquiété un Commissaire de Cour Supérieure pour n'avoir pas donné dans toutes les idées d'une femme, telle qu'Elizabeth Giboutet, qui parloit à tort & à travers, & qui fit plus de peine à Mr Gomé que trente autres Témoins.

Jeanne Lefebvre, Veuve de Theodore Donzieux vivant, Bourgeois de Belfort y demeurant 69. Témoin en ordre dans l'Enquête de Ferrier Fils dépose,

Cette femme a déposé en neuviéme ordre dans l'Enquête du Comte de Renach ; sa déposition porte que *lecture lui a été faite de l'Arrêt qu'elle a été oüie en l'Enquête faite au mois d'Octobre 1720. que Mr Gomé ne lui fit point faire lecture d'aucun Arrêt, mais qu'il l'interrogea sur les mêmes faits portés par l'Arrêt du 11. Septembre precedent que nous lui avons representé, & qu'elle repondit avoir vû & connu le Sr Ferrier Pere chès le Sr de St Just en qualité de Maître d'Hôtel; qu'elle avoit oüi dire qu'il avoit eu la Cantine; qu'elle n'avoit point oüi dire ni vû qu'il versa à boire à tous venans; qu'elle n'avoit aucune memoire d'avoir vû la Troupe de Dubillot joüer à Belfort, & par consequent n'avoit jamais vû la Dame Ferrier sur le Theatre; que telle a été sa deposition; qu'elle ne croit pas que Mr Gomé en ait ômis ou changé aucune circonstance; qu'elle ne sçait rien des autres faits justificatifs portés par ledit Arrêt du 22. Septembre dernier, qu'est tout ce qu'elle a dit sçavoir.*

de preuves : elle a donc eu tort de dire qu'on ne lui avoit point lû cet Arrêt, *contra testimonium scriptum non scriptum, non fertur*: elle avouë que Mr Gomé l'interrogea sur tous les faits portés dans cet Arrêt, & qu'il n'a ni ômis, ni changé aucune des circonstances de sa déposition, c'est-là encore un témoignage éclatant de son impartialité.

Sabine Echman, Veuve de Ursanne Cugnotet 35. Témoin en ordre dans l'Enquête de Ferrier Fils dépose, *que lorsqu'elle comparu au mois d'Octobre 1720. pour deposer pardevant Mr Gomé; elle ne se souvient point qu'il lui ait été fait lecture de l'Arrêt du 11. Septembre precedent que nous lui avons representé; mais qu'on l'interrogea seulement sur les faits portés audit Arrêt, & qu'elle repondit qu'elle avoit connu le Sr Ferrier Pere chès le Sr de St Just, où il étoit Maître d'Hôtel; qu'il avoit eu la Cantine de la Ville & du Château de Belfort; qu'elle ne pouvoit dire s'il avoit tenu Auberge; & s'il versoit à boire, ne le sçachant pas; & qu'à l'égard de la Dame Ferrier, elle n'avoit jamais monté sur le Theatre à Belfort; & sur l'interrogat que Mr Gomé lui fit, si ladite Dame n'avoit point monté sur le Theatre ailleurs, la Déposante repondit qu'on pourroit le sçavoir pour le mieux à Montbelliard; qu'elle ne sçait point si Mr Gomé a inseré toutes ces circonstances en sa deposition ou non, & qu'elle ne sçait rien des autres faits justificatifs portés en l'Arrêt, qu'est tout ce qu'elle a dit sçavoir.*

Cette femme a déposé en douziéme ordre dans l'Enquête du Comte de Renach, elle est âgée de 80. ans, & à l'exemple du précédent Témoin qui en a 83. elle avoit perdu la mémoire de ce qui s'étoit passé trois années avant qu'elle déposât dans l'Enquête de Ferrier Fils, il est inseré en tête de sa déposition que lecture lui a été faite de l'Arrêt de preuves : elle avouë que Mr Gomé l'a interrogé sur tous les faits retenus par cet Arrêt, & n'ayant pas osé dire, ni que Mr Gomé ait ômis quelques unes des circonstances qu'elle lui a raporté, ni qu'il en ait déguisé aucune, ce Témoin met encore en évidence la calomnie de Ferrier Fils.

Pierre-François Antonin, Marguillier de l'Eglise Collégiale de Belfort y demeurant, 21. Témoin en ordre dans l'Enquête de Ferrier Fils, âgé d'environ 68. ans dépose, *qu'il a été*

Ce Témoin est le treisiéme en ordre dans l'Enquête du Comte de Renach, il justifie pleinement la conduite de Mr Gomé.

oüi en l'Enquête faite par Mr Gomé au mois d'Octobre 1720. qu'alors Mr Gomé lui fit donner lecture du veritable Arrêt qui interloquoit les Parties que nous lui avons representé ; qu'il ne s'est point aperçû que Mr Gomé eût suprimé ou alteré les circonstances de sa deposition, & qu'il n'a point de connoissance des autres faits justificatifs portés en l'Arrêt, qu'est tout ce qu'il a dit sçavoir.

Alexandre le Gras Aubergiste & Bourgeois de Belfort, y demeurant, 28. Témoin en ordre dans l'Enquête de Ferrier Fils, âgé d'environ 57. ans dépose, *qu'il a été oüi comme Témoin en l'Enquête faite au mois d'Octobre 1720. que Mr Gomé lui fit lecture de l'Arrêt du* 11. *Septembre précedent que nous lui avons représenté, & que le Déposant n'étant venu en cette Ville, que depuis la Paix de Risvick, il ne pouvoit avoir connoissance des faits y contenus que par des oüi dire ; & qu'en effet il avoit oüi parler sur ces faits differenment, aux uns que le Sr Ferrier Pere avoit été Valet de Chambre du Sr de St Just, & que sa Femme dans le tems de son Mariage avec Dubillot avoit monté sur le Théatre, & aux autres, que ledit Ferrier avoit été Maître d'Hôtel, & que sa Femme n'avoit jamais monté sur le Théatre, & que dans cette diversité de raports & d'oüis dire, il ne pouvoit en dire rien de positif, & qu'il n'a point de connoissance des autres faits justificatifs inserés audit Arrêt, qu'est tout ce qu'il a dit sçavoir.*

Ce Témoin est le quatorziéme en ordre dans l'Enquête du Comte de Renach, il assûre que Mr Gomé lui fit lecture de l'Arrêt de preuve, & ne disant pas que Mr Gomé ait affecté d'ômettre ou de déguiser quelques circonstances de celles qu'il lui a raporté ; sa déposition condamne encore Ferrier Fils.

Marie-Ursule Movillesеaux âgée d'environ 56. ans, 27. Témoin en ordre dans l'Enquête de Ferrier Fils dépose, *qu'elle a été oüie en l'Enquête faite au mois d'Octobre 1720. que Mr Gomé lui fit faire lecture de l'Arrêt du* 11. *Septembre précedent que nous lui avons representé, & qu'elle repondit sur les faits y contenus, qu'elle étoit fort jeune, lorsque le Sr de St Just vint en cette Ville, & qu'elle avoit toûjours oüi dire que le Sr Ferrier Pere avoit été Maître d'Hôtel chès lui, & non Valet de Chambre, duquel fait, elle ne pouvoit déposer que par oüi dire, parce qu'elle étoit trop jeune pour l'avoir vû elle-même, & qu'à l'égard de la Dame Ferrier, elle*

Cette Femme a déposé en quinziéme ordre dans l'Enquête du Comte de Renach : Voici ce qu'elle y a dit, *depose qu'elle a connu le Sr Ferrier pendant qu'il demeuroit chès Mr de St Just, Gouverneur de Belfort, en qualité de Domestique dudit Sieur ; qu'elle ne peut nous dire si c'est en qualité de Valet de Chambre ou de Maître d'Hôtel ; qu'elle n'a aucune souvenance si le Sr Ferrier a eu la Cantine ou non, mais qu'elle a oüi dire qu'il tenoit Auberge, & donnoit à manger aux Officiers de la Garnison, & donnoit à boire aux Soldats ; qu'elle se souvient parfaitement d'avoir vû monter sur le Theatre à la Place publique le Sr Dubil-*

avoit

avoit dit qu'elle n'étoit point encore mariée avec Dubillot lorſqu'il joüoit en cette Ville, & qu'à l'égard de la Cantine, elle croit avoir remarqué que Mr Gomé avoit inſeré quelques termes au-delà de ſa dépoſition, parce qu'elle ſe ſouvient diſtinctement qu'elle ne fût point interrogée pour ſçavoir ſi le Sr Ferrier avoit eu la Cantine, s'il avoit tenu Auberge & verſé à boire à tous venans, & qu'elle ne ſçait point avoir répondu & dépoſé ſur leſdits faits concernans la Cantine, n'en ayant point été interrogée; qu'elle n'a point de connoiſſance des autres faits juſtificatifs inſerés en l'Arrêt, qu'eſt tout ce qu'elle a dit ſçavoir.

lot en qualité de Charlatan ou d'Operateur; que ſon Frere nommé Carolin prêtoit ſon Corps au Poiſon pour faire valoir l'Orvietan; que pour cet effet le Sr Dufaux Apotiquaire viſita treize grains d'Arcenic, & enſuite l'on coupa en deux un Crapeau que l'on fit boire audit Dubillot Frere dans un verre, avec le ſang d'un Crapeau, lequel il but, dont il manqua de perdre la vie; qu'elle ſçait que Dubillot l'ainé épouſa enſuite la Dame Ferrier, & qu'elle ne peut nous dire ſi elle a monté ſur le Theatre après ſon mariage dans quelqu'autre Ville de la Province, non plus quel nom on lui donnoit dans les Farces qui ſe repreſentoient, qu'eſt tout ce qu'elle a dit ſçavoir.

En liſant cette dépoſition, on ne comprend pas comment Marie-Urſule Movilleſeaux a oſé dire dans celle qu'elle a porté dans l'Enquête de Ferrier Fils, qu'elle croyoit avoir remarqué que Mr Gomé avoit inſeré quelques termes au-delà de ſa dépoſition, pour ſe ſouvenir de n'avoir point été interrogée ſur les faits de ſçavoir ſi Ferrier Pere avoit eu la Cantine, tenu Auberge, & verſé à boire à tous venans, & de n'y avoir point répondu.

Car dez que d'une part, elle avouë dans la dépoſition qu'elle a porté en faveur de Ferrier Fils, que Mr Gomé lui fit lecture de l'Arrêt de preuves, il ſuit qu'elle a été interrogée ſur tous les faits retenus par cet Arrêt; & dez que d'autre côté elle a dépoſé dans l'Enquête du Comte de Renach que Ferrier Pere demeuroit chès le Sr de St Juſt, en qualité de Domeſtique, qu'elle ne pouvoit pas aſſûrer ſi c'étoit comme Valet de Chambre, ou comme Maître d'Hôtel; qu'elle ne ſe ſouvenoit pas s'il avoit eu la Cantine, mais qu'elle avoit oüi dire qu'il donnoit à manger aux Officiers de la Garniſon, & à boire aux Soldats, il ſuit qu'elle a dépoſé faux dans l'Enquête de Ferrier Fils, en y aſſûrant qu'elle n'avoit pas été interrogée ſur tous ces faits, & qu'elle n'y avoit pas répondu: c'eſt-à-dire, que cette femme n'eſt pas moins un Témoin ſuborné que les autres.

Jeanne Vallier, âgée d'environ 54. ans, 23. Témoin en ordre dans l'Enquête de Ferrier Fils dépoſe, ſur les faits juſtificatifs, *qu'elle a été oüie en l'Enquête faite au mois d'Octobre 1720. qu'alors Mr Gomé lui fit faire lecture de l'Arrêt qui interloquoit les Parties, lequel nous lui avons repreſenté; qu'elle ne croit pas que Mr Gomé ait ſuprimé ou changé aucune circonſtance de ſa depoſition, & qu'elle n'a aucune connoiſſance des autres faits juſtificatifs portés en l'Arrêt, qu'eſt tout ce qu'elle a dit ſçavoir.*

Cette Femme a été entenduë en ſeiziéme ordre dans l'Enquête du Comte de Renach; elle rend témoignage de la droiture de Mr Gomé, & prouve toûjours la calomnie de Ferrier Fils.

Claude-Prevoſt Maire de Bavillier y demeurant, âgé de 71. an 40. Témoin en ordre dans l'Enquête de Ferrier Fils dépoſe, *qu'ayant été oüi en l'Enquête du mois d'Octobre*

Ce Témoin eſt le dix-huitiéme en ordre dans l'Enquête du Comte de Renach: voici ce qu'il y a dépoſé, *qu'il a connu le Sieur Ferrier pendant qu'il ſervoit Mr de St Juſt,*

1720. *qu'alors Mr Gomé l'interrogea sur les mêmes faits portés par l'Arrêt du* 11. *Septembre precedent, que nous lui avons representé, mais qu'il ne lui fût fait lecture d'aucun Arrêt; qu'il croit s'être aperçû que Mr Gomé cherchoit à lui faire dire qu'il avoit vû la Dame Ferrier monter sur le Theatre: car ayant repondu plusieurs fois, qu'il ne l'avoit point vû; Mr Gomé insistoit à chaque fois, lui disant que d'autres Temoins disoient positivement l'avoir vû, & qu'il devoit dire aussi la verité; à quoi le Deposant persistant dans sa premiere reponse, repliqua qu'il avoit oüi dire aussi par des bruits publiques; mais qui pouvoient être faux; que ladite Dame avoit été sur le Theatre; & sur l'instance que Mr Gomé lui faisoit de lui dire le nom des personnes dont il l'avoit oüi, il repondit qu'il ne sçavoit pas leur nom, & ne se souvenoit pas du tems, ni des personnes de qui il l'avoit oüi, & que ces discours pouvoient être des menteries; qu'il ne sçait pas si Mr Gomé a ainsi fait rediger par écrit sa deposition sur le fait concernant la Dame Ferrier ou non; qu'il n'a aucune connoissance des autres faits justificatifs portés en l'Arrêt du* 11. *Septembre dernier, qu'est tout ce qu'il a dit sçavoir.*

Gouverneur de Belfort, en qualité de Maître d'Hôtel, qu'il ne se souvient pas que ledit Ferrier ait eu la Cantine, qu'il n'a pas pris garde, lorsque le Sieur Dubillot premier mari de la Dame Ferrier montoit sur le Theatre que ladite Dame y fût aussi, mais qu'il a bien oüi dire par plusieurs personnes qu'elle dansoit sur le Theatre avec son mari à Montbeliard, à Clerval & autres Lieux, ne peut nous dire les Personnes qu'il lui ont dit, ni le nom qu'elle prenoit dans les Farces, qui est tout ce qu'il a dit sçavoir.

On voit par cette déposition que Mr Gomé y a inseré précisément que *le Témoin avoit oüi dire par plusieurs personnes que la femme de Ferrier avoit été sur le Theatre, & qu'il ne se souvenoit pas du nom de ceux à qui il l'avoit oüi dire!* comment donc ce Témoin a-t'il pû déposer dans l'Enquête de Ferrier Fils, *qu'il s'étoit aperçû que Mr Gomé cherchoit à lui faire dire qu'il avoit vû la Femme de Ferrier monter sur le Theatre*: & avoüant que Mr Gomé lui répétat plusieurs fois, *qu'il devoit dire la vérité*! n'est-ce pas une démonstration que Monsieur Gomé faisoit son devoir! se sera-t'il donc rendu répréhensible pour avoir cherché la verité! & puisque le Témoin ne dit pas que Mr Gomé ait alteré en rien sa premiere! qui ne voit que ce n'est que pour l'attenuer, qu'il en a porté un autre dans l'Enquête de Ferrier Fils; mais c'est-là une marque qu'il avoit été corrompu, parce que sa seconde déposition ne tend qu'à détourner le sens de la premiere, quoique de l'aveu du Témoin la premiere déposition ait été rédigée fidélement & rélativement à sa pensée; on ne peut trop s'étonner de la préoccupation d'esprit de Ferrier Fils, qui après avoir imputé à Mr Gomé des faussetés & des prévarications, pense avoir vérifié de semblables impostures en gagnant un Témoin tel que Claude Prevost, qui dans le tems qu'il dépose contre Mr Gomé, rend ce témoignage que Mr Gomé ne lui a formé des interrogats que pour tirer de sa bouche la vérité.

Jacques Guillemin, Bourgeois & Menuisier de Belfort 25. Témoin en ordre dans l'Enquête de Ferrier Fils dépose, *qu'il a été oüi dans les deux Enquêtes faites par Mr Gomé, qu'il lui fit faire lecture de l'Arrêt du* 11. *Septembre* 1720. *& qu'en l'interrogeant, Mr Gomé lui demanda plusieurs fois, lui frapant sur l'épaule, s'il n'avoit point vû le Sr Ferrier Pere avec des Eguillettes sur l'épaule, à quoi le Deposant répondit que non, qu'il l'avoit toûjours vû Maître d'Hô-*

Ce Témoin est le 21. en ordre dans l'Enquête de Mr de Rénach, & le 19. dans la contr'Enquête de Ferrier Pere; or il ne faut que lire les deux dépositions qu'il a porté devant Mr Gomé, pour se convaincre qu'il étoit impossible de les rédiger avec plus d'énergie qu'elles l'ont été en faveur des Ferrier; on les va transcrire pour que ce fait reste certain.

Jacques Guillemin depose qu'il a connu ledit Ferrier Pere, lorsque lui qui depose étoit Domestique de Mr de tel du Sr de St Just, pendant le tems que le Déposant étoit au service dudit Sr de St Just; & comme Mr Gomé réïtera encore ce même interrogat dans le cours de la deposition du Temoin; cela lui fit soupçonner que Mr Gomé auroit desiré que le Temoin eût dit qu'oüi, & que sur le fait concernant la Femme dudit Ferrier Pere, le Depôsant avoit repondu qu'il avoit connu Dubillot & toute sa Troupe, parce qu'il avoit en sa Profession de Menuisier dressé le Theatre, lorsque ledit Dubillot vint à Belfort, & que dans ladite Troupe il n'y avoit point de Femme, & que ledit Dubillot n'étoit point marié pour lors; toutes lesquelles circonstances, le Déposant dit dans sa deposition, mais qu'il ne croit point que Mr Gomé les ait toutes inseré; & quant aux autres faits justificatifs portés par l'Arrêt, a dit n'en avoir connoissance, qu'est tout ce qu'il a dit sçavoir.

St Just, Gouverneur de Belfort, que ledit Sr Ferrier faisoit pour lors les fonctions de Maître d'Hôtel; qu'il n'a pas vû ledit Sr Ferrier avoir la Cantine des Soldats, ni en la Ville, ni au Château; qu'il a connu pareillement le Sr Dubillot à Belfort qui montoit sur le Theatre, lui & son Frere; que le Frere se nommoit Carolin, qui prenoit du poison sur le Theatre pour faire valoir son Orvietan; ne se souvient point d'avoir vû la Dame Dubillot Ferrier aujourd'hui sur le Theatre, ni quel nom on lui donnoit, qui est tout ce qu'il a dit sçavoir: Voici ce qu'il a déposé dans la contr'Enquête de Ferrier Pere.

Jacques Guillemin depose qu'il a déja déposé dans la premiere Enquête faite à la Requête du Sr Comte de Foussemagny, & qu'il n'a rien à y ajoûter à sa presente deposition, sinon que ledit Sr Ferrier n'a jamais fait autres fonctions à Belfort que celle de Maître d'Hôtel au service de Mr de St Just, qui est tout ce qu'il a dit sçavoir.

Si on en croit ce Témoin, Ferrier Pere n'a été ni Valet de Chambre du Sr de St Just, ni Cantinier, il n'a point versé à boire à tous venans, & il n'a pas vû sa Femme sur le Théatre; c'est ce qui résulte de ses deux dépositions qu'il a porté devant Mr Gomé, & rien ne paroît plus décisif pour les Ferrier; or ce Témoin ayant avoüé dans l'Enquête de Ferrier Fils que Mr Gomé lui avoit toûjours fait lecture de l'Arrêt de preuves; c'est une affectation à lui d'avoir inseré dans la déposition qu'il y a porté, que *Mr Gomé lui avoit demandé, en lui frapant sur l'épaule, s'il n'avoit point vû Ferrier Pere porter l'Eguillette; que cela lui fit soupçonner que Mr Gomé auroit desiré qu'il eût dit oüi, qu'étant Menuisier il avoit dressé le Theatre de Dubillot, lorsqu'il vint à Belfort y vendre de l'Orvietan, que pour lors Dubillot n'étoit point marié; qu'il n'y avoit point de Femme dans sa Troupe, & qu'il ne croit pas que Mr Gomé ait inseré toutes ces circonstances dans les depositions faites devant lui.*

Il y a non-seulement en cela de l'affectation; il y a encore une malice qui marque la subornation; car quand il seroit vrai que Mr Gomé auroit demandé à ce Témoin, *s'il n'avoit point vû Ferrier Pere porter l'Eguillette sur l'épaule*: Mr Gomé ne se seroit point écarté de son devoir, parce qu'il n'est pas extraordinaire de voir des Valets de Chambre porter l'Eguillette; & dès-que l'un des faits retenus par l'Arrêt de preuves, étoit de sçavoir si Eerrier Pere n'avoit pas été Valet de Chambre du Sr de St Just; l'interrogat que ce Témoin supose lui avoir été formé sur l'Eguillette de Ferrier Pere, convenoit au fait.

Mais avant que de déclarer qu'il ne croioit pas que Mr Gomé eût inséré toutes ces circonstances dans les dépositions qu'il avoit porté devant lui, il faloit se faire lire ces dépositions, & il eût trouvé que les circonstances qui pouvoient être essentielles, y avoient toutes été fidélement raportées! Ce Témoin n'auroit-il point voulu que Mr Gomé inserât dans ses dépositions qu'il lui avoit demandé, *si Ferrier Pere n'avoit point porté l'Eguillette sur l'épaule dans le tems qu'il demeuroit chès le Sr de St Just, ou qu'il lui avoit repondu qu'il avoit travaillé de sa Profession de Menuisier à la construction du Theatre de Dubillot!*

Ne sont-ce pas là des choses inutiles ou pueriles! Et puisqu'on lit précisément dans la prémiére déposition que ce Témoin a porté dans l'Enquête du Comte de Renach que Ferrier Pere a été Maître d'Hôtel chès le Sr de St Just; qu'il n'a point été Cantinier, & que le Témoin n'a point vû sa Femme sur le Théatre; il suit de-là deux choses, l'une que Mr Gomé a raporté avec droiture toutes les circonstances essentielles que ce Témoin peut lui avoir dit: l'autre que ce Témoin a été suborné, & que c'est un Imposteur d'avoir suposé dans l'Enquête de Ferrier Fils, que Mr Gomé en avoit ômis quelques-unes.

Jean Dufaux Conseiller au Magistrat de la Ville de Belfort, 24. Témoin en ordre dans l'Enquête de Ferrier Fils dépose,*qu'il a été oüi en l'Enquête faite au mois d'Octobre 1720. qu'alors Mr Gomé lui fit donner lecture dudit Arrêt du* 11. *Septembre précedent que nous lui avons representé, qu'il repondit sur les faits y contenus, que le Sr Ferrier Pere n'avoit point été Valet de Chambre du Sr de St Just, mais Maître d'Hôtel, ainsi qu'il l'avoit toûjours oüi dire, qu'il avoit eu la Cantine, laquelle il n'exerçoit point par lui-même, mais la faisoit regir, & que la Dame Ferrier n'avoit point monté sur le Theatre, n'ayant épousé Dubillot son premier Mari qu'après que ledit Dubillot eût quitté la profession de Charlatan ; le Deposant a dit toutes ces circonstances à Mr Gomé, lequel ne jugea pas à propos de les faire rediger toutes par écrit, quoique le Deposant le desirât ; qu'il a bien reconnu qu'il y avoit aigreur & passion en Mr Gomé, contre Mtre Ferrier Fils, par les termes & manieres brusques, dont Mr Gomé usoit envers le Deposant, voulant lui faire dire autrement qu'il ne sçavoit, & l'interrompant lorsque le Deposant disoit quelques circonstances qui paroissoient detruire les faits posées par le Sr de Renach; que la plûpart des Témoins ont vû & pensé la même chose, & s'en sont plaint; qu'il n'a point de connoissance des autres faits justificatifs portés par l'Arrêt, qu'est tout ce qu'il a dit sçavoir.*

Ce Témoin est le 22. dans l'Enquête du Comte de Renach, il a avoüé que Mr Gomé lui fit donner lecture de l'Arrêt de preuves, il a signé la déposition qu'il a porté pour le Comte de Renach ! Et de bonne foy l'eût-il signé, si au tems qu'il la porta, il avoit crû que Mr Gomé y eût ômis quelques circonstances.

Une déposition une fois signée ne se change pas avec autant de facilité que Ferrier Fils, & ce Témoin se le sont imaginés ; car où il faut nécessairement que ce Témoin, homme de Judicature ait été assés malheureux pour signer une déposition contraire à sa propre connoissance, où sa premiere déposition étant véritable, il faut nécessairement qu'il ait trahi sa conscience en signant la seconde: aussi Mr Gomé est-il persuadé que si on eût fait lecture à ce Témoin de sa premiere déposition, il se seroit bien gardé de porter la seconde ; mais ce n'étoit pas la vérité qu'on cherchoit, on pensoit à perdre Mr Gomé ; & pour le faire plus facilement, on laissoit les Témoins dans l'incertitude de ce qu'ils avoient déposé devant Mr Gomé,& les Témoins qui étoient séduits, ont profité de la liberté qu'on leur donnoit pour jetter plus de soupçon sur leurs premieres dépositions: de - là vient que plusieurs de ceux produits par Ferrier Fils, disent *qu'ils ne sçavent pas ce qu'ils ont déposés devant Mr Gomé*! Et ne s'en seroient-ils pas informés s'ils n'avoient pas été corrompus ! Le Commissaire ne les en auroit-il pas informé par la lecture de leurs dépositions, s'il n'avoit pas été lui-même prévenu.

Jean Dufaux dit dans l'Enquête de Ferrier Fils d'avoir répondu, lorsque Mr Gomé l'entendit dans l'Enquête du Comte de Renach, que *Ferrier Pere n'avoit point été Valet de Chambre du Sr de St Just, mais son Maître d'Hôtel, ainsi qu'il l'avoit toûjours oüi dire*; & sa première déposition porte, *qu'il a connu parfaitement Ferrier Pere au service du Sr de St Just, comme faisant les fonctions de Maître d'Hôtel dans sa Maison.*

Or si dans ces deux manieres de déposer il y a quelque différence, elle ne vient que de la subornation ou de la méchanceté du Témoin ; car Monsieur Gomé ne peut point avoir été la cause de ce changement, parce que si dans la vérité du fait le Témoin l'eût assûré qu'il avoit simplement oüi dire que Ferrier Pere étoit Maître d'Hôtel du Sieur de St Just, Mr Gomé, qu'on accuse de partialité, n'auroit pas fait écrire que le Témoin sçavoit parfaitement que Ferrier Pere avoit été

Maître

Maître d'Hôtel, parce qu'il étoit plus avantageux à Ferrier Pere que le
Témoin déposa affirmativement, qu'il avoit été Maître d'Hôtel, que de
laisser de l'incertitude sur ce fait.

Le Témoin a dit dans sa déposition de 1720. que *Ferrier Pere avoit eu*
la Cantine des Soldats, & dans l'Enquête de Ferrier Fils, *il a dit avoir*
déposé dans la premiere que Ferrier avoit eu la Cantine, mais qu'il la fai-
soit régir ; or nulle difference entre avoir la Cantine, & avoir la Cantine & la faire régir, parce que quiconque exerce une Cantine par des Domestiques, n'en a pas moins la Cantine, & quiconque l'exerce par des Domestiques, est censé l'exercer lui-même, cela est vrai au point que Barbe
Hauset 34. Témoin du Comte de Renach a déposé, *qu'elle avoit été Ser-*
vante de Ferrier Pere dans le tems qu'il avoit la Cantine, & qu'elle
tiroit le vin pour donner à boire aux Soldats de la Garnison.

Ce Témoin a déposé en 1720. devant Mr Gomé, *qu'il n'avoit point*
vû la Femme de Ferrier sur le Théatre, mais qu'il avoit oüi dire
qu'elle y avoit paru à Montbeliard & qu'il ne sçavoit pas le nom qu'on
lui donnoit; cependant il a eu le front d'assûrer dans l'Enquête de Ferrier
Fils, *qu'il avoit deposé en 1720. devant Mr Gomé que la Femme de Ferrier*
n'avoit point monté sur le Theatre, parce qu'elle n'avoit épousé Dubillot qu'a-
près que celui-ci eût quitté le Metier d'Operateur ; & s'il avoit déposé de
la sorte en 1720. il suivroit que de son propre aveu, il auroit signé libre-
ment une fausseté, parce qu'en disant en 1723. que la Femme de Ferrier
n'avoit jamais monté sur le Théatre, il a assûré le contraire de ce qu'il
avoit déposé en 1720. sçavoir, *qu'il avoit oüi dire qu'elle avoit paru sur*
le Théatre à Montbeliard! Est-il tollerable qu'un Témoin tel que Jean Dufaux vienne dire hardiment en 1723. à la face de la Justice qu'il a signé
en 1720. sciemment & sans contrainte une déposition qu'il a assûré en 1723
être fausse.

Une variation aussi criminelle, ne peut pas être imputée à Mr Gomé, elle
est un effet de la subornation du Témoin qui s'est déclaré lui même Faussaire,
& le témoignage de pareils infâmes, n'est jamais reçû en Jugement! où en
seroit-on, si on ajoûtoit foi à la seconde déposition de Jean Dufaux, il n'y
a point de Témoin qui ne pût déposer deux fois differenment sans crainte
d'être repris, & il n'y a point de Juge duquel l'honneur ne dépendit de
la méchanceté des Témoins! Où est l'aparence que Mr Gomé ait crû faire déposer ce Témoin en faveur du Comte de Renach, en inserant dans
sa déposition qu'il avoit oüi dire que la Femme de Ferrier avoit monté
sur le Théatre à Montbeliard, comme si Mr Gomé n'avoit pas sçû qu'un
oüi dire ne prouve rien dans ces sortes de cas.

Claude Barret, âgé d'environ 52. ans, 43. Témoin en ordre dans l'Enquête de Ferrier Fils dépose, *qu'ayant comparu pour deposer en l'Enquête faite au mois d'Octobre 1720. il ne se souvient point si Mr Gomé lui fit lecture ou non de quelque Arrêt, mais qu'il se souvient qu'il l'interrogea sur les mêmes faits portés par l'Arrêt du 11. Septembre precedent, que nous lui avons representé, & qu'ayant répondu qu'étant sorti fort jeune du Pays, & n'y étant rentré que depuis 30. ans, il n'avoit aucune connoissance desdits faits, sur quoi Mr Gomé lui dit qu'il étoit aparemment parent, ou ami, ou interessé pour le Sr Ferrier Pere, puisqu'il ne vouloit pas dire la verité, & se fâchant ensuite contre le De-*

Ce Témoin est le 23. en ordre dans l'Enquête du Comte de Renach ; Voici dans quels termes il s'y est expliqué ; *depose qu'il ne sçait pas quelles fonctions le Sr Ferrier a fait chès Mr de St Just ; si c'est en qualité de Domestique, Valet de Chambre ou autrement, non plus s'il a eu la Cantine ; ni ne peut nous dire autres faits portés par l'Arrêt touchant le Sr Dubillot, ni quel nom avoit sa Femme à present Ferrier, qu'est tout ce qu'il a dit sçavoir.*

Cette déposition ne peut pas être plus favorable qu'elle l'est aux Ferrier, & cela seul suffit pour faire voir qu'elle a été redigé fidélement, c'est de quoy le Témoin ne disconvient pas ; cependant il a le front de faire te-

posant, qui jusqu'à ce point n'avoit pas encore prêté serment; il lui dit que puisqu'il ne vouloit pas parler, il le feroit aller au Diable (ce furent les termes de Mr Gomé) & qu'il eût à prêter serment, ce que le Deposant fit, & ayant été de nouveau interrogé sur lesdits faits, & ayant repondu qu'il n'en avoit aucune connoissance; qu'il avoit seulement oüi dire que le Sr Ferrier Pere avoit été employé chès le Sr de St Just, mais qu'on ne lui avoit pas dit en quelle qualité; Mr Gomé dit au Deposant, qu'il seroit payé comme il deposoit, & que le nommé Perrot, Maire de Bavillier, qui avoit deja été oüi, avoit bien deposé, & que pour cela il avoit été bien payé, & puisque le Deposant ne vouloit pas faire de même, qu'il n'auroit que dix sols, à quoi le Deposant repondit que ce seroit comme il voudroit, que pour lui il ne vouloit point deposer pour de l'argent, chose qu'il ne sçavoit pas; que cependant tout le tems de sa deposition Mr Gomé temoigna beaucoup de fâcherie contre le Deposant, par où il eu lieu de remarquer qu'il auroit desiré lui faire dire chose qu'il ne sçavoit point; que le Deposant n'a point de connoissance des autres faits justificatifs portés par l'Arrêt du 22. Septembre dernier, qu'est tout ce qu'il a dit sçavoir.

nir des discours à Monsieur Gomé, & de dire que *de la maniere dont Mr Gomé l'interrogeoit, il a crû qu'il vouloit l'engager à déposer contre les Ferrier*; c'est-là une crédulité injurieuse & un soupçon ridicule, puisque le contraire est constaté par sa déposition! Ne sera-t'il donc pas libre à un Commissaire d'interroger un Témoin de plusieurs façons pour tirer de sa bouche la vérité! Et n'y a-t'il pas une différence infinie entre dire à un Témoin, ce qu'il doit sçavoir d'un fait, & le presser de déposer contre sa connoissance; nul Témoin n'a accusé Mr Gomé de l'avoir solicité à le faire.

Jean-François Lindem Menuisier & Bourgeois de Belfort 24. Témoin en ordre dans l'Enquête de Ferrier Fils, âgé d'environ 75. ans dépose, *qu'ayant comparu au mois d'Octobre 1720. pour déposer en l'Enquête du Comte de Renach pardevant Mr Gomé, il l'interrogea sur les mémes faits qui sont portés en l'Arrêt du 11. Septembre precedent, que nous lui avons representé; qu'il ne se souvient pas si on lui en fit lecture ou non, mais qu'il se souvient parfaitement qu'il repondit qu'il avoit connu le Sr Ferrier Pere chés le Sr de St Just, où il étoit en qualité de Maître d'Hôtel; que le Deposant ne sçavoit pas s'il avoit eu la Cantine ou non; qu'il avoit très-souvent vû Dubillot sur le Theatre dans le tems qu'il joüoit en cette Ville, mais qu'il n'avoit jamais vû de Femme sur ledit Theatre, ni par consequent la Dame Ferrier; qu'il ne sçait pas de quelle maniere sa deposition a*

Ce Témoin est le 24. en ordre dans l'Enquête du Comte de Renach, il a dit dans celle de Ferrier Fils, de quelle maniere il avoit déposé devant Mr Gomé, & il ne faut que conférer sa premiere déposition avec la seconde pour reconnoître, que l'une est conforme à l'autre, il en eût remarque la conformité, s'il eût demandé qu'on lui en fit lecture, ou que le Commissaire qui l'entendoit une seconde fois eût ordonné qu'on la lui lût; mais on avoit résolu de donner lieu aux Témoins de jetter impunément du soupçon sur les dépositions qu'ils avoient portés devant Mr Gomé; on ne peut trop répéter qu'il y a en cela une malice inoüie, & une grande injustice; on a admis les Témoins oüis par Mr Gomé à porter deux dépositions sur les mêmes faits! Et n'est-ce pas un entêtement insupportable à Ferrier Fils de vouloir que leurs secondes dépositions pré-

été redigée par écrit ; mais que c'est ainsi qu'il l'a fait, & qu'au surplus il ne sçait rien des autres faits justificatifs portés par l'Arrêt, qu'est tout ce qu'il a dit sçavoir.

valent aux premieres, tandis que la Loy & les Auteurs décident que les premieres doivent l'emporter.

Pierre Vingard, 44. Témoin en ordre dans l'Enquête de Ferrier Fils dépose, *qu'ayant comparu pour deposer en l'Enquête du mois d'Octobre 1720. il ne se souvient pas s'il lui fut fait lecture d'aucun Arrêt, mais bien qu'il fût interrogé sur les mêmes faits portés par celui du 11. Septembre precedent, que nous lui avons representé, & qu'il repondit qu'il avoit connu le Sr Ferrier, lorsqu'il étoit chès le Sr de St Just, sur quoi Mr Gomé lui demanda s'il y portoit des Couleurs, à quoi le Deposant repondit que non, qu'il ne sçavoit pas s'il avoit été Cantinier ou non ; qu'il avoit vû une fois Dubillot joüer à Belfort sur son Theatre, & que la Dame depuis mariée au Sr Ferrier étoit aussi sur ledit Theatre, mais qu'il n'avoit pas vû que ladite Dame joüât ou vendit des Drogues comme faisoient les autres qui étoient sur ledit Theatre ; que telle a été sa deposition, & qu'il ne sçait pas si elle a été redigée par écrit avec toutes lesdites circonstances ; qu'il n'a point de connoissance des autres faits justificatifs portés par l'Arrêt du 22. Septembre dernier, qu'est tout ce qu'il a dit sçavoir.*

Ce Témoin est le 25. en ordre dans l'Enquête du Comte de Renach ; il a avoüé dans celle de Ferrier Fils, *qu'il fût interrogé sur tous les faits retenus par l'Arrêt de preuves* ; il a donc dû y répondre pertinenment, & il y a répondu en disant dans sa premiére déposition, *qu'il croioit que Ferrier Pere avoit été ou Valet de Chambre, ou Maître d'Hôtel chès le Sr de St Just* ; car dès que de son aveu Mr Gomé lui demanda si Ferrier Pere portoit des Couleurs chès le Sr de St Just, & qu'il lui répondit que non, ce n'étoit, ou que parce que Ferrier Pere étoit, ou Valet de Chambre, ou Maître d'Hôtel chès le Sr de St Just, dans la maison duquel le Témoin l'avoit vû demeurer, ou que parce que Mr Gomé l'avoit interrogé s'il étoit, ou Valet de Chambre, ou Maître d'Hôtel : il est impossible en effet qu'il ait eu d'autres qualités chès le Sr de St Just, dès qu'il ne portoit pas la Livrée, & de-là vient que le Témoin répondit qu'il croioit que Ferrier Pere étoit l'un ou l'autre.

La postérité aura peine a croire l'extrémité où l'on réduit Mr Gomé : on produit devant lui en 1720. des Témoins ausquels il fait faire lecture de l'Arrêt de preuves, & qui répondent sur les faits d'une certaine façon ; on produit en 1723. les mêmes Témoins qui répondent d'une autre façon, & on apelle cela une Enquête sur faits justificatifs ; ce nom ne lui convient point, parce que si les Témoins ont répondu differenment, c'est qu'ils avoient été subornés ! Que diroit-on si Mr Gomé posoit à présent que le Commissaire qui les a entendu en 1723. a prévariqué en ne pas rédigeant fidélement leurs dépositions ! L'admettroit-on à le prouver, & si on l'admettoit, & que pour le prouver il fût capable de suivre l'exemple de Ferrier Fils, qui a corrompu les Témoins ! feroit-on le Procès au Commissaire qui les a entendu en 1723. il n'y a personne qui ne comprenne combien cela feroit injuste ; telle est pourtant l'injustice qu'on a mise en usage contre Mr Gomé.

Pierre Vingard a dit précisément en 1720 *qu'il avoit vû sur le Theatre la Femme de Ferrier Pere mariée pour lors avec l'Operateur Dubillot*, & en 1723. on lui fait dire, *qu'il a vû en effet cette Femme sur le Theatre, mais qu'il ne lui a pas vû vendre des Drogues* ! n'est-ce pas là une véritable surprise, qui quoique telle, marque qu'on cherchoit uniquement à imaginer quelque difference entre les dépositions rédigées par Mr Gomé, & celles qu'on rédigeoit en 1723. c'est à peu-près la même chose que d'avoir fait dire à des Témoins que Ferrier Pere avoit eu sa Cantine, tandis que d'autres disoient qu'il avoit été Cantinier.

Pauline Pierron, Veuve de Jean Willin, vivant Conseiller au Magistrat de Belfort, 37. Témoin en ordre dans l'Enquête de Ferrier Fils dépose, *qu'ayant comparu devant Mr Gomé pour deposer en l'Enquête qu'il faisoit au mois d'Octobre* 1720. *Mr Gomé l'interrogea sur les mêmes faits portés par l'Arrêt du* 11. *Septembre precedent, que nous lui avons representé, mais qu'elle ne se souvient pas si on lui fit lecture dudit Arrêt; qu'elle ne remarqua point pour lors, & qu'elle ne croit pas même aujourd'hui que Mr Gomé ait changé aucune circonstance de sa deposition; qu'elle ne sçait rien des autres faits justificatifs portés audit Arrêt, qu'est tout ce qu'elle a dit sçavoir.*

Ce Témoin est le 26. en ordre dans l'Enquête du Comte de Renach; elle a rendu témoignage dans celle de Ferrier Fils, de la probité de Mr Gomé, & tous les autres Témoins en auroient faits de même, s'ils n'avoient pas été gagnés, ou qu'on leur eût fait lecture de leurs premieres dépositions.

Antoine Degez, Sergent de la Ville de Belfort, 46. Témoin en ordre dans l'Enquête de Ferrier Fils dépose, *qu'ayant comparu pour deposer en l'Enquête qui a été faite au mois d'Octobre* 1720. *il ne se souvient point si Mr Gomé lui a fait faire lecture de quelque Arrêt, mais qu'il se souvient bien avoir été interrogé sur les mêmes faits portés en celui du* 11. *Septembre precedent que nous lui avons representé; qu'il répondit n'avoir pas vû le Sr Ferrier Pere au service du Sr de St Just; mais avoir oüi dire à sa Femme défunte qu'il avoit été Maître d'Hôtel dudit Sr de St Just; qu'il ne pouvoit plus se souvenir s'il avoit eu la Cantine ou non, & que lorsque les Dubillot joüoient à Belfort ou le Deposant les avoit vû; ils étoient encore garçons, c'est-à-dire, point mariés; que Mr Gomé n'insera point cette derniere circonstance dans sa deposition, quoique le Deposant la lui dit comme essentielle pour servir de reponse à l'interrogat concernant le troisiéme fait; qu'il s'aperçut que Mr Gomé étoit plus porté pour le Sr de Renach, que pour le Sr Ferrier; que le Deposant en jugea ainsi, parce que pour designer la Dame Ferrier, il l'apelloit par tout au Deposant grosse Truye, & qu'il lui disoit qu'aparenment il ne vouloit pas dire la verité, & qu'il devoit avoir vû cette grosse Truye sur le Theatre, puisque les autres Temoins le disoient ainsi, & que Mr Gomé insista long-tems à vouloir le faire*

Ce Témoin est le 28. en ordre dans l'Enquête du Comte de Renach; il a avoüé dans celle de Ferrier Fils, que Mr Gomé l'interrogea sur tous les faits retenus par l'Arrêt de preuves; & en conférant ses deux dépositions, on se convaint qu'il a été suborné pour porter la seconde.

Il a assûré dans l'une & l'autre, *qu'il avoit repondu de n'avoir point vû Ferrier Pere au service du Sr de St Just, mais d'avoir oüi dire à sa Femme défunte qu'il y avoit été Maître d'Hôtel*: Voilà une circonstance ou ses deux dépositions se trouvent précisément semblables.

Il a dit dans sa premiere déposition faite devant Mr Gomé, *qu'il n'avoit jamais vû la Femme de Ferrier sur le Théatre*, & il prétend dans celle de 1723. d'avoir répondu à Mr Gomé, *qu'il avoit vû joüer les Dubillot à Belfort, & qu'ils étoient encore garçons, mais que Mr Gomé n'insera point cette derniere circonstance, quoiqu'il la lui eût dit comme essentiel*: or il est aisé de voir que lorsque Mr Gomé a redigé que le *Temoin n'avoit jamais vû la Femme de Ferrier sur le Theatre*; cette maniere de s'exprimer étoit conforme à l'Arrêt de preuves, & qu'elle en remplissoit toute l'étenduë, plus avantageusement pour les Ferrier, que si Mr Gomé eût rédigé que *les Dubillot étoient garçons, lorsqu'ils vendoient de l'Orvietan à Belfort.*

Car dire simplement que Dubillot

convenir

convenir dudit fait, à quoi le Deposant repondoit que cela ne se pouvoit, puisque les Dubillot n'étoient point mariés, lorsqu'ils joüoient à Belfort; que plusieurs des Temoins oüis en la susdite Enquête, se sont plaints les uns aux autres, & se plaignoient même hautement de la conduite de Mr Gomé, & de ce qu'il avoit voulu les obliger á dire au desavantage du Sr Ferrier Pere ce qu'ils ne sçavoient pas, & qu'il n'y avoit pas moyen de deposer ainsi devant un tel Commissaire; que le Deposant n'a point connoissance des autres faits justificatifs portés par l'Arrêt du 22. Septembre dernier, qu'est tout ce qu'il a dit sçavoir.

étoit garçon lorsqu'il joüoit à Belfort, c'étoit dire qu'on n'avoit pas vû sa Femme monter à Belfort sur le Théatre; mais ce n'étoit pas dire qu'on ne l'y avoit pas vû monter ailleurs, au lieu que d'inserer que le Témoin ne l'avoit jamais vû sur le Théatre, c'étoit dire qu'il ne l'y avoit vû nulle part; telle est pourtant la circonstance par raport à laquelle le Témoin dit s'être aperçû que Mr Gomé paroissoit plus porté pour le Comte de Renach que pour Ferrier Pere; & loin que cette circonstance ait dû jetter du soupçon dans l'esprit du Témoin, elle devoit au contraire le persuader de l'intégrité de Mr Gomé, mais il s'étoit vendu à Ferrier Fils, & la preuve de sa corruption résulte de ce qu'il a ajoûté dans sa derniere déposition, que *lorsque Mr Gomé parloit de la Femme de Ferrier, il l'apelloit grosse Truye*, c'est un fait suposé & une imposture de sa part; car il est le seul qui ait ainsi fait parler Mr Gomé.

Au reste les plaintes que ce Témoin dit avoir entendu faire à des Témoins de la conduite de Mr Gomé avoient été complotées, c'est ce qu'on a démontré ailleurs, & Mr Gomé a lieu de croire que ce Témoin étoit entré dans le complot, puisqu'il a pris garde à des plaintes qui n'avoient leur fondement que dans une subornation: il n'a eu garde de nommer les Témoins qu'il a oüi se plaindre, & ce défaut de désignation marque encore sa corruption.

Marie-Anne Donzé, Femme du Sr Dufaux, Conseiller au Magistrat de Belfort, 26. Témoin en ordre dans l'Enquête de Ferrier Fils dépose, *qu'elle a été oüie en l'Enquête faite au mois d'Octobre 1720. que Mr Gomè lui fit lecture des faits portès par l'Arrêt du 11. Septembre precedent, que nous lui avons representè, ausquels elle repondit qu'elle avoit eu lieu de connoître le Sr Ferrier Pere, lorsqu'il ètoit chès le Sr de St Just; le Pere de la Deposante, Boulanger de sa Profession, ayant fourni le pain à la Maison dudit Sr de St Just; qu'elle avoit toûjours connu ledit Ferrier en qualité de Maître d'Hôtel, qu'elle n'avoit point oüi dire qu'il eût eu la Cantine; & qu'à l'ègard de la Dame Dubillot à present Ferrier, elle n'avoit point monté sur le Théatre en cette Ville: que lorsque la dèposition du Tèmoin eût ètè rèdigèe par ècrit, elle fut ètonnée d'entendre à la lecture qu'on lui en fit, qu'on avoit ècrit comme si la Deposante eût vû Ferrier Pere chès le Sr de St Just en l'une de ces trois qualités de Laquais, de Valet de Chambre ou de Maître d'Hô-*

Cette Femme a été entenduë en 29. ordre dans l'Enquête du Comte de Renach: Voici la teneur de sa déposition, *depose qu'elle a connu le Sr Ferrier chès Mr de St Just, Gouverneur de Belfort en qualité de Domestique; ne peut dire si c'est en qualité de Valet de Chambre ou de Maître d'Hôtel; qu'elle ne sçait pas non plus s'il a eu la Cantine des Soldats, ni s'il a tenu Auberge, ne pouvant s'en souvenir; qu'elle a connu le Sr Dubillot Operateur; qu'elle ne l'a pas vû sur le Theatre, mais qu'elle a oüi dire que lui & la Dame son épouse ont monté sur le Théatre à la Place publique à Montbeliard, & qu'elle ne sçait pas quel nom elle prenoit sur ledit Theatre en joüant ses Rolles, qu'est tout ce qu'elle a dit sçavoir.*

Il ne faut que lire cette déposition avec celle que cette Femme a porté dans l'Enquête de Ferrier Fils, pour reconnoître qu'elle a été recordée & subornée; elle avouë en effet que *Mr Gomé lui fit faire lecture de l'Arrêt de preuves, & de sa deposition.* ! il n'avoit donc pas envie de la surprendre; & ce qui acheve d'en con-

tel, & que l'on avoit aussi inseré sur le fait de la Dame Dubillot, choses qu'elle n'avoit point dit; elle demanda à Mr le Commissaire de faire rayer les termes de Laquais & de Valet de Chambre, & de faire reformer l'autre article, sans quoi elle ne signeroit point, Mr Gomé y consenti avec peine; & en effet fit faire une rature que la Deposante signa ensuite, mais qu'elle reconnut bien par cet endroit, & par les instances avec lesquelles Mr Gomé lui repeta plusieurs fois affirmativement qu'elle avoit vû ledit Ferrier Pere Laquais, & sa Femme sur le Theatre, quoique la Deposante persista à dire, que non; que Mr Gomé cherchoit à lui faire dire choses contraires à sa connoissance & à sa pensée, & qu'elle n'a aucune connoissance des autres faits portés en l'Arrêt du 22. Septembre dernier; ajoûte la Deposante qu'elle dit même dans sa déposition à Mr Gomé que c'étoit le nommé Ferrand qui étoit Valet de Chambre du Sr de St Just; & que lorsque Mr Gomé vit qu'elle ne vouloit point avoüer les faits énoncés cidessus, que Ferrier Pere eût été Valet de Chambre, & que sa Femme eût joüée sur le Theatre; il dit à la Deposante, que cependant d'autres Temoins le disoient, & qu'il faloit qu'elle fût parente des Srs Ferrier, & par-là interessée pour ne point avoüer la même chose, qu'est tout ce qu'elle à dit sçavoir.

vaincre, est qu'il fit tracer le mot de *Laquais* sur ce qu'elle le souhaita; elle avouë *qu'aprés que cette rature fût faite, elle signa sa deposition!* elle ne la signa donc qu'aprés avoir murement réfléchi sur sa teneur: or sa premiere déposition portant *qu'elle n'a pû dire si Ferrier Pere a demeuré chès le Sr de St Just, ou comme Valet de Chambre, ou comme Maître d'Hôtel*; il suit qu'elle n'a pas dit vrai, lorsqu'elle a assûré dans sa deuxiéme déposition, *qu'elle avoit toûjours connu Ferrier Pere pour le Maître d'Hôtel du Sr de St Just*, parce que sa premiere déposition porte le contraire, & qu'elle ne l'a signé qu'aprés une grande réfléxion.

Elle dit pourtant dans la deuxiéme que *lorsqu'on lui fit lecture de celle redigée par Mr Gomé; elle avoit été étonnée de voir qu'on l'avoit écrit, comme si elle eut vû Ferrier Pere sous l'une de ces trois qualités de Laquais, de Valet de Chambre ou de Maître d'Hôtel*; mais il est si peu vrai, que Mr Gomé ait eu la pensée de lui faire dire qu'elle avoit connu Ferrier Pere, sous l'une, ou l'autre de ces qualités; que sa prémiere déposition porte, que *dans le tems qu'elle a connu Ferrier Pere Domestique du Sr de St Just, elle n'a pû dire si c'étoit ou comme Maître d'Hôtel, ou comme Valet de Chambre*, & qu'elle souhaita qu'on traçât le mot de *Laquais*, quoique Mr Gomé auroit eu raison de le laisser, parce que l'incertitude où cette femme paroissoit être, si Ferrier Pere avoit été Domestique du Sr de St Juste, ou comme Valet de Chambre, ou comme Maître d'Hôtel, ayant engagé Mr Gomé de lui demander, si dans le tems qu'elle avoit vû Ferrier Pere Domestique du Sr de St Just, ce n'étoit point comme Valet, & cette femme lui ayant répondu que non, il avoit bien fait d'insérer qu'elle n'avoit pas pû dire, si elle avoit connu Ferrier Pere Domestique du Sr de St Just, ou comme Laquais, ou comme Valet de Chambre, ou comme Maître d'Hôtel; ensorte que l'étonnement que cette femme feint d'avoir eu dans le tems qu'on lui fit lecture de sa prémiere déposition, n'est qu'une marque de sa corruption.

Elle ajoûte *qu'elle connut que Mr Gomé cherchoit à lui faire dire des choses contraires à sa connoissance, & à sa pensée, sur ce qu'il lui repeta plusieurs fois qu'elle avoit vû Ferrier Pere Laquais du Sr de St Just, & sa Femme sur le Théatre*; mais quand Mr Gomé auroit interrogé cent fois cette femme sur de semblables faits, ce n'étoit que pour tirer la vérité de sa bouche, & par raport à l'incertitude où elle avoit affectée d'être, s'il avoit été, ou Maître d'Hôtel, ou Valet de Chambre, ou Laquais du Sr de St Just; elle disoit l'en avoir connu Domestique, & elle ne vouloit pas dire sous quelle qualité; c'est pour cela que Mr Gomé peut l'avoir interrogé plusieurs fois, & loin qu'en le faisant il ait marqué de la partialité, cela marque au-contraire son exactitude, parce qu'il y a certaines personnes de qui on ne peut tirer la vérité, qu'en les interrogeant en plusieurs maniéres sur le même fait.

Loüis Boyer Bourgeois de Belfort, 52. Témoin en ordre dans l'Enquête de Ferrier Fils dépose, *qu'ayant comparu devant Mr Gomé, pour être oüi en l'Enquête du mois d'Octobre 1720. il ne lui fut point fait lecture d'aucun Arrêt, mais qu'il fut interrogé sur les mêmes faits portés par l'Arrêt du 11. Septembre precedent que nous lui avons representé, qu'il ne s'est point aperçû que Mr Gomé ait changé aucune circonstance de sa deposition, & qu'au surplus il n'a point de connoissance des autres faits justificatifs portés en l'Arrêt du 22. Septembre dernier, qu'est tout ce qu'il a dit sçavoir.*

Ce Témoin est le 30. en ordre dans l'Enquête du Comte de Renach, il prouve pleinement l'imposture de Ferrier Fils.

Jean Roy Procureur Fiscal de la Seigneurie d'Essert, 41. Témoin en ordre dans l'Enquête de Ferrier Fils dépose, *qu'ayant été oüi en l'Enquête faite au mois d'Octobre 1720. Mr Gomé ne lui fit point lecture de l'Arrêt du 11. Septembre precedent, que nous lui avons representé; mais qu'il l'interrogea sur les mêmes faits portés par icelui, & qu'ayant repondu sur le premier desdits faits, qu'il avoit connu le Sr Ferrier Pere chès le Sr de St Just, où il étoit Maître d'Hôtel: Mr Gomé lui dit là-dessus, Valet n'est-ce pas? Et que le Deposant dit qu'il l'avoit toûjours oüi apeller Maître d'Hôtel; Mr Gomé insista, disant Maître d'Hôtel ou Valet de Chambre, à quoi le Temoin répondit, qu'autant qu'il pouvoit se souvenir, c'étoit Maître d'Hôtel, & qu'à l'égard du second fait, il n'en avoit eu connoissance, & que pour le troisiéme, il avoit deposé n'avoir point vû la Dame Ferrier sur le Theatre, & qu'il a semblé au Deposant, par la maniere dont Mr Gomé avoit insisté sur la reponse que le Deposant avoit fait au sujet du premier fait, concernant la qualité qu'avoit le Sr Ferrier Pere chès le Sr de St Just; que Mr Gomé auroit desiré que le Temoin eût dit que ledit Ferrier étoit Valet ou Valet de Chambre; que le Deposant n'a point de connoissance des autres faits justificatifs inserés dans l'Arrêt du 22. Septembre dernier, qu'est tout ce qu'il a dit sçavoir.*

Ce Témoin est le 31. en ordre dans l'Enquête du Comte de Renach; il y dépose, *qu'il avoit connu Ferrier Pere Domestique du Sr de St Just, & qu'il ne pouvoit se souvenir s'il avoit la qualité de Valet de Chambre ou de Maître d'Hôtel*: Il a dit dans la deuxiéme, que *sur les instances que Mr Gomé lui avoit fait de dire si Ferrier Pere étoit chès le Sr de St Just ou Valet de Chambre ou Maître d'Hôtel, il lui avoit repondu qu'autant qu'il pouvoit se souvenir, c'étoit Maître d'Hôtel*; or nul doute que ces deux manieres de déposer ne soient uniformes, parce que l'une & l'autre a pour principe une incertitude formelle.

Cependant ce Témoin a l'impudence de dire, *qu'il lui a semblé que Mr Gomé auroit desiré qu'il assûra dans sa premiere deposition que Ferrier Pere étoit Valet ou Valet de Chambre du Sr de St Just!* Mais pourquoi Mr Gomé l'auroit-il désiré, dès qu'il n'avoit point d'interêt personnel dans l'affaire, ce n'est que depuis la premiere déposition de ce Témoin, que ce soupçon lui a pû venir dans l'esprit, & il ne lui est venu, que parce que depuis sa premiere déposition il avoit été suborné.

Marie Beautemps, Femme de David Jardot, 33. Témoin en ordre dans l'Enquête de Ferrier Fils dépose, *qu'ayant comparu pardevant Mr Gomé, pour deposer en l'Enquête au mois d'Octobre 1720. Mr Gomé lui fit differens interrogats sur les mêmes faits qui sont contenus en l'Arrêt du* 11. *Septembre de ladite année que nous lui avons representé, & qu'après sa deposition écrite, & qu'elle lui eût été lüë; elle eut quelque difficulté avec Mr Gomé, sur ce qu'on avoit inseré dans ladite deposition, qu'elle disoit avoir vû la Dame Dubillot sur le Theatre avec son Mari; la Deposante representa à Mr Gomé qu'elle ne l'avoit point dit, & qu'en effet elle n'avoit point vû ladite Dame, mais seulement le Sr Dubillot & le pria de faire effacer cet article de sa deposition, sans quoi elle ne signeroit point, à quoi Mr Gomé repondit pourquoi elle ne vouloit pas le dire, puisque d'autres Temoins qui avoient deposés precedenment, & qui étoient moins âgés que la Deposante le disoient ainsi, à quoi elle repliqua que les autres pouvoient le dire s'ils l'avoient vû; mais que pour elle, ne l'ayant point vû, & ayant fait serment de dire verité, elle ne pouvoit dire autrement; enfin voyant sa resistance à signer, Mr Gomé fit ajouter au bas de sa deposition, ce qui convenoit pour reformer ledit article; ajoûte la Deposante, qu'elle a été si touchée de cette affectation & partialité, qu'elle n'a pû s'empêcher de s'en plaindre à d'autres personnes de ce qu'on avoit tâché d'inserer en sa deposition, ce qu'elle n'avoit pas eu la pensée de dire; qu'elle ne sçait rien au surplus des autres faits justificatifs portés en l'Arrêt, qu'est tout ce qu'elle a dit sçavoir.*

Cette Femme a déposé en 35. ordre dans l'Enquête du Comte de Renach & dans les termes suivans dépose, *qu'elle a connu le Sr Ferrier au service de Mr de St Just, qu'il faisoit les fonctions de Maître d'Hôtel; qu'elle n'a pas connoissance si ledit Ferrier a eu la Cantine du Château & de la Ville, non plus qu'il ait tenu Auberge; qu'elle a vû le Sr & la Dame Dubillot une fois sur le Theatre, & que son Frere s'empoisonnoit pour faire valoir l'Orvietan; qu'elle ne sçait pas le nom que ladite Dame Dubillot à present Ferrier prenoit sur le Theatre, ni quel Rôle elle joüoit, qui est tout ce qu'elle a dit sçavoir; lecture à elle faite de sa deposition, a dit icelle contenir verité, y a persisté & signé; & lui ayant fait lecture de sa deposition, a dit qu'elle ne peut pas bien avoir la memoire si ladite Dame Dubillot étoit avec son Mari sur ledit Theatre, mais qu'elle l'a oüi dire à plusieurs personnes du Lieu; lecture à elle faite dudit ajoûté, y a pareillement persisté & a signé, & ayant requis taxe, lui avons taxé dix sols.*

On voit par cette déposition que cette Femme avoit d'abord déposé *d'avoir vû une fois la Femme de Ferrier sur le Theatre*, & que sur la lecture qui lui fût faite de sa déposition, elle déclara, *qu'elle ne pouvoit pas bien avoir la memoire si la Femme de Ferrier avoit été avec Dubillot son premier Mari sur le Theatre, mais qu'elle l'avoit oüi dire à plusieurs personnes!* Qu'y a-t'il en cela de répréhensible! Est-ce que l'expérience n'aprend pas que souvent un Témoin change sa déposition aprés en avoir entendu la lecture! Et n'est-il pas de la prudence du Commissaire d'inserer ce changement à la fin de la déposition, au lieu de faire une rature, & de substituer une apostille, parce que la variation du Témoin diminuë la force de sa déposition.

Il suffit donc que cette Femme convienne expressément comme tous les autres Témoins que Mr Gomé lui lût le véritable Arrêt qui interloquoit les Parties, qu'il l'interrogea sur tous les faits qui y étoient retenus, & que l'ajoûtance qu'elle fit à sa déposition fût rédigée de la maniere qu'elle le demandoit, pour que la probité de Mr Gomé soit exempte de tout soupçon; mais une marque que le changement fait dans la premiere déposition de cette Femme provient d'elle; c'est qu'elle entendit dicter sa déposition sans se plaindre, & ce ne fût qu'aprés qu'on la lui eût relû, qu'elle en rétracta une circonstance; Mr Gomé n'eût point de répugnance à passer ce changement, & quand il en auroit témoigné, il auroit eu raison, parce que toutes les variations sont suspectes dans un Témoin.

Au

Au reste si Marie Beautems s'est plaint que Mr Gomé avoit tâché d'inserer dans sa déposition, ce qu'elle n'avoit pas eu la pensée de dire, c'est une malice, ce n'est que depuis que Ferrier Fils l'a eu suborné ; mais dez qu'elle avouë que sa premiere déposition a été couchée comme elle souhaitoit, cela suffit pour la justification de Mr Gomé.

Jean-Guillaume Chauney, Bourgeois de la Ville de Porrentruy, 57. Témoin en ordre dans l'Enquête de Ferrier Fils dépose, *qu'il ne se souvient point s'il lui fut fait lecture d'aucun Arrêt, mais seulement qu'il fut interrogé sur les mêmes faits portés par celui du* 11. *Septembre precedent, que nous lui avons representé, & qu'il repondit qu'étant venu porter de l'argent au Sr de St Just au Château de Belfort, le trouvant occupé au Jeu, il remit ledit argent par ses ordres au Sr Ferrier; & qu'on lui dit après être descendu dudit Château, que ledit Ferrier étoit Homme d'Affaires dudit Sr de St Just, sur quoi Mr Gomé demanda au Deposant si ledit Ferrier avoit pour lors la Livrée, à quoi le Deposant repondit que non, & qu'il étoit habillé d'un Habit gris ; qu'il n'avoit point de connoissance du second fait ; & qu'à l'égard du troisiéme, étant venu à Montbeliard pour repeter de la Dame Dubillot, & obtenir par son moyen, de la Mere de ladite Dame, le payement de la Pension du jeune Siroutot qui avoit demeuré chès le Deposant à Porrentruy, il trouva ladite Dubillot & son Mari audit Montbeliard, où ledit Dubillot avoit joüé sur le Theatre, ainsi qu'il avoit fait precedenment à Porrentruy; mais que le Deposant en sondit Voyage de Montbeliard ne vit point joüer ledit Dubillot, & ne s'enquit de rien à cet égard; qu'il ne croit pas que Mr Gomé ait rien changé ou ômis de sadite deposition, & qu'il ne sçait rien des autres faits justificatifs portés par l'Arrêt du* 22. *Septembre dernier, qu'est tout ce qu'il a dit sçavoir.*

Ce Témoin est le 41. en ordre dans l'Enquête du Comte de Renach, il avouë que Mr Gomé l'interrogea sur tous les faits retenus par l'Arrêt de preuves, & il ajoûte qu'il ne croit pas que Mr Gomé ait rien changé ou ômis de sa déposition : tout cela justifie pleinement la conduite de Mr Gomé : & en effet ce Témoin a déposé dans l'Enquête du Comte de Renach de la même maniere qu'il le détaille dans l'Enquête de Ferrier Fils ; ensorte que si alors on lui eût fait lecture de sa déposition faite devant Mr Gomé trois années auparavant, il auroit simplement dit qu'elle contenoit vérité.

Jeanne-Marie Menigau, Femme de Benoît Monnier, 50. Témoin en ordre dans l'Enquête de Ferrier Fils depose, *qu'elle ne se souvient point si Mr Gomé lui fit lecture de quelque Arrêt, lorsqu'elle deposa pardevant lui au mois d'Octobre* 1720. *mais qu'elle se souvient qu'on l'interrogea sur les mêmes faits portés par l'Arrêt du* 11. *Septembre precedent que nous*

Ce Témoin est le 47. en ordre dans l'Enquête du Comte de Renach; il rend encore un témoignage éclatant de la probité de Mr Gomé.

lui avons representé, qu'elle ne s'est point aperçû, & qu'elle ne croit pas que Mr Gomé ait suprimé ou alteré aucune circonstance de sa deposition; qu'elle n'a aucune connoissance des autres faits justificatifs portés par l'Arrêt du 22. Septembre dernier, qu'est tout ce qu'elle a dit sçavoir.

Benoît Monnier, Bourgeois de la Ville de Belfort, 51. Témoin en ordre dans l'Enquête de Ferrier Fils depose, *qu'ayant comparu au mois d'Octobre 1720. pardevant Mr Gomé au Jardin de Mr Noblat, pour deposer en l'Enquête qui se faisoit, il lui fit faire lecture de l'Arrêt du 11. Septembre precedent, que nous lui avons representé, à ce qu'il croit au moins se souvient-il qu'il fut interrogé sur les mêmes faits qui sont contenus audit Arrêt; qu'il ne croit pas que Mr Gomé ait rien changé aux circonstances de sa deposition, & qu'il n'a aucune connoissance des autres faits justificatifs portés en l'Arrêt du 22. Septembre dernier, qu'est tout ce qu'il a dit sçavoir.*

Ce Témoin est le 49. dans l'Enquête du Comte de Renach, il justifie également Mr Gomé, & démontre en même tems les impostures de Ferrier Fils.

Jean-François Donzé 54. Témoin en ordre dans l'Enquête de Ferrier Fils dépose, *qu'ayant comparu au jardin de Mr Noblat au mois d'Octob. 1720. devant M. Gomé pour deposer en l'Enquê- qu'il faisoit; Mr Gomé lui donna lecture de l'Arrêt du 11. Septembre precedent que nous lui avons representé; qu'il ne s'est point aperçû qu'il ait changé aucune circonstance en sa deposition, mais que Mr Gomé étoit plus porté pour Mr de Renach, que pour le Sr Ferrier, ce dont il jugea ainsi, parce qu'avant d'être oüi, Mr Gomé se promenant dans ledit Jardin, avoit questionné le Deposant sur lesdits faits, & que par la maniere dont il l'interrogeoit, il temoignoit qu'il auroit desiré que le Deposant fût convenu des faits posés par le Sr de Renach, qu'au surplus il n'a point de connoissance des autres faits justificatifs portés audit Arrêt du 22. Septembre dernier, qu'est tout ce qu'il a dit sçavoir.*

Ce Témoin est le 50. dans l'Enquête du Comte de Renach, il justifie Mr Gomé, en ce qu'il avoue qu'il lui fit faire lecture de l'Arrêt de preuves, & qu'il n'a changé aucune des circonstances de sa déposition; s'il ajoûte que la maniere dont Mr Gomé l'a interrogé, lui a fait juger qu'il étoit plus porté pour le Comte de Renach, que pour Ferrier Pere; c'est là une fausse crédulité de la part de ce Témoin, bien prouvée telle, dez que le Témoin n'a pû circonstancier ou expliquer la maniere d'interroger qu'il impute à Mr Gomé! que peut-il en Justice lui reprocher, dez qu'il avoue que sa déposition a été rédigée fidélement.

Claudine Cattin, Femme de Marin Monpoix, 48. Témoin en ordre dans l'Enquête de Ferrier Fils dépose, *qu'ayant comparu pardevant Mr Gomé*

Cette Femme a déposé en 51. ordre dans l'Enquête du Comte de Renach, elle avoue que Mr Gomé lui fit faire lecture de l'Arrêt de *au Jardin de Mr Noblat près de Belfort au mois d'Octobre 1720. pour depoſer en l'Enquête qu'il faiſoit ; Mr Gomé lui fit lecture de l'Arrêt du 11. Septembre precedent, que nous lui avons repreſenté, & qu'ayant repondu qu'elle n'avoit jamais connu le Sr Ferrier Pere, lorſqu'il étoit encore chès le Sr de St Juſt, mais qu'elle avoit oüi dire à ſa Mere qui avoit vû arriver ledit Sr de St Juſt à Belfort ; que ledit Ferrier étoit auprès de lui ſon Maître d'Hôtel ; qu'elle ne ſçavoit pas s'il avoit eu la Cantine, & qu'elle n'avoit point vû la Dame Ferrier ſur le Theatre des Srs Dubillot, lorſqu'ils joüoient à Belfort ; Mr Gomé lui fit inſtance ſur cette reponſe, de ce qu'elle ne vouloit pas convenir deſdits faits, & que cependant d'autres Temoins diſoient les avoir vû, & que même l'un d'eux avoit depoſé que le Sr Ferrier Pere avoit reproché à ſa Femme, qu'elle avoit été Charlatanne, & que puiſque la Depoſante avoit demeuré dans la même Maiſon, que le Sr & la Dame Ferrier, elle devoit ſçavoir le même fait ; à quoy elle repondit qu'elle ne le ſçavoit point, & qu'elle ne croyoit pas même que ce fait fût veritable, & que la Depoſante s'aperçût par cette conduite de Mr Gomé, & par les inſtances qu'il lui faiſoit, qu'il cherchoit à lui faire dire au deſavantage du Sr Ferrier, ce qu'elle ne ſçavoit point, l'ayant preſſé pluſieurs fois de convenir qu'elle avoit vû le Sr Ferrier avec des Eguillettes ; qu'elle n'a point de connoiſſance des autres faits juſtificatifs portés par l'Arrêt du 22. Septembre dernier, qu'eſt tout ce qu'elle a dit ſçavoir.*

preuves, elle ne dit pas que Mr Gomé ait changé aucune des circonſtances de ſa dépoſition, & elle ne pouvoit pas le dire ſans fauſſeté, parce que ſa ſeconde dépoſition eſt entierement conforme à la premiere : ſi elle s'eſt imaginé que Mr Gomé cherchoit à lui faire dire quelque choſe qu'elle ne ſçavoit pas au déſavantage de Ferrier Pere, ſur ce que Mr Gomé lui faiſoit quelques demandes qu'il croyoit néceſſaires pour l'éclairciſſement de la vérité ; c'eſt là une idée déraiſonnable, parce qu'il eſt permis à un Commiſſaire d'interroger les Témoins qui paroiſſent devant lui ſur tous les faits qu'il juge à propos ; c'eſt ici la premiere fois qu'on ait ſoupçonné une ſemblable conduite, & ce ſera la derniere qu'on la ſoupçonnera.

Joſeph Jeremie Duvernois, ancien Maître, 56. Témoin en ordre dans l'Enquête de Ferrier Fils dépoſe, *qu'ayant comparu pardevant Mr Gomé pour depoſer en l'Enquête du mois de Fevrier 1721. il croit autant qu'il s'en ſouvient qu'il lui fut fait lecture de l'Arrêt du 11. Septembre precedent ; qu'au moins eſt-il certain qu'il fut interrogé ſur les mêmes faits portés par ledit Arrêt, & qu'il repondit n'avoir point de connoiſſance des deux premiers ; & qu'à l'égard du troiſiéme il avoit connu Dubillot, & l'avoit vû joüer ſur le Theatre à Montbeliard où il vint ſortant de Porrentruy;*

Ce Témoin eſt le 1. de la contr'Enquête de Ferrier Pere, il rend témoignage de la droiture de Mr Gomé, ſoit ſur la lecture qu'il lui fit faire de l'Arrêt de preuves, ſoit ſur la fidélité à faire rédiger ſa dépoſition : il a répellé mot pour mot dans l'Enquête de Ferrier Fils, ce qu'il a dépoſé devant Mr Gomé : cela étant, quelle foi ou quelle impreſſion peut faire ce qu'ajoûte ce Témoin ; qu'il a crû remarquer que *Mr Gomé étoit plus diſpoſé en faveur du Comte de Renach, que de Ferrier*; car ſi malgré l'indiſpoſition qu'on lui ſupoſe avec ſi peu de diſcernement, *que quelques semaines après être arrivé audit Montbeliard, il fut à Clerval, & s'y maria avec la fille du Sr Siroutot, avec laquelle il revint ensuite demeurer audit Montbeliard où il acheta une Maison, & que depuis son Mariage ledit Dubillot n'a plus joüé ni monté sur le Theatre, encore moins sa Femme; que telle fût sa deposition, que quoiqu'il ait crû remarquer que Mr Gomé étoit plus disposé en faveur du Sr de Renach que du Sr Ferrier; cependant il ne sçait ni ne croit que Mr Gomé ait changé ou ômis aucune circonstance de sa deposition; qu'il n'a point de connoissance des autres faits justificatifs portés par l'Arrêt du 22. Septembre dernier, qu'est tout ce qu'il a dit sçavoir.*

il a rédigé fidélement la déposition de ce Témoin! n'est-ce pas une preuve insurmontable, qu'il n'a rien fait contre son devoir; il est inoüi qu'on laisse non-seulement la liberté à un Témoin de se déclarer impunément Faussaire; mais encore qu'on lui permette après avoir rendu témoignage à la vérité, de la rendre suspecte par une simple production d'imagination, pour obliger un Commissaire de Cour souveraine de s'en justifier, cela n'a jamais eu d'exemple.

Jacques Prongé, Bourgeois de la Ville de Montbeliard, 55. Témoin en ordre dans l'Enquête de Ferrier Fils dépose, *qu'ayant été oüi en l'Enquête faite au mois de Fevrier 1721. il ne se souvient point si Mr Gomé lui fit lecture de quelque Arrêt, mais bien qu'il fût interrogé sur les mêmes faits portés en l'Arrêt du 11. Septembre 1720. que nous lui avons represénté, & qu'il répondit avoir vû un nommé Dubillot joüer sur le Theatre à Montbeliard, & qu'il ne s'étoit marié qu'ensuite avec la Demoiselle Siroutot, ensorte que depuis son Mariage ledit Dubillot n'avoit plus joüé; qu'il ne croit pas que Mr Gomé ait changé ou alteré aucune circonstance de sa deposition; qu'il ne sçait rien des autres faits justificatifs portés audit Arrêt du 22. Septembre dernier, qu'est tout ce qu'il a dit sçavoir.*

Ce Témoin est le 3. en ordre de la contr'Enquête de Ferrier Pere; il ne dit pas que Mr Gomé lui ait fait lecture d'un autre Arrêt que celui qui interloquoit les Parties, il dit au contraire que Mr Gomé n'a changé ou alteré aucune des circonstances de sa premiere déposition; elle est en effet conforme à la seconde.

Marie-Ursule Courtot, Femme du Sr Thomas, 49. Témoin en ordre dans l'Enquête de Ferrier Fils dépose, *qu'ayant comparu, & deposé pardevant Mr Gomé en l'Enquête du mois de Fevrier 1721. lorsqu'on lui fit lecture de sa deposition, elle s'aperçut que l'on avoit inseré qu'elle ne sçavoit point le nom que l'on donnoit à la Dame Dubillot sur le Theatre, quoiqu'elle eût déposé qu'elle ne l'avoit jamais vû sur le Theatre, ce qui lui fit de la peine, & elle pria Mr le Commissaire de le rayer ou de le corriger, à quoi il satisfit avec quelque*

Cette Femme a déposé dans les termes suivans en quatriéme en ordre dans la contr'Enquête de Ferrier Pere *depose sur les faits contenus audit Arrêt, dont nous lui avons fait faire lecture; qu'elle a connu parfaitement le Sr Ferrier Pere pendant qu'il étoit au service de Mr de St Just Gouverneur de Belfort; qu'elle a oüi dire qu'il étoit Maître d'Hôtel dudit Sr de St Just, & non Valet de Chambre; qu'il a eu la Cantine des Soldats, mais qu'elle ne sçait point s'il l'a exercé par lui-même, ou s'il l'a fait exercer par d'autres; qu'elle a aussi connu le*

difficulté

difficulté, & ayant fait faire lecture de ce qu'il avoit ajoûté pour corriger la precedente expression; la Deposante demanda encore qu'il y fût inseré, que les Dubillot ne s'étoient mariés qu'après être sortis de Belfort, ce qui fut encore ajoûté, quoique Mr Gomé en fit difficulté, la Deposante s'opiniâtrant; que cette conduite de Mr Gomé fit croire à la Deposante qu'il avoit voulu inserer quelque chose de plus qu'elle n'avoit dit, ou en suprimer quelques circonstances; qu'elle n'a point de connoissance des autres faits justificatifs portés par l'Arrêt du 22. Septembre dernier, qu'est tout ce qu'elle a dit sçavoir; lecture à elle faite de sa déposition, a dit icelle contenir verité, & a ajoûté que Mr. Gomé lui avoit fait lecture de l'Arrêt du 11. Septembre 1720. que nous lui avons representé.

Sr Dubillot Operateur, & qu'il avoit un Theatre en la Place publique de Belfort; qu'elle a vû des Femmes sur icelui Theatre; mais qu'elle croit que c'étoient des Hommes travestis en Femmes; que le Frere de Dubillot s'empoisonnoit pour faire valoir son Orvietan; qu'elle n'a point vû ladite Dame Dubillot sur le Theatre, ni ne sçait quel nom on lui donnoit, qu'est tout ce qu'elle a dit sçavoir; lecture à elle faite de sa deposition, a dit icelle contenir verité, y a persisté, & a signé, & ayant requis taxe, lui avons taxé dix sols; ajoûte ladite Deposante, qu'elle ne peut sçavoir comme elle nous a dit quel nom elle pouvoit avoir, puisqu'elle n'a point monté sur le Theatre, & qu'elle n'a été mariée avec ledit Dubillot, qu'après que lad. Troupe a été sortie de Belfort, puisqu'elle croit que c'étoit des hommes travestis en Femmes, lecture à elle faite du présent ajoûté y a aussi persisté, & a signé.

Cette femme avouë que Mr Gomé lui fit faire lecture de l'Arrêt de preuves, & ne disant pas qu'il ait rien changé dans sa déposition; elle prouve la régularité de sa conduite, cependant elle veut insinuer que Mr Gomé avoit fait difficulté de mettre un ajoûté, cela est faux; mais à supofer cette répugnance, il n'y a rien à en conclure contre Mr Gomé; car Marie-Ursule Courtot avoit déposé *qu'elle avoit oüi dire que Ferrier Pere étoit Maître d'Hôtel du Sr de St Just, & non pas Valet de Chambre; qu'il avoit eu la Cantine des Soldats, & qu'elle ne sçavoit pas s'il l'avoit exercé par lui-même, ou s'il l'avoit fait exercer par d'autres*: or rien n'étoit plus clair, ni moins équivoque sur les deux premiers faits de l'Arrêt de preuves.

Elle avoit dit sur le troisiéme, *qu'elle avoit connu l'Operateur Dubillot; qu'il avoit un Theatre dans la Place publique de Belfort; qu'elle avoit vû des Femmes sur le Theatre, mais qu'elle croyoit que c'étoit des hommes travestis en Femmes; qu'elle n'y avoit point vû la Dame Dubillot, & qu'elle ne sçavoit quel nom on lui donnoit*: C'étoit-là répondre pertinemment sur le troisiéme fait, parce que en assûrant qu'elle n'avoit point vû la Dubillot sur le Théatre, il suivoit de cette réponse qu'elle ignoroit quel nom on donnoit à cette Femme; & en s'expliquant de la sorte, c'étoit dire directement qu'elle ne sçavoit rien de la troisiéme partie du fait retenu par l'Arrêt de preuves sur le nom de Colombine.

Ensorte que lorsque cette Femme a voulu qu'on ajoûtât à sa déposition, *qu'elle ne pouvoit pas sçavoir quel nom avoit la Femme de Ferrier, puisqu'elle n'étoit point monté sur le Theatre*; c'étoit évidenment dire deux fois la même chose, & tomber dans une répetition; il n'étoit pas moins inutile d'ajoûter que la Femme de Ferrier n'avoit été mariée à Dubillot, qu'après sa sortie de Belfort, parce qu'il ne s'agissoit pas au Procès de sçavoir si la Femme de Ferrier avoit seulement monté sur le Théatre à Belfort; mais il étoit question de sçavoir si elle y avoit monté dans quelque autre endroit.

Rien n'étoit donc plus inutile qu'une semblable ajoûtance; cependant Mr Gomé voulut bien la faire pour la satisfaction du Témoin, il ne se doutoit pas alors du Complot fait contre lui; car Marie-Ursule Courtot, est l'une de ces Femmes apostées par Ferrier, pour se répandre des faux bruits contre Mr Gomé; or puisqu'en sûreté de conscience Mr Gomé pouvoit s'empêcher de faire cette ajoûtance; il est indigne de tourner contre lui une complaisance qu'il a eu pour un Temoin suborné, comme si c'étoit un crime de ne pas vouloir faire écrire deux fois la même chose; ces ajoûtances sont au surplus conformes aux Réglemens, & marquent l'exactitude de Mr Gomé.

Elizabeth Chardoillet 19. Témoin en ordre dans l'Enquête de Ferrier Fils dépose, *qu'ayant comparu au mois de Février 1721. en l'Hôtel de Ville de Belfort, pour être oüie en l'Enquête qui étoit faite par Mr Gomé; il lui donna lecture des faits portés en l'Arrêt du 11. Septembre precedent, auquel elle répondit que le Sr Ferrier Pere étoit Maître d'Hôtel de Mr de St Just, lorsqu'il vint à Belfort, & que Mr Gomé dit au Greffier qu'il étoit Domestique dudit Sr de St Just, faisant l'Office de Maître d'Hôtel, ce qui fit peine à la Deposante, sans cependant qu'elle s'en plaignît à Mr Gomé, & que sur le troisiéme fait concernant la Dame Ferrier, elle avoit repondu qu'elle n'avoit jamais monté sur le Theatre à Belfort, & qu'elle n'étoit point mariée lorsque Dubillot y joüoit; ajoûte qu'elle dit même à Mr Gomé sur le premier fait, que c'étoit le nommé Ferrand qui étoit Valet de Chambre du Sr de St Just, lorsqu'il vint à Belfort, lequel Ferrand elle avoit bien connu pour tel, ayant épousé la Cousine germaine de la Deposante, laquelle derniere circonstance au sujet dudit Ferrand, Mr Gomé ne la fit point mettre par écrit; que cependant il fit lecture à la Deposante de tous les faits portés en l'Arrêt du 11. Septembre 1720. que nous lui avons representé qu'elle entendit bien; qu'elle n'a pas été la seule qui eût lieu de se plaindre de ce que Mr Gomé n'avoit point voulu faire rediger par écrit tout ce qu'elle deposoit; que la nommée Elizabeth Giboutet s'en est plaint pareillement en presence de la Deposante, parlant à Me Ferrier Fils, auquel elle dit qu'elle ne pouvoit rien dire, parce que cet homme (designant Mr Gomé) ne vouloit pas écrire ce qu'elle disoit, que la Deposante ne sçait rien des autres faits justificatifs contenus audit Arrêt, qu'est tout ce qu'elle a dit sçavoir.*

Cette Femme a été entenduë en 6. ordre dans la contr'Enquête de Ferrier Pere; elle semble vouloir se plaindre de deux choses, l'une de ce que Mr Gomé dicta à son Greffier au tems de sa premiere déposition que *Ferrier Pere étoit Domestique du Sr de St Just, faisant l'Office de Maître d'Hôtel*, l'autre qu'il ne dicta pas que *le nommé Ferrand étoit Valet de Chambre du Sr de St Just, lorsque Ferrier étoit son Maître d'Hôtel*; mais cette Femme est l'un des Témoins apostés & gagnés par Ferrier Fils, pour se plaindre injustement de Mr Gomé.

Est-ce qu'en effet un Maître d'Hôtel n'est pas Domestique de celui chès lequel il en fait les fonctions! N'est-il pas autant à son pain & à ses gages qu'un Valet de Chambre! Pourquoi donc cette Femme auroit-elle trouvé mauvais que Mr Gomé dictât que Ferrier Pere étoit Domestique du Sr de St Just, faisant chès lui l'office de Maître d'Hôtel; il faut bien qu'elle l'ait ainsi déclaré à Mr Gomé, puisque de son aveu elle signa sa déposition sans sourciller! Et si Mr Gomé ne fit pas écrire que Ferrand étoit Valet de Chambre chès le Sr de St Just, c'est que le Témoin ne le lui dit pas, ou s'il le lui dit, c'est que cette circonstance étoit inutile, soit parce qu'il n'étoit pas question de sçavoir ce que Ferrand avoit été, soit parce que le Témoin ayant assûré que Ferrier Pere étoit Maître d'Hôtel, il suivoit de-là que Ferrier Pere n'étoit pas Valet de Chambre.

Marie-Françoise Monnier, Femme de Jean-Claude Sarrazin, 10. Témoin en ordre dans l'Enquête de Ferrier Fils dépose, *qu'elle n'a été oüie qu'en*

Cette femme a été entenduë, en ordre en la contr'Enquête de Ferrier Pere; elle avoüe qu'elle a été interrogée sur tous les faits retenus par l'Arrêt de *l'Enquête du mois de Fevrier 1721. & non en celle du mois d'Octobre precedent; qu'alors Mr Gomé ne lui fit point lecture d'aucun Arrêt; mais qu'il lui dit tous les mêmes faits portés en l'Arrêt du 11. Septembre precedent que nous lui avons representé; qu'elle ne s'est point aperçûë qu'il eût alteré les circonstances de sa deposition, mais seulement qu'il étoit fâché, lorsque les depositions étoient à l'avantage de la Famille dudit Ferrier, pour laquelle il temoignoit ouvertement n'être point porté; qu'elle ne sçait rien des autres faits justificatifs portés en l'Arrêt, qu'est tout ce qu'elle a dit sçavoir.*

preuves, & que Mr Gomé n'a changé aucunes des circonstances de sa déposition: celà le justifie pleinement! Comment au reste cette Femme a-t'elle pû dire que Mr Gomé étoit fâché lorsque les dépositions étoient à l'avantage de la Famille des Ferrier? Qu'est-ce qui l'en a assûré! Comment l'a-t'elle apris! Qui le lui a dit, & avoüant que Mr Gomé a rédigé fidélement sa déposition! N'est-ce pas une démonstration qu'elle a faussement suposé que Mr Gomé étoit indisposé contre cette Famille.

Marie Elizabeth Lefebvre, Femme du Sr Cuënin, 31. Témoin en ordre dans l'Enquête de Ferrier Fils dépose *qu'elle a été oüie en l'Enquête du mois de Février 1721. que Mr Gomé lui fit donner pour lors lecture de l'Arrêt du 11. Septembre précédent, que nous lui avons répresenté, & sur les faits inserés en icelui, elle répondit que le Sr Ferrier Pere avoit été Maître d'Hôtel du Sr de St Just; qu'elle ne sçavoit point s'il avoit eu pour lors la Cantine, ou non; que Dubillot qu'elle a vû joüer sur le Théatre, n'étoit point marié lorsqu'il étoit à Belfort, & que c'étoit le nommé Ferrand qui étoit Valet de Chambre du Sr de St Just, dans le tems que led. Ferrier Pere étoit chès lui; qu'elle a dit ces circonstances dans sa deposition, mais qu'elle ne sçait pas si elles ont été toutes redigées par écrit; que quand à elle, elle ne s'est point aperçûë que Mr Gomé ait voulu alterer sa deposition, mais qu'elle a oüi dire par quelques Temoins qui avoient deposés, entre autres par la Veuve de Jacques Bellot, que Mr Gomé n'avoit point voulu faire mettre par écrit leurs depositions en entier, & que lesdits Temoins s'en plaignoient dès-lors publiquement; qu'elle ne sçait rien des autres faits justificatifs portés en l'Arrêt, qu'est tout ce qu'elle a dit sçavoir.*

Cette Femme a été entenduë en 9. ordre dans la contr'Enquête de Ferrier Pere; elle convient que Mr Gomé lui fit faire lecture de l'Arrêt de preuve, & qu'elle ne s'est point aperçûë qu'il ait voulu altérer sa déposition! Comment s'en seroit-elle aperçûë, puisqu'en conférant sa prémiére déposition avec l'autre, on les trouve semblables; cependant elle dit qu'elle ne sçait point si on a rédigé dans la prémiére toutes les circonstances qu'elle raporte dans la seconde! Et pourquoi affecter cette ignorance, puisqu'elle n'avoit qu'à réquerir qu'on lui fit lecture de sa prémiére déposition; mais on ne peut trop répeter que ce n'étoit pas la vérité qu'on cherchoit, on pensoit à oprimer Mr Gomé.

Jean-Pierre Tisserand, Maire du Valdoye, 8. Témoin en ordre dans l'Enquête de Ferrier Fils dépose, *qu'il n'a pas été oüi en l'Enquête du mois d'Octobre 1720. mais bien en celle du mois de Fevrier 1721. qu'alors Mr Gomé qui y*

Ce Témoin est le 11. en ordre dans la contr'Enquête de Ferrier Pere; il convient que Mr Gomé lui fit faire lecture de l'Arrêt de preuves, & qu'il lui expliqua le sens des faits sur lesquels cet Arrêt interloquoit les *procedoit lui fit lecture de tous les faits portés par l'Arrêt du 11. Septembre precedent, par lequel les Parties avoient été interloquées, & que le Deposant ayant répondu sur le premier fait (qui étoit que Ferrier Pere avoit été Valet de Chambre du Sieur de St Just) que ledit Ferrier Pere étoit Maître d'Hôtel, & que c'étoit le nommé Ferrand qui étoit Valet de Chambre alors; Mr Gomé ne voulut faire retenir par écrit, que la premiere partie de cette deposition, & non la seconde concernant ledit Ferrand, disant qu'il ne s'en agissoit pas, & que Mr Gomé ne fit ajoûter en marge cette derniere circonstance, qu'aprés que le Deposant sorti de la Chambre, s'enfut plaint à Mtre Queffemme, & que celui-ci entré en ladite Chambre eût prié Mr le Commissaire d'inserer ladite circonstance; qu'au surplus Mr Gomé en lui donnant lecture des faits sur lesquels les Parties étoient interloquées, lui en a aussi expliqué le sens; & quant aux autres faits justificatifs, le Deposant n'en a aucune connoissance, qui est tout ce qu'il a dit sçavoir.*

Parties; il n'en faut pas plus pour la preuve de la calomnie de Ferrier Fils; cependant ce Témoin est l'un de ceux avec lesquels Ferrier Fils avoit comploté, dans la vûë de faire peine à Mr Gomé; car à la sollicitation de Ferrier Fils, & du Procureur Queffemme; il rentra dans la Chambre où il avoit été entendu, pour faire ajoûter à sa prémiére déposition que *le nommé Ferrand étoit Valet de Chambre du Sieur de St Just*; mais ce n'étoit-là qu'une malice & une affectation, soit parce qu'il ne s'agissoit pas de sçavoir si Ferrand avoit été Valet de Chambre du Sr de St Just, & que ce fait n'avoit point été retenu par l'Arrêt interlocutoire, soit parce que le Témoin ayant déposé affirmativement que Ferrier Pere étoit Maître d'Hôtel du Sr de St Just, il suivoit de-là qu'il n'en étoit pas Valet de Chambre.

Conrard Tisserand, Habitant du Valdoye, neuviéme Témoin en ordre dans l'Enquête de Ferrier Fils dépose, *qu'il n'a pas été oüi en l'Enquête du mois d'Octobre 1720. mais en celle du mois de Fevrier 1721. qu'alors Mr Gomé lui fit donner lecture de tous les faits sur lesquels les Parties étoient interloquées, & qu'il lui en expliqua le sens naturel; que le Déposant ayant répondu sur le premier desdits faits, que le Sr Ferrier Pere avoit été Maître d'Hôtel, & non Valet de Chambre, & que c'étoit le nommé Ferrand qui étoit pour lors Valet de Chambre; Mr Gomé ne voulut pas faire rediger par écrit cette derniere circonstance, disant qu'il ne s'en agissoit pas, de quoi le Deposant s'étant plaint au sortir de la Chambre à Mtre Queffemme, & celui-ci ayant prié Mr le Commissaire de faire écrire ladite circonstance, elle fut ajoûtée à la marge de la deposition du Temoin que l'on fit rentrer pour cela; que le Deposant n'a aucune connoissance des autres faits justificatifs portés par l'Arrêt, qu'est tout ce qu'il a dit sçavoir.*

Ce Témoin est le 12. en ordre dans la contr'Enquête de Ferrier Pere, il convient que Mr Gomé lui fit lecture de l'Arrêt de preuves, & qu'il lui en expliqua le sens! Qu'est-ce que Mr Gomé pouvoit faire de plus! Et n'est-il pas étrange que ce Témoin se soit plaint de même que le précédent de ce que Mr Gomé n'avoit pas rédigé une circonstance non-retenuë par l'Arrêt de preuve, & aussi inutile que celle concernant les fonctions que le nommé Ferrand faisoit chés le Sr de St Just; rien n'acheve tant de convaincre du complot formé entre Ferrier Fils & quelques-uns de ses Témoins; que les plaintes aussi injurieuses à un Commissaire, & aussi mal-fondées que celles que ce Témoin raporte.

Jean

Jean-Pierre Clavey, Bourgeois de la Ville de Belfort, trente-neuviéme Témoin en ordre dans l'Enquête de Ferrier Fils dépose, *qu'ayant comparu pour deposer en l'Enquête qui fut faite au mois de Fevrier 1721. Mr Gomé l'interrogea sur les mêmes faits portés par l'Arrêt du 11. Septembre precedent, que nous lui avons representé, sans cependant lui en avoir fait faire lecture; qu'il ne s'est point aperçû que Mr Gomé eût tâché de suprimer ou de changer aucune circonstance de sa deposition, mais seulement qu'il avoit l'air & la parole fort rude, lorsqu'il interrogeoit le Deposant sur les faits dudit Arrêt, & au surplus, n'a point de connoissance des autres faits justificatifs portés en l'Arrêt du 22. Septembre dernier, qu'est tout ce qu'il a dit sçavoir.*

Ce Témoin est le 14. ou le dernier en ordre dans la contr'Enquête de Ferrier Pere; il justifie pleinement Mr Gomé, & met en évidence la vexation insigne qu'on lui fait.

La discution qu'on vient de faire, démontre en premier lieu que des 40. Témoins que Ferrier Fils a fait entendre dans son Enquête sur ses prétendus faits justificatifs, & qu'il a choisi dans les 66. Témoins entendus devant Mr Gomé, tant dans l'Enquête du Comte de Renach, que dans la contr'Enquête de Ferrier Pere, il n'y en a pas un seul de la déposition duquel on puisse induire l'ombre de preuve des prévarications & faussetés imputées par Ferrier à Mr Gomé.

En deuxiéme lieu, que de ces 40. Témoins, il y en a 19. qui disent succinctement que Mr Gomé leur a fait lecture du véritable Arrêt, qui interloquoit les Parties, & qu'ils ne se sont pas aperçûs qu'il eût changé, suprimé ou altéré aucune circonstance de leurs dépositions : ce sont les 10. 13. 16. 17. 21. 23. 28. 31. 37. 38. 39. 50. 51. 52. 54. 55. 56. 57. & 69. de l'Enquête de Ferrier sur ses prétendus faits justificatifs; & il y en a trois autres, qui après avoir fait un raisonnement sur ce qu'ils ont déposé devant Mr Gomé, avoüent enfin que Mr Gomé n'a rien changé à leurs dépositions, ce sont les 8. 9. & 34.

En troisiéme lieu que de ces 40. Témoins, il n'y en a pas un seul qui ne rende ce témoignage à la vérité; que Mr Gomé leur avoit fait lecture du véritable Arrêt qui interloquoit les Parties, ou qu'il les a interrogé sur tous les faits retenus par cet Arrêt, & pas un seul qui ait osé dire que Mr Gomé ait changé quelques circonstances de leurs dépositions.

En quatriéme lieu, que si dans ces 40. Témoins, il y en a 18. qui n'ont pas déposé en 1723. dans les mêmes termes dans lesquelles leurs dépositions de 1720. & 1721. sont conçûës; cela ne vient, ou que de ce que ces Témoins ne se sont pas servis des mêmes expressions, & que les Commissaires ont rédigé leurs pensées dans des termes differens, ou de ce qu'ils n'ont pas cherché des éclaircissemens, en demandant qu'il leur fût fait lecture de leurs prémiéres dépositions, ou que de ce qu'ils avoient été corrompus & subornés par Ferrier; il reste à voir ce que disent les autres Témoins composans l'Enquête de Ferrier Fils, & non entendus par Mr Gomé; mais ce n'est que surabondanment qu'on va parcourir leurs dépositions, parce que n'ayant point été entendus par Mr Gomé, il est impossible qu'ils puissent sçavoir de quelle maniére Mr Gomé a agi, ni prouver en conséquence les faussetés & prévarications par raport ausquelles Ferrier le calomnie depuis si long-tems.

Antoine-François Chaffourg, Avocat au Conseil de Colmar, est le prémier de ces Témoins; il dépose *qu'il a oüi dire à des Personnes qu'une fois*

Mr Gomé étant chès le Sr Lefebvre Greffier en chef du Conseil de Colmar, repartit en voyant passer sous les fenêtres Ferrier Fils, sur ce qu'une Personne de la compagnie lui dit que l'un de ses Confreres passoit dans la ruë, que Ferrier Fils n'étoit pas encore reçû, & qu'il mangeroit plûtôt ses doigts, que de souffrir que le Fils d'un Laquais & d'une Comedienne fût admis dans le Conseil Superieur de Colmar; que ce discours doit avoir été tenu par Mr Gomé, avant que Ferrier ait eu aucune difficulté avec le Comte de Renach, que Ferrier a employé plusieurs personnes pour tâcher de se raccommoder avec le Sieur de Renach, & en particulier le Sieur Canach, mais qu'après une conversation que le Sieur de Renach eût avec Mr Gomé, il ne fut plus parlé d'accommodement; qu'il ne sçait pourtant si Mr Gomé a empêché le Sieur de Renach de finir à l'amiable.

Ce Témoin est suspect, parce qu'il est Beau-frere du Procureur Quesfemme, qui a été Partie dans le Procès, qui est entré dans le Complot fait par Ferrier Fils avec quelques-uns de ses Témoins pour surprendre Mr Gomé, & qui par l'Arrêt rendu à Colmar, le 17. Mars 1723. a été condamné comme complice des Ferrier à porter le respect qu'il devoit à ses Supérieurs; ce Témoin ne parle que d'oüi-dire; il ne nomme pas les personnes devant lesquelles Mr Gomé a tenu le discours qu'il lui impute; il devine, & il veut faire croire que ce discours a été tenu avant le différent que Ferrier Fils a eu avec le Comte de Renach; il insinuë que c'est Mr Gomé qui a empêché le Sr de Renach de s'accommoder avec Ferrier; & à la fin de sa déposition, il est forcé de convenir, *qu'il ne sçait pas si Mr Gomé a empêché cet accommodement*; mais puisqu'il ne le sçavoit pas, il ne devoit pas en parler, & s'il en a parlé, c'est parce qu'il cherchoit à favoriser Ferrier Fils: Mr Gomé n'a jamais tenu ce discours, & quand il l'auroit tenu, seroit-il reprehensible d'avoir témoigné qu'il s'oposeroit à ce que le Fils d'un Valet de Chambre & d'une Comédienne, entrât dans le Corps duquel il avoit l'honneur d'être Supost.

Dorothée Lefebvre, second Témoin de l'Enquête de Ferrier Fils dépose, *qu'étant un jour devant la porte de la maison de son Pere, elle oüi dire à Mr Gomé en presence de plusieurs personnes, que Ferrier Fils ne seroit point reçû Conseiller à Colmar, attendu que sa Mere avoit monté sur le Théâtre, & qu'elle ne se souvient pas ni du tems ni des personnes devant lesquelles ces paroles furent proferées*; c'est-là une incertitude qui vitie la déposition: si Mr Gomé a tenu le discours que ce Témoin raporte, c'est qu'aussi-tôt que Ferrier Fils eût traité d'un Office de Conseiller de Colmar, M. le prémier Président de Corberon reçût une Lettre anonime, où l'on lui donnoit avis de la bassesse de l'extraction de Ferrier; & où on le suposoit Fils d'un Valet de Chambre, & d'une Comedienne; c'est que cette Lettre devint publique à Colmar! Pourquoi donc Mr Gomé n'auroit-il pas dit ce que tout le monde disoit; mais suposant qu'il ait tenu ce discours, devoit-il pour cela être traité par Ferrier, comme un Faussaire, un Fripon, & un Prévaricateur; c'est dans une semblable extrémité que Ferrier Fils s'est jetté, & il n'y a qu'une peine corporelle qui puisse réparer l'injure qu'il a fait à Mr Gomé.

Marie-Anne Lefebvre 3. Témoin de la même Enquête, dépose ne rien sçavoir sur les prétendus faits justificatifs de Ferrier Fils.

Henry Chauffourg 4. Témoin, dit, *qu'étant un jour assis sur un Banc de pierre, étant devant le Palais de Colmar avec Mr Gomé, ce dernier lui aprit que Ferrier Fils venoit de traiter d'un Office de Conseiller, qu'il ajoûta qu'il ne seroit point reçû, parce que sa Mere avoit monté sur le Theatre; qu'il lui tint encore d'autres discours desavantageux à Ferrier Pere, dont il ne se souvient pas.*

Ce Témoin est suspect, parce qu'il est Beau-pere du Procureur Quesfemme, condamné par l'Arrêt du 17. Mars 1723. le discours qu'il raporte ne marque point de partialité dans Mr Gomé, & encore moins de prévarication: chacun disoit à Colmar, que Ferrier Fils ne seroit pas reçû Conseiller, parce que sa Mere avoit été Comedienne: si Mr Gomé l'a dit comme tous les autres; il n'a pas pour cela vendu son ame à l'iniqui c'étoit par raport à l'honneur de son Corps qu'il parloit, & on n'a pas dû le diffamer pour avoir témoigné de l'empressement à le défendre.

Jean-Henry Simotet 5. Témoin dépose, *que Mr Gomé lui demanda un jour s'il connoissoit Ferrier Fils, sur le compte duquel la conversation étoit tombée, parce que pour lors il avoit traité d'un Office de Conseiller de Colmar; que Mr Gomé ajoûta que Ferrier ne seroit point reçû, parce que c'étoit une bête, & qu'il lui tint d'autres discours, marquans de la passion & de l'animosité contre Ferrier!* mais d'où vient Mr Gomé auroit-il eu cette animosité! lui qui de sa vie n'a connu les Ferrier, & qui jamais n'a eu l'ombre de difficulté avec eux! Pourquoi auroit-il eu du ressentiment contre les Ferrier, eux qui ne l'avoient jamais inquiétés; on voit bien que ce Témoin n'a parlé lui-même que par passion contre Mr Gomé: sa déposition n'est point circonstanciée, du jour, du mois & de l'année, elle est donc inutile

Alexandre Canach 6. Témoin dépose, *qu'il y a trois ans que Ferrier Fils le pria de parler au Sr de Landenberg, pour qu'il engageât le Comte de Renach son Oncle à se prêter à un accommodement, qu'ayant eu en rencontre le Comte de Renach, il lui demanda si le Sr de Landenberg lui avoit parlé; que le Sr de Renach répondit, qu'il faloit voir de qu'elle maniere Ferrier Fils pretendoit faire la satisfaction qu'il offroit; que dans ce moment Mr Gomé survint, que leur ayant demandé s'ils parloient de la fousse maniade, ils avoient répondu qu'oüi; que lui qui depose, avoit laissé Mr Gomé avec le Comte de Renach, & que dès-lors on ne lui avoit plus parlé*; tout cela ne signifie rien; il démontre au contraire que l'Avocat Chauffourg 1. Témoin de Ferrier Fils avoit mal deviné, en insinuant que Mr Gomé avoit empêché l'accommodement proposé par Canach; car celui-ci n'en dit rien, quoiqu'il ait été mieux informé du fait que l'autre.

Jean-Baptiste Queffemme 7. Témoin dépose, *qu'il a oüi dire que dans l'intervale du tems écoulé entre l'Enquête du Comte de Renach & la contr'Enquête de Ferrier Pere, Mr Gomé étant à Huningue à la table du Lieutenant de Roi, il entretint pendant tout le repas la compagnie des faits prouvés par l'Enquête du Comte de Renach, que le Lieutenant de Roi chès lequel il mangeoit étant fatigué de l'entendre l'avoit prié de cesser ses discours; qu'il a de même oüi dire que Mr Gomé revenant de Belfort où il avoit fait l'Enquête du Comte de Renach, & étant dans un Cabaret du Village de Cernay, il avoit montré la minutte de cette Enquête; que même il en avoit fait lecture à differentes personnes; mais qu'il ne se souvenoit pas du nom de ceux qui lui avoient raconté ces faits.*

Ce Témoin est suspect, parce que c'est le Procureur Queffemme qui a occupé pour Ferrier Pere dans le Procès, qui a été complice de l'insulte faite par Ferrier Fils à Mr Gomé, qui est entré dans son Complot, qui a été décreté d'ajournement personnel par l'Arrêt de Colmar du 24. Mars 1721. & condamné par celui du 17. Mars 1723. il ne parle que d'oüi dire, il ne désigne point les personnes desquelles il a apris les faits qu'il raporte, & ces faits sont faux, soit parce qu'aucun Témoin n'en a parlé, soit parce que Mr Gomé est en état de vérifier, que dès que l'Enquête du Comte de Renach fut achevé, il retourna à Colmar sans aller à Huningue; que de Colmar, il fut à St Mielle situé dans les Evêchés, & qu'il ne revint en Alsace que quelques jours avant que Ferrier Pere obtint son Arrêt pour faire sa contr'Enquête, sans que pendant tout le tems écoulé dès l'une de ces Enquêtes à l'autre, il ait été à Huningue.

Jean-Claude Sarrasin 11. Témoin, dépose, que *le jour même ou le lendemain que Marie-Barbe Girard deposa en dixiéme ordre dans l'Enquête du Comte de Renach, il lui avoit oüi dire dans la rue & à d'autres personnes que Mr Gomé n'avoit point voulu l'écouter; qu'il l'avoit traité de Vielle Folle, & qu'il l'avoit renvoyé sans vouloir l'entendre entiérement, à cause qu'elle ne vouloit pas dire ce qu'il souhaitoit.*

Ce Témoin ne parle que par oüi dire, & il ne faut que transcrire la déposition de Marie-Barbe Girard, pour le convaincre d'imposture & de mensonge, dépose, *qu'elle a connu ledit Sr Ferrier qui demeuroit chès Mr de St Just; qu'elle ne peut sçavoir si c'est en qualité de Valet de Chambre, ou de Maître d'Hôtel; qu'elle n'a aucune souvenance qu'il ait été Cantinier, ni qu'il ait donné à boire à tous venans; qu'elle ne peut nous rien dire des autres faits contenus audit Arrêt, parce qu'elle ne faisoit plus sa residence audit Belfort, qu'est tout ce qu'elle a dit sçavoir.* Rien n'est plus favorable aux Ferrier, que cette déposition, & par consequent il ne se peut pas, ni que Mr Gomé ait prévariqué en entendant le Témoin qui l'a porté, ni que ce Témoin ait fait les Plaintes que Jean-Claude Sarazin supose.

Jean Pierre Courtot, 14. Témoin de l'Enquête de Ferrier Fils dépose, *qu'ayant été assigné pour porter son temoignage dans la contr'Enquête de Ferrier Pere, il se trouva dans l'Hôtel de Ville de Belfort; que là il entendit feu Pierre Chardoillet, Elizabeth Giboutet, & le nommé Clavey Apoticaire de Belfort qui se plaignoient à Ferrier Fils, de ce que Mr Gomé ne vouloit pas rediger par écrit ce que les Temoins disoient, & que sur cela l'Enquête ayant été discontinuée, il se retira sans avoir été entendu;* Tout cela ne prouve rien; car si Pierre Chardoillet, & Elizabeth Giboutet se sont plaints, c'est que c'étoit des Témoins subornés & apostés pour tendre un piége à Mr Gomé; mais il n'est point vrai suivant que ce Témoin le dit, que l'Apotiquaire Clavey se soit plaint, puisqu'il a déposé en 39. ordre dans l'Enquête de Ferrier Fils que *Mr Gomé l'avoit interrogé sur les faits contenus dans l'Arrêt de preuves, & qu'il ne s'aperçut point qu'il eût tâché de suprimer ou de changer aucune circonstance de sa déposition.*

Claudine Garosse 18. Témoin, Femme du Sr Fournier dépose, que *Mr Gomé lui a dit que les faits posés par le Comte de Renach, étoient prouvés par son Enquête, & en particulier par la deposition du Sr de Moruillars; qu'il lui ajoûta qu'il étoit fâché de ce que les preuves étoient si fortes; qu'étant telles, il ne convenoit pas que Ferrier Fils fût admis dans le Conseil Superieur de Colmar; qu'un ami qui voudroit obliger Ferrier, feroit bien de le lui dire, ou à quelqu'un de sa Famille, qu'elle se chargea de la commission, & qu'elle l'executa en le disant au Sr Marechal Beau-Frere de Ferrier!* Où trouvera-t'on, en lisant la déposition de ce Témoin, cette haine ou cette animosité que les Ferrier ont imputé à Mr Gomé contre leur Famille; Mr Gomé est fâché de ce que les preuves du Comte de Renach sont si fortes; il fait avertir le Beau-frere de Ferrier de prendre des mésures justes pour ne pas s'exposer à un affront, en se présentant pour être reçû dans le Conseil de Colmal! Tout cela marque-t'il de la passion, & au-contraire cela ne marque-t'il pas que Mr Gomé cherchoit à faire plaisir aux Ferrier.

Jean-Pierre Chardoillet, Chapelain d'Essert 20. Témoin dépose, que *feu Pierre Chardoillet son Pere, retournant de déposer dans la contr'Enquête de Ferrier Pere s'étoit plaint de la partialité de Mr Gomé, & de ce qu'il n'avoit pas voulu mettre dans sa deposition que la Femme de Ferrier n'avoit point monté sur le Theatre:* Ce Témoin est suspect, parce que Pierre Chardoillet, son Pere, a déclaré dans la contr'Enquête de Ferrier Pere, que la prémiere Femme de Ferrier, étoit sa petite Cousine: Pierre Chardoillet étoit un Témoin aposté pour se plaindre de Mr Gomé; c'étoit un fourbe, puisqu'il jura dans la contr'Enquête de Ferrier Pere par la Réligion qu'il devoit à Dieu, à la Justice, & à la Ste Eucharistie qu'il venoit de recevoir chez les Peres Capucins; qu'il n'avoit rien à ajoûter, ni à changer à sa prémiere déposition, il signa la seconde, & il se plaignit en sortant? N'est-ce pas là une preuve évidente du Complot où il étoit entré; il s'est plaint, si on en croit son Fils, *de ce que Mr Gomé n'a pas rédigé que la Femme de Ferrier n'avoit pas monté sur le Théatre*; & cela étant inferé expressément dans la prémiere déposition qu'il a porté en faveur du Comte de Renach; c'est-là une autre démonstration de sa malice & du Complot où il étoit entré.

Joseph le Moine, 29. Témoin dit que *quelques uns des Temoins ouis dans la contr'Enquête de Ferrier Pere se sont plaints à lui en sortant de la Chambre où ils avoient été entendus, de ce que Mr Gomé n'avoit point voulu lu faire rediger par écrit une partie des circonstances de leurs depositions* : Cela ne prouve encore rien, parce que si ces Témoins se sont plaints, c'est à tort, c'étoit ceux que Ferrier Fils avoit aposté pour avoir un prétexte de discontinuer la contr'Enquête de son Pere, & Joseph le Moine étoit lui-même entré dans le Complot, dès qu'il affectoit de recevoir les plaintes de ces Témoins, au lieu qu'en qualité de Sergent Royal de Belfort, il devoit empêcher Ferrier Fils & Queffemme de gehenner la liberté des Témoins, & de les suborner.

David Jardot, 32. Témoin ne dépose rien, si ce n'est que *Marie Beautems sa Femme ayant deposé dans l'Enquête du Comte de Renach, elle se plaignit à lui de ce que Mr Gomé avoit inseré comme pour la surprendre dans sa deposition ; qu'elle avoit vû la Femme de Ferrier sur le Theatre, quoiqu'elle ne l'eût pas dit, & que ce fait ne fût pas veritable* ; ce n'est-là qu'un oüi dire de Marie Beautemps qui ne prouve rien ; car on a démontré ci-devant, que Marie Beautemps avoit été subornée dès sa déposition faite pour le Comte de Renach en 1720. jusqu'à celle qu'elle fit en 1723. pour Ferrier, soit parce qu'elle avoit dit d'abord dans l'Enquête du Comte de Renach ; *qu'elle avoit vû une fois la Femme de Ferrier sur le Theatre avec son premier Mari nommé Dubillot*, & qu'après avoir signé sa déposition, elle ajoûta *qu'elle ne pouvoit pas bien se souvenir si elle avoit vû la Femme de Ferrier sur le Theatre, mais qu'elle l'avoit oüi dire à plusieurs personnes*, soit parce que cette variation vient si bien d'elle, qu'elle ne la fit qu'après avoir signée sa déposition, & qu'on lui en eût fait lecture, soit parce qu'enfin Mr Gomé mit cette ajoûtance telle & de la maniere que Marie Beautemps le souhaita : ensorte que si cette Femme s'est plaint de lui, c'est parce qu'elle avoit été subornée, & David Jardot son Mari ne l'a pas moins été qu'elle, dès-qu'il ne depose que d'un oüi dire inutile.

Joseph Bellot le jeune, 36. Témoin dépose, *qu'il a oüi dire à sa Mere, à Marie Beautemps, Femme de David Jardot, & notamment à feu Pierre Chardoillet, qu'ils n'avoient pas eû lieu d'être contens de Mr Gomé, lorsqu'ils avoient été entendus comme Temoins devant lui, autant par raport à ses manieres brusques & à sa partialité, que parce qu'il faisoit difficulté d'écrire toutes les circonstances de leurs depositions, & que l'un des chefs de plaintes de Chardoillet étoit que Mr Gomé ne lui avoit taxé que vingt sols, tandis qu'il avoit taxé trois livres à un mandiant, parce qu'il avoit deposé suivant son desir* ; ce ne sont-là que des oüi dire indignes de foy en eux-mêmes, & d'autant plus inutiles, qu'ils ne sont circonstanciés ni du tems, ni du lieu ; ce Témoin raporte le sujet qui avoit mis feu Pierre Chardoillet de mauvaise humeur contre Mr Gomé, & il l'impute à une taxe de journée ; c'étoit-là un sujet de plainte aussi faux que frivol.

Nicolas Pigenat, 42. Témoin, dépose, *que vers le mois d'Octobre 1720. il trouva dans un Cabaret de la Ville de Cernay Mr Gomé qui revenoit de Belfort, & qui ayant lié conversation avec lui, lui dit qu'il venoit de faire une Enquête pour le Comte de Renach sur quatre faits, sçavoir si Ferrier Pere avoit été Valet de Chambre du Sr de St Just, s'il avoit été Cantinier, & versé à boire à tous venans ; si sa Femme avoit monté publiquement sur le Theatre, & si dans les Farces, elle prenoit le Rôle de Colombine ; que Mr Gomé ajoûta que ces faits étoient prouvés par la deposition des Temoins desquels toutefois il ne nomma pas les noms, ni ne lui montra point l'Enquête ; qu'Adam de la Porte étoit present, lorsque Mr Gomé repeta que l'affaire étoit bien fâcheuse pour Ferrier Pere, auquel il avoit conseillé de l'accommoder, mais que son Fils qui étoit un étourdi n'avoit point voulu se soumettre, que lui qui depose, étonné d'entendre ces discours, dit à Adam la Porte ! est-ce que les Juges parlent ainsi des Parties, & de ce que les Temoins ont dit devant eux ! n'observent-ils pas le même secret que les Confesseurs, à quoi la Porte repliqua que Mr Gomé ne parloit ainsi que dans le dessein de se faire recuser, & qu'à ce discours il reconnu qu'il n'étoit point porté pour Ferrier Fils.*

On ne peut s'empêcher de rire à la lecture de cette déposition, & pour mieux en comprendre le ridicule, il faut sçavoir qu'Adam la Porte oüi en 58. ordre dans l'Enquête de Ferrier Fils, assûre que le Maire de Bavillier étoit présent aux discours que Nicolas Pingenat raporte; or voici de quelle maniére les choses se passerent.

Le Maire de Bavillier se nomme Claude Prévost, il avoit déposé en 18. ordre devant Mr Gomé dans l'Enquête du Comte de Renach; il s'en rétournoit chès lui de même que Mr Gomé, lorsque celui-ci se trouva dans le Cabaret de la Ville de Cernay, où pend pour enseigne le Cheval-blanc; Mr Gomé est dans le Cabaret où est Prevost, & il lui demande s'il ne le réconnoit plus, Prevost répond qu'oüi, puisqu'il venoit de déposer devant lui dans l'Enquête du Comte de Renach: Adam la Porte & Nicolas Pingenat s'aprochent sur cela de Mr Gomé, & si on les en croit, ils souhaitent de sçavoir si le Sr de Renach a prouvé ses faits, Mr Gomé répond, à ce qu'ils disent, qu'oüi, que l'affaire est fâcheuse pour Ferrier Pere, & qu'il lui a conseillé de s'accommoder

C'est-la ce discours que Nicolas Pingenat croit être aussi punissable, que si un Curé comme lui, avoit révelé la confession de son pénitent! Ne faut-il pas avoir l'esprit renversé pour se former une pareille idée, & Mr Gomé n'est-il pas bien à plaindre de voir que Ferrier Fils ait recherché jusqu'à ses moindres paroles, il ne convient pas d'avoir tenu les discours que ce Témoin lui fait tenir, & c'est une fausseté de les lui imputer; cependant Pingenat avoüe que *Mr Gomé ne nomma point les Temoins qui avoient deposés pour le Comte de Renach, & qu'il ne fit point voir son Enquête*! qu'est-ce que dès-là on peut lui reprocher! ce Témoin ajoûte que *Mr Gomé temoigna être fâché de l'Affaire qu'avoit Ferrier Pere, & qu'il lui avoit conseillé de l'accommoder*! L'auroit-il fait, s'il avoit été un homme capable des faussetés & des prévarications qu'on lui a imputé.

Joseph Cuënin, 45. Témoin dépose, *qu'il a oüi plusieurs Temoins entendus par Mr Gomé, se plaindre de ce qu'il n'avoit pas voulu rediger leurs depositions dans leur entier*; mais ces plaintes ne peuvent venir que de Pierre Chardoillet, ou de la Giboutet; & on a déja fait voir non-seulement que ces plaintes étoient très-injustes, mais encore qu'elles n'avoient été faites que par des Témoins gagnés & corrompus.

François Thomas 47. Témoin ne parle que d'oüi dire des Témoins qui se sont plaints de la conduite de Mr Gomé, & entr'autre de Marie Bautemps, femme de David Jardot; or on a fait voir que cette femme ne s'étoit plaint qu'à tort, & par un effet de la subornation pratiquée à son égard.

Jean-François Chardoillet, 53. Témoin dépose, *que feu Pierre Chardoillet son Pere se plaignit à lui le jour qu'il avoit été entendu dans l'une des Enquêtes faites devant Mr Gomé, de ce que Mr Gomé vouloit qu'on deposât à sa fantaisie, & qu'il lui ajoûtât que Mr Gomé marquoit sa partialité, en ce qu'il taxoit plus à ceux qui deposoient comme il vouloit, qu'à ceux qui ne le faisoient pas*, mais on voit bien qu'un semblable sujet ne devoit pas donner lieu à Pierre Chardoillet de se plaindre, & que s'il s'est plaint, c'est qu'il étoit aposté pour favoriser Ferrier, auquel il est allié.

Adam la Porte, 58. Témoin, raporte à peu près les mêmes discours que Nicolas Pingenat 42. Témoin, a supposé avoir été proférés par Mr Gomé, lorsqu'il se trouva dans le Cabaret de Cernay à son retour de Belfort après l'Enquête du Comte de Renach, & on a prouvé que ces discours étoient indifférens en eux-mêmes, & qu'ils étoient bien éloignés des faussetés, & des concussions dont on accusoit Mr Gomé.

Elie Papelon, 59. Témoin, & Jean-Pierre Besançon 60. Témoin, ne déposent rien, si ce n'est *qu'ils ont oüi dire à plusieurs personnes, que quelques Témoins s'étoient plaints de ce que Mr Gomé n'avoit pas voulu rédiger leurs dépositions dans leur entier*: de semblables oüi dire ne prouvent rien; ces Témoins ne nomment point les personnes de qui ils ont apris la chose, & ce ne peut être que de la Giboutet, ou de Pierre Chardoillet subornés & apostés pour la rendre publique.

Le Sr François Noblat dépose, *que Mr Gomé étoit logé chès lui lorsqu'il procedoit à l'Enquête du Comte de Renach; que celui-cy vint dans sa maison pour le voir, & que n'ayant point voulu entrer dans la Chambre où étoit Mr Gomé, crainte de suspicion, il lia conversation avec lui, & lui demanda comment alloient ses affaires; le Comte de Renach lui repondit qu'elles n'alloient pas bien, & qu'il n'auroit pas entrepris de poser des faits contre les Ferrier, si le jour même de la plaidoirie de sa Cause, un Conseiller de Colmar, sans le nommer, ne l'avoit pressé de les poser, l'assûrant qu'il lui fourniroit des Temoins pour les prouver.*

Que quelques jours après Mr Gomé étant dans son Jardin avec d'autres personnes, il plaisanta sur la deposition de l'un des Temoins qu'il avoit entendu dans l'Enquête de Ferrier Pere, que s'étant trouvé avec lui dans le Jardin de la Maison du Sr de Roppe, distante de quelques lieuës de Belfort, après le parachevement de l'Enquête du Comte de Renach, Mr Gomé le pressa d'entendre la lecture de la deposition de quelques Temoins oüis dans cette Enquête, que l'ayant prié de l'en dispenser, Mr Gomé le rejoignit à une fenêtre où il étoit seul, & lui lût la deposition d'un Temoin de Porrentruy, qui disoit avoir vû joüer les Dubillot, & que sur le Theatre il y avoit une grande Femme assise proche d'un coffre dans lequel étoient les Drogues de l'Operateur.

Que lui qui depose ayant temoigné à Mr Gomé qu'il ne trouvoit pas cette deposition forte, Mr Gomé avoit repliqué que rien n'étoit plus clair; qu'il a remarqué que pendant & après la confection de l'Enquête du Comte de Renach, Mr Gomé témoignoit de la passion contre Ferrier Fils; mais que tandis qu'il en parloit mal, il plaignoit beaucoup son Pere de se trouver engagé dans l'affaire.

Qu'il a oüi plusieurs Temoins de l'Enquête du Comte de Renach, & de la contr'Enquête de Ferrier Pere se plaindre de la conduite de Mr Gomé, que leurs plaintes trop publiques avoient causé du scandale dans la Ville de Belfort, & qu'en ayant averti Mr Gomé, ce dernier avoit repondu que c'étoit de la canaille, & qu'il étoit honnête homme.

Cette déposition est fausse & inutile, elle est fausse dans trois circonstances, la premiere, en ce que le Témoin assûre, que *Mr Gomé étoit logé chès lui, lorsqu'il fut à Belfort pour l'Enquête du Comte de Renach*, & cela n'est pas vrai, parce qu'il logea chès le Sr Noblat Chanoine & Prevôt du Chapitre de Belfort; la deuxiéme, en ce qu'il supose, que *le Comte de Renach vint chès lui pour y voir Mr Gomé*, & cela n'est pas vrai, puisque Monsieur Gomé n'y logeoit pas; la troisiéme, en ce que le Témoin dit, que *plusieurs de ceux oüis par Mr Gomé ont fait des plaintes si publiques contre sa conduite, que leurs plaintes causerent du scandale dans Belfort*, & il n'est pas vrai que des 52. Témoins oüis dans l'Enquête du Comte de Renach, un seul se soit plaint, cela est certain au point que Ferrier Pere n'hésita pas de prendre l'Ordonnance de Mr Gomé, pour procéder à sa contr'Enquête; & si quelques-uns des Témoins de cette contr'Enquête, se sont plaints, ce ne sont que deux ou trois vieilles femmes, & Pierre Chardoillet, que Ferrier Fils avoit aposté pour cela, & suborné.

La fausseté de cette déposition ainsi démontrée dans ces trois circonstances, il suit que cette déposition est fausse pour le tout; *falsus enim in uno, falsus in omnibus*! Aussi n'est-il point vrai, ni que Mr Gomé ait été avec le Témoin dans son jardin, ni qu'il l'ait pressé d'entendre la lecture de quelques-unes des dépositions portées dans l'Enquête du Comte de Renach! Mais quant il l'auroit fait, seroit-il devenu pour cela un Prévaricateur, ou un Faussaire; Ferrier Fils n'a pas moins perdu son tems, que son argent à faire la recherche des paroles de Mr Gomé.

Cette déposition au reste, est inutile, parce que le Témoin ne dépose d'aucun fait qui aproche des Concussions, Faussetés & Prévarications qu'on impute à Mr Gomé; elle lui est même avantageuse en ce que le Témoin assûre que *Mr Gomé plaignoit beaucoup Ferrier Pere d'être engagé dans une affaire aussi disgratieuse que celle qu'il avoit avec le Comte de Renach* ! & l'auroit-il plaint si son cœur avoit été agité de quelque passion de haine ou de vengeance.

Anne-Loüise Deferrette, veuve de François Conrard de Roppe 62. Témoin dépose, que *Mr Gomé lui a dit plusieurs fois que Ferrier Fils étoit indigne de posseder un Office de Conseiller à Colmar, & qu'il lui a tenu des discours très-injurieux sur son compte; mais qu'elle ne peut pas se souvenir précisement, si c'est ou au tems de l'Enquête du Comte de Renach ou depuis; qu'en Alsace & à Paris où elle l'a vû, il a continué de marquer une passion, & une haine très-forte contre Ferrier Fils, disant que c'étoit un âne, un fripon, & un coquin; qu'elle ne peut se souvenir s'il a tenu ces discours avant ou depuis qu'il a eu des difficultés avec Ferrier Fils; que Mr Gomé ne lui a point fait voir l'Enquête du Comte de Renach, mais qu'il lui a recité la plus grande partie des depositions des Temoins; qu'il assaisonnoit de railleries très-piquantes, & que cette conduite contre Ferrier Fils a certainement commencé depuis que Mr Gomé fut de retour à Colmar après l'Enquête du Comte de Renach.*

Cette déposition ne sert à rien pour deux raisons, l'une est qu'Anne, Loüise Deferrette a déclaré dans deux endroits de sa déposition, qu'elle ne se souvenoit pas précisément du tems que Mr Gomé lui avoit tenu les discours qu'elle raporte; & cette incertitude rend sa déposition absolument inutile: l'autre est, que si les discours qu'elle raporte ont été tenus, ce n'est certainement qu'après que Ferrier Fils eût pris à Partie Mr Gomé par son Acte du 13. Mars 1721. mais tandis que Ferrier Fils disoit dans des écrits répandus dans tout le Royaume, que Mr Gomé étoit un Scélerat, un mêchant Homme, un Faussaire, un Prévaricateur, & un Concussionnaire! y auroit-il lieu d'être surpris, si Mr Gomé avoit dit à une femme en particulier que Ferrier Fils étoit un Ane, un Fripon, & un Coquin.

Anne-Françoise Carle, 63. Témoin a déposé, *qu'elle n'avoit aucune connoissance des pretendus faits justificatifs de Ferrier Fils, si ce n'est de celui concernant la maniere avec laquelle Mr Gomé a entendu les Témoins produits devant lui; mais que la connoissance qu'elle avoit de ce fait, n'étant fondée que sur des discours & bruits publics, elle ne croyoit pas y pouvoir ajoûter foy, ni y asseoir Jugement*; cette déposition est très-judicieuse, il ne faut qu'y réflêchir un moment pour voir combien Ferrier Fils a eu tort de chercher tant de Témoins pour déposer d'oüi dire, qui ne font jamais de preuve dans une matiére aussi grave que celle qui se discute.

François Mangenot, 64. Témoin, ne raporte que les plaintes qu'il supose avoir été faites par Elizabeth Giboutet sa belle-mere contre Mr Gomé, & on a déja démontré combien Elizabeth Giboutet avoit eu tort de se plaindre; c'étoit une vielle babillarde apostée par Ferrier Fils, & subornée.

François Boug, 65. Témoin, dépose, que *sur les dix heures du matin du jour que Mr Gomé arriva à Belfort pour l'Enquête du Comte de Renach, il fut se promener avec lui dans les Jardins du Sr Noblat, que le Comte de Renach les y joignit; qu'alors ils commencerent à parler des faits qui devoient être prouvés par l'Enquête à laquelle on alloit proceder; que lui qui dépose voulût se retirer, & que Mr Gomé le fit rester; que lui qui depose dit alors qu'on ne prouveroit jamais que la Femme de Ferrier eût monté sur le Theatre, & que Mr Gomé repondit qu'on le prouveroit; que s'adressant au Sr de Renach, il ajoûta qu'il faloit envoyer chercher des Temoins à Montbeliard, à Faucogney, & à Porrentruy; que le Comte de Renach paroissoit embarassé, & inquiet de l'evenement; que pendant le cours de l'Enquête, Mr Gomé lui a dit plusieurs fois en particulier & en compagnie, voilà qui va bien, la preuve des faits s'avance, nous aurons encore de bons Témoins qui viendront; qu'on remarquoit alors du contentement par la gayeté qu'il temoignoit, au lieu que les premiers jours de l'Enquête il étoit triste & rêveur, disant quelquefois on ne veut point parler; mais nous trouverons des Temoins qui par-*

leront

leront; que plusieurs fois il recitoit de memoire; ce que les Temoins avoient deposés, sans cependant faire voir la minutte de l'Enquête, pendant le cours de laquelle Mr Gomé temoignoit beaucoup de chaleur pour les interêts du Comte de Renach, & beaucoup de passion contre Ferrier Fils; qu'enfin il a oüi plusieurs des Temoins se plaindre, disant que Mr Gomé n'alloit pas droit.

Voilà une déposition qui n'est pas moins risible que celle de Nicolas Pingenat; le Témoin qui l'a porté y a d'abord inseré une fausseté insigne, *c'est qu'il s'étoit promené avec Mr Gomé dans le Jardin du Sr Noblat environ les dix heures du matin du jour que Mr Gomé arriva à Belfort, pour l'Enquête du Comte de Renach*; & Mr Gomé n'arriva à Belfort qu'à huit heures du soir! Comment donc se pourroit-il que ce Témoin se fût promené avec Mr Gomé dans les Jardins du Sr Noblat environ les dix heures du matin du même jour.

Si on en croit ce Témoin, *il voulut se retirer lorsque le Comte de Renach joignit Mr Gomé, & Mr Gomé le fit rester*! mais puisqu'il le fit rester, n'est-ce pas une preuve que rien ne se passa entre Mr Gomé & le Comte de Renach que dans les régles: si on lui ajoûte foy, *Mr Gomé dit au Comte de Renach qu'il faloit envoyer chercher des Temoins à Montbeliard & à Faucogney*: cependant on ne trouve dans l'Enquête du Comte de Renach aucun Témoin de Montbeliard & Faucogney, il y en a 46. de Belfort ou des environs, & six de Porrentruy.

A entendre ce Témoin Mr Gomé paroissoit joyeux quelques jours après que l'Enquête fut commencée, & avant cela il étoit triste ou reveur! Mais où est la pudeur de ce Témoin d'avoir crû ainsi pénétrer les mouvemens du cœur de Monsieur Gomé! Si on l'en croit, *Monsieur Gomé temoignoit beaucoup de chaleur pour les interêts du Comte de Renach*! Et pourquoi en auroit-il témoigné, puisqu'il ne connoissoit pas le Sr de Renach, avec lequel il n'a jamais eû d'affaires: *Mr Gomé* (ajoûte ce Témoin) *témoignoit beaucoup de passion contre Ferrier Fils*! Et d'où vient en auroit-il marqué dès-qu'il ne le connoissoit pas; & que de sa vie il n'a rien eu à démêler avec sa Famille! Avec quel front ce Témoin a-t'il donc crû insinuer que Mr Gomé avoit indiqué au Comte de Renach les endroits où il pouvoit trouver des Témoins, comme si Mr Gomé, qui n'est pas originaire d'Alsace, avoit été plus informé de la figure que Ferrier Pere & sa Femme avoient tenu à Belfort, ou aux environs, que le Comte de Renach, qui les avoit toûjours vû, & qui acrédité en Alsace, ne manquoit pas de gens pour lui indiquer des Témoins.

On diroit à voir la déposition de ce Témoin, que Mr Gomé ne l'a pas quitté un moment pendant tout le tems qu'il a travaillé à l'Enquête du Comte de Renach; il lui a parlé à Belfort un jour avant que Mr Gomé y arrivât, & c'est avant que Mr Gomé y fût, qu'il y a eu une conversation avec le Comte de Renach; que Mr Gomé a conseillé au Sr de Renach d'envoyer chercher des Témoins à Montbeliard, & à Faucogney; il a depuis été triste, ou joyeux, suivant que le Comte de Renach vérifioit, ou ne vérifioit pas les faits retenus à sa charge! Tout cela ne fait-il pas pitié, & ne demontre-t'il pas qu'un Témoin qui est tombé dans tant d'inepties, est un Témoin suborné, & un Faussaire.

Guillaume Duparc 66. Témoin dépose, *qu'ayant parlé deux fois à Mr Gomé pendant le cours d'un Procès qu'il avoit, il y a environ trois ans au Conseil de Colmar, Mr Gomé lui parla toûjours de Ferrier Fils, & lui dit qu'il ne seroit point reçû Conseiller, parce que sa Mere avoit été Charlatanne*; mais si Mr Gomé a tenu de semblables discours, il ne s'est pas rendu répréhensible, soit parce que la Lettre anonyme écrite à Mr le prémier Président de Corberon au moment que Ferrier Fils eût traité d'un Office de Conseiller, portoit expressément que la Mere de Ferrier avoit monté sur le Théatre, & que son Pere avoit été Laquais, ou Valet de Chambre, soit parce que Ferrier Fils a dit lui-même dans les Réponses à l'Interrogatoire qui lui fut formé le 1. Juillet 1720. que le Comte de Renach avoit publié auparavant les mêmes faits, soit parce que dans la troisiéme page de ſon Libelle accompagné de tables, & qui fait partie du Procès; Ferrier Fils a écrit que *pluſieurs Officiers du Conſeil de Colmar avoient dit publiquement qu'ils n'avoient apointés le Comte de Renach à verifier les faits par lui poſés contre les Ferrier, que par raport à l'Office dont il pourſuivoit l'inſtalation;* enſorte que ſi Mr Gomé a tenu les diſcours dont ce Témoin, & quelques autres ont parlé, ce n'eſt que parce qu'ils étoient publics, & qu'ils étoient dans la bouche de tout le monde, mais ce n'étoit pas pour tomber dans les prévarications que Ferrier lui a imputé.

Pierre Pougol, 67. Témoin, ne dépoſe que d'oüi dire de Témoins, qui ſe ſont plaints de ce que Mr Gomé n'avoit pas rédigé leurs dépoſitions dans leur entier; & ces oüi dire n'étant circonſtanciés, ni du nom des perſonnes, ni du tems, ou du lieu, cette dépoſition reſte inutile.

Joſeph Lanier, 68. Témoin dépoſe, *qu'il a redigé la dépoſition des Témoins ſous la diction de Mr Gomé dans les deux Enquêtes qui ont été faites au mois d'Octobre* 1720. *&* *Fevrier* 1721. *que Mr Gomé lors deſdites Enquêtes, n'a point fait donner lecture aux Témoins de l'Arrêt du* 11. *Septembre precedent, ſur lequel les Parties ont été interloquées, ni d'aucun autre, qu'il les interrogeoit ſeulement, leur demandant s'ils n'avoient point vû le Sr Ferrier Pere Valet de Chambre du Sr de St Juſt, & que lorſque les Temoins repondoient qu'il n'étoit pas Valet de Chambre, laquelle reponſe, une grande partie des Temoins ont fait, & ont ajoûté, que c'étoit le nommé Ferrand qui étoit Valet de Chambre dudit Sr de St Juſt, lorſque le Sr Ferrier Pere étoit chès lui, Mr Gomé diſoit qu'il ne s'agiſſoit point dudit Ferrand, & que cette circonſtance étoit inutile; il leur demandoit enſuite s'ils avoient vû ledit Ferrier Pere Cantinier, & tenir Auberge, à quoi les Temoins repondoient ordinairement qu'ils ne l'avoient pas vû, ou bien qu'il avoit eu la Cantine, mais qu'il la faiſoit exercer par d'autres perſonnes, Mr Gomé diſoit de même, que cette derniere circonſtance n'étoit point neceſſaire: il demandoit enſuite aux Temoins s'ils n'avoient pas connu les Dubillot, & s'ils ne les avoient pas vû joüer ſur le Theatre, & entr'autres un qui étoit habillé en Arlequin, qui s'apelloit Carolin, & qui avaloit du poiſon pour faire mieux debiter les Drogues de l'Operateur; lorſque les Temoins repondoient qu'ils avoient vû leſdits Dubillot joüer; Mr Gomé leur demandoit s'ils n'avoient pas vû joüer la Femme dudit Dubillot ſur le Theatre, & les Temoins repondans que non, Mr Gomé leur faiſoit un dernier interrogat pour ſçavoir ſi le Temoin ne ſçavoit pas le nom que ladite Dame avoit lorſqu'elle joüoit, & ſi elle ne portoit pas celui de Colombine, à quoi le Temoin diſoit, que puiſqu'il ne l'avoit point vû joüer, & ne ſçavoit même qu'elle eût joüé, il ignoroit qu'elle eût aucun nom autre que le ſien, ſurquoi Mr Gomé faiſoit rediger par écrit les reponſes du Temoin ſans liaiſon l'une avec l'autre; enſorte que ſéparées, elles formoient un ſens ſouvent contraire à l'eſprit & à l'intention du Temoin; que quelquefois il preſſoit le Temoin par ſes inſtances & par ſes apoſtrophes reiterées pour le faire convenir des faits concernans la qualité du Sr Ferrier Pere & de la Dame Ferrier, diſant au Temoin s'il n'avoit pas vû le Sr Ferrier avec des Eguillettes ſur l'épaule, & la Dame joüer ſur le Theatre, ſous le nom de Colombine; que l'un deſd. Temoins nommée Elizabeth Giboutet, Femme de Jacques Bellot ayant inſiſté à ce que toutes les circonſtances de ſa depoſition fuſſent redigées par écrit, & n'ayant point voulu s'en relâcher, quoique lui eût dit Mr Gomé, il ſe fâcha, & dit au Depoſant d'écrire tout ce que cette vielle Folle, cette vielle ſorciere voudroit dire, à quoi le Depoſant repondit qu'il n'avoit garde de rediger de ſon chef la depoſition d'un Temoin, & qu'il n'écriroit rien que Mr Gomé ne lui dicta; qu'il a paru viſiblement au Depoſant dans toutes les deux Enquêtes; que Mr Gomé étoit entierement porté pour le Sr de Renach, & qu'il tâchoit de le favoriſer par la maniere dont il parloit aux Temoins, & dont il dictoit leurs depoſitions, ômettant les circonſtances qui tendoient à detruire les faits poſés par ledit Sr de Renach, & inſerant les reponſes des Temoins par des phraſes & des ſens entrecoupés, qui tendoient à établir ces mêmes faits, ſuivant que les Temoins lui en donnoient plus ou moins d'occaſion; qu'après que la premiere Enquête fut faite, Mr Gomé fit ſigner au*

Deposant chacune deposition des Temoins qui avoient été oüis, & prit ladite Enquête, en lui disant qu'il la signeroit chès lui, & la rendroit ensuite aud. Deposant, lequel étant allé chès le Sr Noblat où étoit Mr Gomé, pour retirer ladite Enquête, croyant qu'elle étoit signée, le Deposant entrant dans le Poële dudit Noblat, aperçût que Mr Gomé qui y étoit, tenoit en main la minutte de ladite Enquête, & qu'il en faisoit lecture, ou bien la recitoit à quelques personnes qui étoient là presentes, ce qui obligea le Deposant de se retirer; il la redemanda par après à Mr Gomé seul, lequel lui repondit qu'il se chargeoit de ladite Minutte, & de la remettre à son retour à Colmar au Greffe, ce qu'il a fait en effet, l'ayant depuis gardé jusqu'à son retour à Colmar, qu'il la remit au Greffe; qu'il ne sçait rien des autres faits portés par l'Arrêt du 22. Septembre dernier, qu'est tout ce qu'il a dit sçavoir.

Ce Témoin étoit vendu aux Ferrier au point qu'après l'Enquête du Comte de Renach, il resta à Belfort près de huit jours à boire & à manger chès eux; il étoit décrété de prise de corps lorsqu'il a porté sa déposition: il avoit été convaincu d'un crime de rapt, & condamné à faire une réparation publique à une fille qu'il avoit accusé de prostitution, il s'étoit sauvé de Colmar, & s'étoit mis dans les Troupes pour éviter une punition; il étoit dès-là noté d'infâmie, *infamem non ex omni crimine, sententia facit, sed ex eo quod judicii publici causam habuit*: or l'accusation de séduction étoit chès les Romains une accusation publique, & quiconque parmi eux étoit condamné pour injures, devenoit infâme, quand même l'injure n'auroit été inferée qu'à un esclave, *injuriarum ex personâ quoque servi damnatus, infamiâ notatur.*

Lanier étoit donc infâme à double titre, lorsqu'il a déposé, il étoit tel pour avoir été condamné pour cause de séduction, & tel pour l'avoir été à une réparation d'honneur; il y avoit une contrainte par corps décernée contre lui, il étoit fugitif: ce sont-là autant de circonstances qui doivent faire rejetter sa déposition.

Lanier étoit Commis Greffier aux Enquêtes faites devant Mr Gomé, c'est lui qui en a écrit les Minutes, & qui a signé les dépositions: or ou Mr Gomé a fait son devoir, & en ce cas rien ne peut lui être reproché, ou il a failli, & en ce cas Lanier est Complice de sa faute: il est un Prévaricateur & un Faussaire si ces noms conviennent à Mr Gomé, parce qu'il auroit prêté son ministére, & abusé de sa Commission de Greffier, pour surprendre des Témoins! où a-t'on vû qu'un homme vienne s'accuser volontairement sans qu'on se plaigne, pour impliquer un Commissaire dans le même crime que lui! le bon ordre peut-il souffrir que l'honneur des Commissaires des Cours Supérieures, dépende des Commis des Greffes, & d'un Commis tel que Lanier, sans Commission par écrit ou Lettres-Patentes, & condamné pour crime public.

Lanier dit au commencement de sa déposition, que *Mr Gomé n'a point fait faire lecture de l'Arrêt interlocutoire aux Temoins qu'il a entendu*, & c'est là une fausseté insigne prouvée telle; en premier lieu parce que Lanier a écrit lui-même le contraire en tête des dépositions de tous les Témoins oüis par Mr Gomé; & en deuxiéme lieu parce que parmi les Témoins qui composent l'Enquête de Ferrier Fils, il y en a quantité qui assûrent que Mr Gomé leur a fait faire lecture de l'Arrêt qui interloquoit les Parties! quelle foi mérite un homme qui vient certifier le contraire de ce qu'il a écrit lui-même, & de ce que plusieurs personnes affirment lui avoir vû faire.

Lanier rend ce témoignage à la verité que *Mr Gomé interrogeoit les Temoins sur quatre faits*, le premier, *si Ferrier Pere avoit été Valet de Chambre du Sr de St Just*; le deuxiéme, *s'il avoit été Cantinier, & tenu Auberge*; le troisiéme, *s'il n'avoit pas connu les Operateurs nommés Dubillot; s'il n'y en avoit pas un d'entre eux nommé Carolin, qui s'empoisonnoit pour avoir un plus grand debit de leurs Drogues*; le quatriéme, *s'il n'avoit pas vû joüer la Femme de Dubillot sur le Theatre; & si lorsqu'elle joüoit, elle ne portoit pas le nom de Colombine*! mais rien ne prouve tant la régularité de la conduite de Mr Gomé, que les demandes qu'il formoit aux Témoins sur tous ces faits, parce qu'il n'y en avoit point qui ne fût retenu par l'Arrêt qui interloquoit les Parties, & que tous tendoient à l'éclaircissement de la vérité.

Lanier ajoûte que *lorsque les Temoins repondoient que Ferrier Pere n'étoit pas Valet de Chambre chès le Sieur de St Just, qu'il étoit au contraire Maître d'Hôtel, & que le nommé Ferrand ètoit Valet de Chambre, Mr Gomé ne vouloit pas mettre cette derniere circonstance*, & n'avoit-il pas raison, autant parce qu'il ne s'agissoit pas de sçavoir ce qu'avoit été Ferrand, que parce que sa qualité n'étoit pas l'un des faits retenus par l'Arrêt de preuves.

Lanier dit, que *lorsque les Temoins repondoient que Ferrier Pere avoit eû la Cantine, mais qu'il la faisoit exercer par d'autres personnes, Monsieur Gomé repondoit que cette derniere circonstance n'étoit pas necessaire*, & avoit - il tort dès que l'exercice que Ferrier Pere faisoit faire de la Cantine par des Domestiques ou d'autres personnes, n'empêchoit pas qu'il ne fût Cantinier.

Lanier supose que *Monsieur Gomé faisoit rediger les depositions des Temoins sans liaison l'une avec l'autre, & que separées elles formoient souvent un sens contraire à l'esprit, & à l'intention des Temoins*: mais comment auroit-il été possible de rédiger les dépositions des Témoins oüis par Monsieur Gomé dans un sens continu, & toûjours lié dès que les Témoins déposoient sur quatre faits absolument distincts & séparés, & de tous les Témoins entendus par Mr Gomé, que Ferrier Fils a trouvé bon de produire dans son Enquête, n'y en ayant pas un seul qui ait dit que sa déposition ait été rédigée contre son esprit ou son intention! quelle idée peut-on avoir du Jugement que Lanier a porté sur ce point, si ce n'est que c'est un parfait ignorant, indigne & incapable de la Commission qu'il a rempli sous Mr Gomé.

Ce Témoin assûre que *quelquefois Mr Gomé pressoit ceux qu'il entendoit, par ses instances & ses apostrophes reiterées pour les faire convenir des faits concernans les qualités de Ferrier Pere & de sa Femme, leur demandant s'il n'avoit pas vû l'un avec l'Eguilette sur l'épaule, & l'autre sur le Theatre*; mais n'est-il pas permis à un Commissaire de former aux Témoins qu'on produit devant lui, les interrogations qu'il croit convenables au fait, & à l'éclaircissement de la vérité! combien n'y a-t'il pas de Témoins qui s'expliquent mal; qui répondent à une chose qu'on ne leur demande pas, qui ont peine à se faire entendre; & puisqu'il étoit question de sçavoir si Ferrier Pere avoit été Valet de Chambre! qu'y a-t'il de répréhensible en Mr Gomé d'avoir demandé aux Témoins s'ils n'avoient point vû Ferrier Pere avec des Eguillettes: souvent un Paysan ne sçait pas ce que c'est qu'un Valet de Chambre, & pour le lui faire comprendre, n'est-il pas de la prudence d'un Commissaire de l'interroger si le Témoin lui a vû, ou s'il ne lui a pas vû une Eguillette sur l'épaule.

Rien ne marque tant la droiture de Mr Gomé, que ce que Lanier raconte au sujet de la déposition d'Elizabeth Giboutet, Femme de Jacques Bellot; car il affirme que *cette vielle Femme ayant insisté à ce que toutes les circonstances de sa deposition fûssent redigées par écrit, sans vouloir se relâcher d'aucune, Mr Gomé se fachât, & dit à lui qui depose, d'écrire ce que cette vielle diroit*! Mais, qui ne comprend que Mr Gomé n'eût pas tenu un semblable discours, s'il avoit eu formé le dessein de faire dire à Elizabeth Giboutet ce qu'elle ne vouloit pas! Et ne voit-on pas que dès qu'il dit au Commis Lanier d'écrire tout ce que cette vielle folle voudroit dire, c'est qu'elle le désoloit par son babil, par ses contrariétés, & les circonstances inutiles qu'elle raportoit.

Elizabeth Giboutet a déposé dans l'Enquête du Comte de Renach, & dans la contr'Enquête de Ferrier Pere; elle a donc déposé pour & contre! Et y a t'il au monde un Commissaire qui n'entre en défiance, lorsqu'il voit le même Témoin se présenter dans l'Enquête contraire à celle où il a été entendu une prémiere fois: cette femme avoit été apostée par Ferrier

rier Fils, & la preuve en résulte de l'ajoûtance qu'elle a fait faire dans la contr'Enquête de Ferrier Pere; car elle ne rentra dans la Chambre où Mr Gomé travailloit, que pour faire insérer dans sa déposition *qu'elle n'avoit point vû la Femme de Ferrier sur le Théatre*, & cela étoit déja expressement rédigé dans la prémiere déposition qu'elle avoit porté pour le Comte de Renach! Qu'on juge dès-là si Elizabeth Giboutet n'est pas un Témoin suborné, & le Commis Lanier un Fripon pour avoir voulu jetter du soupçon sur la conduite de Mr Gomé, par raport à la déposition de cette femme, qui dans l'Enquête du Comte de Renach, ayant déposé tout ce qu'il y avoit de plus avantageux pour les Ferrier, n'a certainement déposé dans l'Enquête de Ferrier Fils, que parce qu'elle étoit entrée dans le Complot formé contre Mr Gomé.

Lanier continuë, *qu'il lui a paru visiblement que par la maniere dont Mr Gomé parloit aux Temoins entendus devant lui, & dont il dictoit les dépositions; il étoit entierement porté pour le Comte de Renach, parce qu'il ômettoit les circonstances qui tendoient à detruire les faits retenus à la charge du Sieur de Renach, & qu'il inseroit les reponses des Temoins par des phrases & des sens entrecoupés, qui tendoient à établir ces faits, suivant que les Temoins lui en donnoient plus ou moins d'occasions*; voilà une grande impertinence, & une fausseté manifeste, soit parce qu'il faloit autant de phrases différéntes, & de sens entrecoupés, qu'il y avoit de faits différens retenus à la charge du Comte de Renach, soit parce que de tous les Témoins oüis devant Mr Gomé, il n'y en a point qui ait osé dire que Mr Gomé ait rédigé sa déposition contre son esprit, son sens, & son intention.

Des 62. Témoins qu'il a entendu, tant dans l'Enquête du Comte de Renach, que dans la contr'Enquête de Ferrier Pere, 22. assûrent qu'ils ne se sont pas aperçûs qu'il ait changé aucune circonstance à leurs dépositions; il y en a cinq autres (ce sont les 25. 30. 35. 40. & 44.) qui disent *qu'ils ne sçavent pas ou qu'ils doutent si Mr Gomé a rédigé leurs premieres dépositions conformément aux circonstances qu'ils ont raporté dans l'Enquête de Ferrier Fils*; & s'ils avoient vû leurs premieres dépositions, ils en auroient remarqué leur conformité avec les secondes; c'est à eux une espéce de dol de n'en avoir pas requis la lecture.

Si quelques autres disent que Mr Gomé paroissoit porté pour le Comte de Renach, c'est sur des soupçons mal fondés qui leur ont été inspirés depuis leurs premieres dépositions; *il n'y en a en un mot aucun qui assûre que Mr Gomé ait rien rédigé contre sa volonté*, & il n'y en a aucun qui ait pû le dire, parce que tous ont signé leurs dépositions, & qu'ils y ont persisté après que lecture leur en a été faite; ensorte que c'est une bêtise à Lanier d'avoir pensé trois ans après les Enquêtes faites devant Mr Gomé, que ce Commissaire avoit détourné le véritable sens des dépositions des Témoins oüis devant lui! Comment auroit-il pû s'en apercevoir, dès-que les Témoins ne s'en sont pas aperçûs eux-mêmes.

Lanier dit enfin que *Mr Gomé prit la Minute de l'Enquête du Comte de Renach, sur le pretexte qu'il la signeroit chès lui, & qu'étant allé chès le Sr Noblat où Mr Gomé étoit logé pour la retirer, il vit Mr Gomé qui tenoit en main cette Minute, qui en faisoit la lecture, ou bien qui la recitoit à quelques personnes qui étoient presentes; que cela l'obligea de se retirer, & que Monsieur Gomé a remis depuis cette minute au Greffe de Colmar*; tout cela est faux, & à le suposer vrai, il ne conclud rien contre Monsieur Gomé; car quand il auroit gardé la minute de l'Enquête du Comte de Renach; qu'il auroit lû quelques dépositions à des curieux, ou qu'il leur en auroit récité la teneur; cela n'emporteroit pas la preuve des faussetés & des prévarications par raport ausquelles Ferrier Fils la calomnié.

François-Joseph Grau 71. Témoin de l'Enquête de Ferrier Fils, ne parle que d'oüis dire sans désignation des personnes, du tems, ni du lieu, & les oüis dire, ne tombant que sur les plaintes de quelques Témoins entendus par Mr Gomé; il n'y a point d'égard à prendre à cette déposition.

Celle de Laurent-Joseph Stadel 72. Témoin, paroît favoriser Mr Gomé en ce que ce Témoin dépose, que *Mr Gomé l'a assûré plusieurs fois, qu'en son ame & conscience il n'avoit agi & procedé dans les deux Enquêtes faites devant lui, qu'en bon & integre Juge, sans avoir voulu favoriser ni prejudicier à aucune des Parties; qu'il lui a oüi dire qu'il avoit montré & fait lire aux Temoins le veritable Arrêt interlocutoire, & que lorsque dans la contr'Enquête de Ferrier Pere un Temoin étoit rentré, il avoit toûjours répondu à Ferrier Fils & au Procureur Queffemme, que le Temoin n'avoit point dit la circonstance qu'il souhaitoit, qu'on ajoûtât, & que le Temoin avoit toûjours avoüé de l'avoir oublié.*

Jean-Jacques Rieden 73. Témoin dépose, *qu'avant que Ferrier Fils eût aucune difficulté avec le Comte de Renach, Mr Gomé l'invita un jour à manger seul avec lui, & que la conversation étant tombée sur le bruit qui couroit que Ferrier Fils venoit d'acquerir un Office de Conseiller à Colmar; Mr Gomé lui parla des mêmes faits, à la preuve desquels le Comte de Renach a été depuis admis; qu'il ajoûta que Ferrier ne seroit jamais reçû Conseiller, & qu'il marqua contre lui de la jalousie & de la passion.*

Ce Témoin est suspect, parce qu'en tête de sa déposition, il a avoüé d'avoir été le conseil des Ferrier, & quoiqu'il ait déclaré qu'il avoit cessé de l'être depuis leur prise à partie; la vérité est pourtant, qu'avant comme depuis cette prise à partie, il a continué ses conseils, il raporte un discours tenu à table dans un tête à tête, duquel Mr Gomé ne convient pas, & qui en tout cas auroit eu son principe dans la Lettre anonyme écrite à Mr le Premier President de Corberon, depuis que Ferrier Fils eu acheté une Charge de Conseiller; cette Lettre étoit publique à Colmar, ensorte que quand Mr Gomé auroit marqué de l'indignation contre l'impudence de Ferrier Fils à vouloir entrer dans le Conseil Superieur de Colmar, tandis que la Lettre anonyme portoit que son Pere avoit été Laquais, & sa Mere Comedienne! Mr Gomé n'auroit-il pas eu raison, c'étoit l'honneur de son Corps qu'il regardoit, & n'ayant jamais connu les Ferrier, il ne pouvoit avoir contre-eux aucune jalousie ou passion.

Jean-Baptiste Chauffourg, 74. Témoin de l'Enquête de Ferrier Fils dépose, *qu'avant la Requête en Reparation presentée par le Comte de Renach contre Ferrier Fils, étant un soir devant la porte de la Maison du Sr Lefebvre Greffier en Chef du Conseil de Colmar avec plusieurs personnes, du nombre desquelles étoit Mr Gomé, il fut dit que Ferrier Fils venoit d'acquerir un Office de Conseiller, & qu'il seroit bien-tôt reçû; que Mr Gomé repondit à cela qu'il ne le seroit pas, que sur ce qu'on lui en demanda la raison, il repartit comment on vouloit que le Conseil reçût le Fils d'un Valet de Chambre & d'une Charlatanne; qu'il a oüi dire à des personnes dignes de foy, que Mr Gomé avoit fait lecture chès le Lieutenant de Roy d'Huningue de l'Enquête du Comte de Renach, & qu'on le pria d'en cesser la lecture.*

Ce témoin est suspect, parce qu'il est le Beau-frere du Procureur Queffemme Partie dans le Procès, decrété & condamné : il impute à Mr Gomé un discours qui n'a aucune rélation avec les faussetés & prévarications dont on l'a accusé, qui avoit son fondement dans le bruit publique, & dans la lettre anonyme dont on a parlé, il a déposé faux en ce qui regarde la lecture de l'Enquête du Comte de Renach faite chès le Lieutenant de Roi d'Huningue, puisque si on en croit le 7. Témoin de Ferrier Fils, Mr Gomé fit seulement récit par mémoire de quelques unes des dépositions de cette Enquête! Chose bien differente de l'avoir lû, & néanmoins aussi fausse que la lecture, parce que Mr Gomé n'a point été à Huningue dans l'intervale de l'Enquête du Comte de Renach, & de celle Ferrier Pere.

Voilà l'analise des 34. Témoins non-entendus par Mr Gomé composans avec les 40. autres qu'on a réfuté, l'Enquête sur les prétendus faits justificatifs de Ferrier Fils : leurs dépositions se réduisent ou à quelques oüis dire qui ne prouvent rien, ou à quelques paroles qu'on supose avoir été proferées par Mr Gomé, & qui ne tirent point à conséquence : on a recherché ce qu'il a dit jusque dans un tête à tête, & on n'a pas pris garde à deux choses qui excluent toutes ces dépositions.

L'une est que les discours que Mr Gomé peut avoir tenu ou à table, ou en conversation, ou dans la ruë sur le compte des Ferrier, n'avoient leur fondement, ou que dans le bruit qui s'étoit répandu publiquement à Colmar par raport à la lettre anonyme écrite à Mr le Premier Président de Corberon, dès-que Ferrier Fils eût acquis un Office de Conseiller à Colmar, ou que dans les discours tenus par le Comte de Renach immédiatement après la réception de la lettre anonyme : or Mr Gomé a pû parler de ces faits comme tous autres, & quand il auroit dit cent fois plus qu'on ne le supose que jamais Ferrier ne seroit reçû Conseiller à Colmar, il n'auroit point failli, parce qu'il n'auroit tenu ce discours que dans la supposition que Ferrier fût Fils d'un Valet de Chambre & d'une Comédienne, suivant qu'on le disoit communément, & que la lettre anonyme le portoit.

La deuxiéme qu'il ne s'agit pas de sçavoir quels sont ou quels ont été les sentimens de Mr Gomé sur le compte des Ferrier, s'il les a méprisé ou estimé, haï ou aimé, il s'agit des prévarications, des faussetés, & des concussions qu'on lui a imputé; or qu'il ait raillé des Ferrier, qu'il ait fait voir l'Enquête du Comte de Renach, qu'il en ait lû des dépositions à des personnes étrangeres, ou qu'il leur ait fait récit de la teneur! qu'est-ce que cela conclut pour ces prévarications, ces faussetés, & ces concussions, on le demande à tous autres qu'à Ferrier! Est-ce qu'un homme est nécessairement un Faussaire, un Prévaricateur, un Concussionnaire sur ce qu'il se sera mocqué de voir que le Fils d'un Valet de Chambre & d'une Comédienne aura porté l'audace jusqu'au point que de penser à entrer dans une Cour Supérieure; mais si cette conséquence est absurde, la calomnie de Ferrier, n'est-elle pas évidente.

A ces deux réfléxions generales, on en ajoûte une autre encore plus décisive, c'est que Ferrier Fils a pris l'Ordonnance de Mr Gomé pour proceder pendant le mois de Février 1721. à la contr'Enquête de son Pere, & que de 14. Témoins oüis dans cette contr'Enquête, les 5. 8. 10. & 13. l'avoient été dans l'Enquête du Comte de Renach faite au commencement du mois d'Octobre précédent; c'est-à-dire, que cinq mois s'étoient écoulés dès l'une de ces Enquêtes à l'autre, & il n'est pas douteux que pendant un si long intervale de tems, Ferrier Fils n'ait découvert le secret de l'Enquête du Comte de Renach, & qu'il n'ait sçû ce que les Témoins y avoient déposé : le Commis Lanier qui demeura huit jours chès lui après cette Enquête, ne manqua pas de lui en dire la teneur.

Il en assigne quatre pour la contr'Enquête de son Pere, & de ces quatre Témoins, il y en a un (c'est le 5. nommée Elizabeth Giboutet) qui a fait des ajoûtances, & qui pour les faire, sortit & rentra dans la Chambre où elle avoit été entenduë : un autre (c'est le 8.) qui chercha querelle à Mr Gomé de ce qu'il avoit inseré dans la déposition par lui portée pour Ferrier Pere, *qu'au surplus il se referoit à la premiere déposition par lui portée en huitiéme ordre dans l'Enquête du Comte de Renach* : deux autres, (ce sont les 11. & 12. nommés Tisserand) qui après avoir signé leurs dépositions & être sortis, rentrerent avec Ferrier pour faire des ajoûtances inutiles : un autre (c'est le 13.) qui après avoir juré par la Réligion du serment qu'il devoit à Dieu, à la Justice & à la Sainte Eucharistie qu'il venoit de recevoir chès les Capucins qu'il ne vouloit rien changer, ajoûter, ni diminuer à la premiere déposition par lui portée dans l'Enquête du Comte de Renach, signe sa seconde déposition, sort ensuite, & se plaint hautement de Mr Gomé.

Où est l'homme de bon sens qui à vûë de ces artifices, ne convienne que ceux de ces Témoins qui ont fait des ajoûtances, les avoient comploté avec Ferrier, ce sont ces Témoins qui seuls se sont plaints de la conduite de Mr Gomé! Et l'auroient-ils faits, s'ils n'avoient pas été subornés; ils ont eu soin de répandre leurs plaintes dans le Public; les Adherans de Ferrier

Fils les y ont aidé; & de-là eſt venu le bruit que Mr Gomé s'étoit oublié dans l'Enquête de Mr de Renach & la contr'Enquête de Ferrier Pere.

Mais le peut-on préſumer d'un ancien Officier, tel que lui! Le peut-on juger ou ſur des ſoupçons que des Témoins feignent d'avoir eu trois ans après qu'ils ont paru devant lui, ou ſur des plaintes concertées par des Témoins ſubornés, ou ſur un bruit public qui n'eſt qu'une voix vaine & contrefaite, qui eſt un Témoin infidele & corrompu, un inſtigateur vague & changeant, une illuſion, un phantôme, & un ouvrage des Ferrier & de leurs Adherans, *nihil de rumore ſtatuendum eſt.*

Lorſque Ferrier Fils nomma ſes Témoins en conſéquence de l'Arrêt de Colmar du 22. Septembre 1723. qui l'avoit admis à la preuve de ſes prétendus faits juſtificatifs, il y en a onze entendus dans l'Enquête du Comte de Renach, qu'il n'oſa pas nommer : ce ſont David Pierron, le Sieur de Morvillars, Touſſaint Regnard, Pierre Steuret, Marie Courtot, Pierre Lorain, François Hibelman, Conrard Loüis, Nicolas Petitot, François Donat & Jean-Pierre Donat 17. 20. 32. 37. 38. 39. 40. 43. 44. 45. 48. & 52. Témoins de l'Enquête du Comte de Renach! Pourquoi cela, c'eſt que Ferrier Fils ſçavoit bien que ces Témoins étoient gens d'honneur, qu'ils avoient refuſé de ſe prêter à ſes mauvaiſes pratiques, & qu'il n'avoit pû les ſuborner.

Des 62. Témoins entendus par Mr Gomé, ou dans l'Enquête du Comte de Renach, ou dans la contr'Enquête de Ferrier Pere, il y en a 11. que Ferrier Fils avoit nommé pour Témoins ſur ſes prétendus faits juſtificatifs, & qu'il n'a pas oſé faire entendre dans ſon Enquête; ce ſont Marie-Barbe Girard, Marie Keller, Pierre Chardoillet, Jeanne-Françoiſe Willin, Marguerite Huguenot, Barbe Hauſet, François Simette, Antoine Girardin, Nicolas Chopet, Jean Cuënot 10. 11. 19. 27. 33. 34. 36. 42. 44. & 46. Témoins de l'Enquête du Comte de Renach, & George Laurillard 2. Témoin de la contr'Enquête de Ferrier Pere! Pourquoi ce choix parmi les Témoins entendus devant Mr Gomé, & cette prédilection les uns ſur les autres! Pourquoi ne les pas tous faire entendre! D'où vient en nommer 11. ſans oſer les produire, ſi ce n'eſt parce que Ferrier n'a pû les gagner; il avoit ſuborné les autres, & ceux-ci s'étoient garantis de la corruption.

Des 14. Témoins qui compoſent la contr'Enquête de Ferrier Pere, il n'y en a point à l'exception de George Laurillard 2. Témoin, que Ferrier Fils n'ait nommé pour Témoins ſur ſes prétendus faits juſtificatifs! D'où vient cela, c'eſt que tous ces Témoins avoient été apoſtés par Ferrier, pour tendre un piége à Mr Gomé, & l'inſulter dans ſes fonctions.

Des 62. Témoins entendus par Mr Gomé dans l'Enquête du Comte de Renach, où la contr'Enquête de Ferrier Pere; il y en a 22. dont les dépoſitions ſubſiſtent dans leur entier; ce ſont les 11. que Ferrier n'a pas oſé nommer pour Témoins ſur ſes prétendus faits juſtificatifs, & les 11. qu'il avoit nommé, & qu'il n'a pas oſé faire entendre : des 40. Témoins reſtans, il y en a 19. qui dépoſent en termes formels que Mr Gomé a agi en Commiſſaire impartial, & qu'il n'a ſuprimé ou altéré aucune circonſtance de leurs dépoſitions; & il y en a trois autres, qui après avoir fait un raiſonnement ſur ce qu'ils ont dépoſé devant Mr Gomé, avoüent enfin que Mr Gomé n'a rien changé à leurs dépoſitions.

C'eſt-à-dire, que des 62. Témoins entendus par Mr Gomé, il y en a 44. dont les dépoſitions reſtent dans leur force, qu'il n'eſt pas poſſible de ſoupçonner, & qui toutes ont été rédigées fidélement : or tant qu'on ne perdra pas de vûë cette circonſtance, on ſera convaincu de l'impoſture de Ferrier; car ſi Mr Gomé avoit eu la penſée de trahir ſon devoir, il y auroit manqué à l'égard de tant de Témoins, & il n'y a pas plus manqué à l'égard des uns, que des autres, parce que des 18. Témoins reſtans oüis devant lui; il n'y en a point qui ait oſé dire qu'il leur avoit lû un autre Arrêt que celui qui interloquoit les Parties : tous au-contraire ont avoüé, ou qu'il leur avoit fait faire lecture du véritable Arrêt, ou qu'il les

les avoit interrogé sur tous les faits qu'il admettoit en preuve; nul n'a dit qu'il eût changé aucune des circonstances de sa déposition; & par conséquent les prévarications imputées par Ferrier à Mr Gomé, ne sont que dans l'idée de cet imposteur.

Ce ne sont pas seulement des prévarications qu'il reproche à Mr Gomé, ce sont encore des concussions & des faussetés, Mr Gomé (dit-il) *s'est taxé un jour de plus qu'il ne devoit*; mais quelle concussion Mr Gomé peut-il avoir commis! lui qui dans cinq jours a entendu 52. Témoins, & qui n'en a mis que quatre pour venir de Colmar à Belfort, & retourner de Belfort à Colmar, quoique ces deux Villes ayent été distantes l'une de l'autre de quinze lieuës, & qu'il ait travaillé dans les jours les plus cours de l'année, il ne convient qu'à un homme de la trempe de Ferrier, d'accuser de concussion un Commissaire de Cour Supérieure pour s'être taxé un jour de plus qu'il ne devoit, & de l'en accuser contre vérité, ou sans intérêt, puisque l'Enquête s'étant faite aux frais du Comte de Renach, lui seul auroit pû se plaindre d'un excès aussi mal imaginé, si éloigné de la concussion, & inventé par une calomnie sans exemple

Les faussetés que Ferrier impute à Mr Gomé, ne sont pas moins dignes de dérision; cependant il y apuye beaucoup dans un Mémoire qu'il vient de rendre public; il y déguise les faits; il en invente qui n'ont jamais existé que dans son imagination frapée: on va le suivre dans ses raisonnemens, & on se flâte de le convaincre d'imposture sur cet article, comme sur tous autres.

A l'entendre Mr Gomé est tombé dans des irrégularités en procédant à l'Enquête du Comte de Renach pendant le mois d'Octobre 1720. & ces irrégularités étoient capables de faire rejetter l'Enquête, s'il n'avoit pas fait un faux Procès verbal pour les couvrir: Ferrier allégue que Mr Gomé avoit lâché son Ordonnance le 28. Septembre 1720. pour assigner les Témoins que le Comte de Renach voudroit faire entendre à comparoître devant lui dans l'Hôtel de Ville de Belfort environ les 9. heures du matin du 3. Octobre suivant, & que la même Ordonnance portoit que lui & son Pere seroient assignés au Domicile de leur Procureur, pour voir produire & jurer les Témoins; que le Comte de Renach persuadé que la preuve des faits retenus à sa charge seroit facile; s'étoit contenté de faire assigner 16. Témoins qui comparurent le 3. Octobre en l'Hôtel de Ville de Belfort, où ils furent produits & entendus par Mr Gomé successivement le même jour; Ferrier conclut de-là que lui & son Pere ayans faits défaut à la production de ces Témoins, l'Ordonnance de Mr Gomé se trouvoit exécutée & consommée au point qu'il ne pouvoit plus entendre d'autres Témoins qu'en vertu de nouvelles Ordonnances, ou d'Assignations, & encore moins hors de la Ville de Belfort, parce que son Ordonnance portoit que tous les Témoins seroient assignés en l'Hôtel de la même Ville.

Ce raisonnement renferme une ignorance crasse, & une calomnie; l'ignorance résulte de deux choses, la prémiere est que Ferrier pense que l'Ordonnance lâchée par Mr Gomé le 28. Septembre 1720. pour l'audition des Témoins du Comte de Renach, étoit finie, consommée & exécutée au point qu'il faloit nécessairement que le Comte de Renach en prit une seconde, une troisiéme, & même une quatriéme pour entendre d'autres Témoins que ceux qu'il avoit produit le trois Octobre dans l'Hôtel de Ville de Belfort; la deuxiéme est que Ferrier croit que lui & son Pere ayant faits défaut à la prémiere production de Témoins du Comte de Renach, on a dû les assigner au domicile de leur Procureur toutes les fois que le Comte de Renach a fait une nouvelle production.

Mais où Ferrier a-t'il apris que lorsqu'un Commissaire lâche une Ordonnance pour procéder à une Enquête à 15. lieuës de la Ville, où les Procureurs des Parties sont domiciliés, cette Ordonnance se remplisse par la premiere production de Témoins, & qu'il soit necessaire de prendre autant d'Ordonnances qu'on fait de productions; cela est inoüi dans l'usage, il ne s'eſt jamais pratiqué à Colmar ; & il eſt contraire aux régles qui aprennent que la même Ordonnance lâchée par un Commiſſaire ſuffit pour proceder à l'audition de tous les Témoins, que l'une des Parties ſouhaite de faire entendre dans ſon Enquête; c'eſt ce que Mr Gomé a inſeré expreſſément dans ſon Ordonnance, *pour qu'en conſéquence le Comte de Renach faſſe aſſigner tous les Témoins qu'il deſirera faire entendre*; il n'y a point de nombre déſigné, reſtraint, ou fixé.

Où Ferrier a-t'il encore apris que lorſqu'une Partie fait défaut à une Enquête, & qu'elle ne comparoit pas à la premiere production de Témoins, ni par elle-même, ni par ſon Procureur, il ſoit néceſſaire de l'aſſigner à chaque production de Témoins; cela eſt non-ſeulement opoſé à l'uſage de tous les Tribunaux du Royaume, il eſt encore impoſſible dans l'exécution; car ſupoſant qu'une Enquête ſe faſſe à l'extrémité du Reſſort d'un Parlement, & que la Partie aux frais de laquelle on y procéde, vienne à découvrir de jour à autre quelques Témoins! Faudra-t'il que de jour à autre, & ſucceſſivement elle envoye un Huiſſier aſſigner ſa Partie adverſe au domicile de ſon Procureur, diſtant peut-être de 20. ou 30. lieuës de l'endroit où l'Enquête ſe fait pour voir produire & jurer les Témoins qu'elle peut découvrir! Comment concilier ces allées & venuës d'Huiſſiers, & tant d'Aſſignations, avec l'obligation à laquelle l'Ordonnance aſſujettit de commencer une Enquête dans la huitaine de la ſignification d'un Arrêt & de la finir dans la quinzaine.

On defie Ferrier de prouver ou par Réglemens & Ordonnances, ou par Actes de Notorieté d'aucun Tribunal Supérieur du Royaume, que les Commiſſaires lâchent en matiere d'Enquêtes autant d'Ordonnances qu'on fait de productions de Témoins devant eux, & encore moins que lorſque l'une des Parties a fait défaut à la premiere production des Témoins, on ſoit obligé de l'aſſigner pour les autres productions; Voici ce que penſe Imbert ſur ce point de pratique; *& ſi tous les Témoins ne comparent à l'heure aſſignée, s'ils viennent ledit jour,* (a) *vû que Partie adverſe n'a comparu à la premiere aſſignation, ils peuvent être produits & reçûs voir ès autres jours, pourvû qu'il n'y ait point de diſcontinuation d'Enquête; ſçavoir, eſt que par chacun jour l'on ait produit un ou deux Témoins; combien qu'aucuns diſent que la premiere Aſſignation paſſée, l'on n'en peut point recevoir ſans nouvelle Aſſignation, en quoi n'y a raiſon ſelon mon avis; car il s'enſuivroit que le Contumax par ſa Contumace pourroit rendre le droit de ſa Partie adverſe déterieur; car s'il eût comparu, la Partie lui eût fait bailler aſſignation à autre heure certaine à laquelle il eût penſé fournir de ſes Témoins, ce qu'elle ne peut faire par le moyen de ſon abſence.*

Dans de ſemblables matiéres la regle du Conſeil de Colmar, eſt qu'une Partie peut faire aſſigner tel nombre de Témoins qu'elle veut, & en différens jours, en vertu de la même Ordonnance du Commiſſaire, ſans être obligé d'en obtenir de nouvelles; les Témoins peuvent être produits, tandis que le Commiſſaire eſt ſur les lieux, & que l'Enquête n'eſt point diſcontinuée ou parachévée : nul beſoin de faire donner de nouvelles aſſignations à la Partie adverſe pour les voir jurer, ſoit qu'elle comparoiſſe, ou qu'elle faſſe défaut, & bien moins lorſqu'elle fait défaut, que lorſqu'elle comparoit.

Si toutes les Parties comparoiſſent, le Commiſſaire reçoit en leur préſence le ſerment des Témoins qui ſont produits au jour & à l'heure indiqués: ſi tous les Témoins ne comparoiſſent pas, ou qu'on en faſſe aſſigner d'autres en vertu de la même Ordonnance, le Commiſſaire leur fait prêter ſerment ſéparément, en préſence, comme en l'abſence des Parties, ou de leurs Procureurs; on s'en raporte ſur cela à ſa prudence & à ſa réligion, il reçoit les dépoſitions des Témoins, & marque dans ſon Procès verbal d'Enquête chaque jour: Ferrier eſt le prémier, qui depuis l'établiſſement du Conſeil de Colmar ſe ſoit aviſé de faire naître à ce regard une difficulté.

Pour la faire naître avec quelque aparence, il faudroit que lui, & ſon

(a, *Imbert en ſa Pratique*, L. 1. *Chap.* 40. *Nomb.* 1.

Pere eussent comparus à la production des Témoins, faite par le Comte de Renach, le 3. Octobre 1720. dans l'Hôtel de Ville de Belfort, mais ils n'y ont pas comparus; & dans l'idée où ils étoient pour lors de se pourvoir en cassation contre l'Arrêt du 11. Septembre 1720. qui avoit admis en preuve les faits posés par le Comte de Renach; ils ne pouvoient pas s'empêcher de faire défaut; car par l'acte signifié de leur part au Comte de Renach le 20. du même mois de Septembre ils s'étoient précautionnés contre l'exécution que le Comte de Renach pouvoit donner à son Arrêt, en lui déclarant que quoiqu'il fit, ils protestoient de ne point acquiescer à l'Arrêt, & de l'attaquer par les voyes de droit.

Cet acte fut à peine signifié, que Ferrier Fils se rendit à Paris pour y tenter la cassation de l'Arrêt du 11. Septembre 1720. c'est-là un fait duquel il convient dans la Requête qu'il a rendu publique à Besançon! où est donc sa pudeur de réclamer à present des formalités qu'il fuyoit pour lors, & que son absence auroit empêché d'observer si elles avoient été nécessaires; mais elles ne l'étoient pas; & quand on suposeroit contre l'usage ou les régles qu'il auroit dû être assigné malgré le défaut que lui & son Pere firent volontairement à la premiere production des Témoins du trois Octobre 1720. ou que le Comte de Renach auroit dû obtenir d'autres Ordonnances de Mr Gomé, que celle du 28. du mois de Septembre précédent; que suivroit-il de-là! Rien, si ce n'est que le Comte de Renach auroit fait une mauvaise Procédure; mais d'imputer à Mr Gomé cette improcédure qu'on supose, & que Ferrier a imaginé contre le bon sens; c'est le comble de l'aveuglement, parce que ce n'est point à un Commissaire d'instruire la Procédure de l'Enquête qui se fait devant lui; son devoir est de faire constater par son Procès verbal d'Enquête du nombre & du nom des Témoins, afin que la Partie contre laquelle ils ont été produits soit en état de les connoître & de les reprocher: il suffit que les Témoins qui paroissent devant lui, representent les assignations qui leur ont été données en vertu de son Ordonnance; tout le reste est à la charge de la Partie, & ne regarde point le Commissaire.

On a donc eû raison d'avancer que le raisonnement de Ferrier renfermoit une ignorance crasse; il contient d'ailleurs une calomnie atroce, parce qu'il supose que Mr Gomé avoit revélé au Comte de Renach le secret de son Enquête; que l'un & l'autre étoit également consterné de ce que la preuve n'étoit pas entiere; que Mr Gomé dit sur cela qu'il faloit aller chercher d'autres Témoins à Porrentruy & à Montbeliard; qu'on en fit venir en effet jusqu'à 36. & que Mr Gomé en entendit une partie hors de la Ville de Belfort, encore que son Ordonnance portât que tous les Témoins seroient assignés en l'Hôtel de la même Ville.

C'est ainsi que les calomniateurs arrangent leurs idées pour en imposer à la vérité & à leurs Juges; Ferrier a-t'il bien pris garde qu'il n'a imputé à Mr Gomé une improcédure, que pour avoir un prétexte de lui imputer, ensuite une fausseté pour couvrir sa prétenduë contravention au réglement; mais puisque cette improcédure n'est que dans la tête folle de Mr Ferrier! Où est l'homme équitable qui puisse croire que Mr Gomé ait commis une fausseté pour couvrir une contravention au Réglement où il n'étoit pas tombé.

Mr Gomé n'a point revélé le secret de l'Enquête du Comte de Renach, il ne lui a point suggeré d'envoyer chercher d'autres Témoins, c'est de quoi il prête serment, & s'il a entendu quelques Témoins hors de la Ville de Belfort, c'est parce qu'il étoit fête dans l'enceinte de la Ville; il l'a prouvé par un Certificat du Chapitre de Belfort; & l'usage du Conseil de Colmar n'étant pas de faire aucune instruction en matiere d'Enquête les jours de Fêtes; ce que Mr Gomé en a fait, n'a été que pour éviter les frais, & accélerer, le Procureur du Comte de Renach l'en avoit requis; & ayant fait assigner les Témoins à comparoître hors de la Ville, Mr Gomé ne pût pas s'empêcher de les y entendre: s'il ne l'avoit pas fait, & qu'il eût demeuré dans l'inaction un jour de Fête, Ferrier ne manqueroit pas de crier contre lui à la concussion, puisqu'il a eû le front de lui en imputer une pour avoir entendu 52. Témoins, & fait 30. lieuës de chemin dans neuf des plus courts jours de l'année.

Malgré la mauvaise interprétation que Ferrier donne aux actions les plus indifferentes : il est forcé de convenir que ses premieres observations n'aboutissent qu'à des moyens de nullité; mais il va plus loin, & il croit voir deux faussetés dans le Procès verbal d'Enquête de Mr Gomé; *ce Procès verbal*, dit-il, *est du 3. Octobre 1720. on y fait pourtant mention des assignations données aux Temoins oüis dans l'Enquête du Comte de Renach les 4. 5. 7. 8. & 9. du même mois d'Octobre; Mr Gomé les supose tous presens en l'Hôtel de Ville de Belfort, le même jour 3. Octobre indiqué pour les voir produire ou jurer à l'exception des malades, & de ceux oüis hors de la Ville : cependant il y en a eû 36. qui n'ont comparu devant lui que les jours subsequens au 3. Octobre.*

Mr Gomé, continuë Ferrier, *a suborné un miserable nommé Jean-Pierre Donat, repris de Justice pour vol, & alors mandiant : ce Temoin n'osoit pas se presenter en l'Hôtel de Ville de Belfort; Mr Gomé le sçavoit; & dans cette certitude il chercha un pretexte pour entendre ce Temoin dans un lieu où il pût être en sûreté; il se proposa pour cela d'attendre jusqu'au 9. Octobre, jour de St Denis, dont on fait la Fête dans la Ville de Belfort; & il transfera son Auditoire de l'Hôtel de Ville dans un Jardin près de la Ville; mais pour deguiser le veritable motif de ce transport, on fit assigner trois autres Temoins à comparoître dans le même Jardin : cependant les politesses dont on accabloit Mr Gomé à Belfort le deconcerterent; le Sr Noblat Proprietaire du Jardin y avoit fait preparer une fête à l'Honneur de Mr Gomé; & il y avoit invité les principaux de la Ville; cela fut cause qu'on fit dire à Jean-Pierre Donat de ne se trouver au Jardin que le lendemain; il s'y trouva en effet, & la Compagnie qui s'y étoit rencontrée le jour precedent, n'y ayant plus été le lendemain; Mr Gomé fut contraint de donner la veritable date du jour qu'il entendroit ce Temoin : & c'est de cette date*, ajoûte Ferrier, *que résulte la fausseté du Procès verbal de Mr Gomé, portant qu'il a été obligé d'aller entendre ce Temoin dans le Jardin du Sr Noblat à cause de la Fête qui s'observoit le 9. Octobre dans la Ville de Belfort, & que sa subornation est si certaine, qu'il a taxé 3. livres à ce Temoin pour ses journées.*

C'est ici où les expressions manquent à Mr Gomé pour se plaindre des réveries & des mensonges de Ferrier : il se voit accusé de la subornation de Jean-Pierre Donat, dernier Témoin de l'Enquête du Comte de Renach : mais lorsqu'on aura réfléchi que ce Témoin a déposé que *Ferrier Pere avoit été Valet de Chambre du Sr de St Just; qu'il avoit été Cantinier au Château & dans la Ville de Belfort; que sa Femme avoit monté sur le Theatre pendant son mariage avec l'Operateur Dubillot, & qu'il l'y avoit vû plus de dix fois*! Y a-t'il un homme de bon sens qui ne reste persuadé que Ferrier n'a imaginé une subornation dans ce Témoin, que parce que sa déposition l'accabloit.

Ce n'est que depuis que le Procès a été retenu au Parlement de Besançon, que Ferrier a inventé le fait de la subornation! & si ce fait avoit été aparent ! lui auroit-il échapé depuis plus de dix ans qu'il calomnie Mr Gomé : il veut qu'on le présume sans d'autre raison, que parce que Mr Gomé a taxé 3. livres à Jean Pierre Donat! & n'est-il pas aussi ridicule qu'inoüi d'imputer une subornation de Témoin à un Commissaire de Cour Supérieure, sur le seul prétexte d'une Taxe de journées qui dépend de lui, & qu'il doit faire par raport à la qualité du Témoin, à son âge, & à la distance des Lieux! Que Ferrier avoüe donc qu'il n'a réüni cette calomnie à tant d'autres, que parce qu'il est ordinaire aux méchans de couvrir un crime par un autre, *scelere*, disent-ils, *velandum est scelus*.

Jeanne-Pierre Donat demeuroit au Village d'Essert éloigné de deux lieuës de Belfort; il étoit maître Tuillier, & âgé de 83. ans, hors d'état par son grand âge, & par les infirmités qui en sont inséparables, de venir à pied à Belfort, & encore plus de s'en retourner dans le même jour : Mr Gomé lui taxe trois livres, parce que ce Témoin est obligé de quitter sa profession,

fession, de cesser son ouvrage, & de se fatiguer en faisant quatre lieuës dans un âge très-avancé; & par cette taxe Mr Gomé passe dans l'esprit de Ferrier pour le subornateur de ce Témoin! N'est-ce pas-là une preuve que les choses les plus absurdes, où les conjectures les plus foibles deviennent souvent des certitudes pour des hommes prévenus.

Mr Gomé offre, & prête serment que de sa vie, il n'a vû Jean-Pierre Donat, que le jour qu'il déposa devant lui; qu'il n'a assisté à aucune Fête dans le jardin du Sr Noblat; qu'on n'y en a point fait à son occasion; que même il n'a point bû ou mangé avec le Sr Noblat Subdélegué de l'Intendance d'Alsace, & Propriétaire de ce jardin, pendant tout le tems de sa commission; qu'il ne lui a point parlé qu'après l'audition de ce Témoin, & le 10. Octobre 1720. qu'il partit de Belfort, & fut coucher à Roppe chès le Seigneur du lieu, où le Sieur Noblat l'accompagna: tout ce que Ferrier a inventé au-contraire, n'est que suposition & mensonge.

Il est vrai au reste que Jean-Pierre Donat avoit été assigné pour le 9. Octobre 1720. à comparoître dans le jardin du Sr Noblat, & qu'il y fut seulement entendu le 10! Mais est-ce la faute de Mr Gomé, si ce Témoin n'a pas comparu le jour de l'assignation qui lui avoit été donnée; son grand âge, & son travail l'en avoient aparemment empêché! Est-ce à Mr Gomé de rendre raison de la chose! Et ne lui suffit-il pas qu'il ait entendu ce Témoin lorsque le Comte de Renach le lui a présenté; que dans son Enquête il ait mis le jour qu'il l'a entendu, & que dans son Procès verbal, il ait raporté la datte de l'exploit d'assignation donné à ce Témoin, le jour & le lieu de son audition, pour convaincre ses Juges qu'il s'est conformé aux regles.

Voilà donc Ferrier réduit à la fausseté qu'il fait résulter de ce qu'il supose que Mr Gomé a déclaré dans le Procès verbal de production de Témoins du Comte de Renach, que tous les Témoins avoient comparus devant lui en l'Hôtel de Ville de Belfort le 3. Octobre 1720. à l'exception des malades, & de ceux entendus hors de la Ville: c'est-là une ressource pitoyable; car si Ferrier étoit capable de quelque sentiment, de vérité, ou d'honneur, il avoüeroit deux choses qui sont communement en usage dans le Conseil de Colmar; la premiere que ce sont les Procureurs & les Greffiers qui dressent les Procès verbaux d'Enquêtes en l'absence des Commissaires, ausquels on se contente de les présenter pour les signer, & la deuxiéme que le plus souvent ces Procès verbaux ne se dressent qu'après que l'Enquête est achevée: celui de l'Enquête du Comte de Renach en est une preuve bien évidente, puisque les exploits d'assignations donnés aux Témoins les 3. 4. 5. 7. 8. & 9. Octobre, y sont raportés.

Qu'on lise attentivement ce Procès verbal, on trouvera que loin que Mr Gomé ait suposé tous les Témoins du Comte de Renach, presens le 3. Octobre 1720. dans l'Hôtel de Ville de Belfort, il a au contraire suposé qu'ils n'y étoient pas, car son Procès verbal renferme trois tems que Ferrier confond par malice, & qu'il faut distinguer; le premier tems est la prestation de serment des premiers Témoins assignés pour le 3. Octobre, & qui furent en effet produits ce jour-là; *& ledit jour 3. Octobre pardevant Nous Conseiller du Roy, Commissaire susd. étant sur l'Hôtel de Ville de Belfort environ les neuf heures du matin, est comparu Maître Jean Larcher le jeune au nom & en l'absence de Maître Larcher l'aîné, lequel Nous a dit qu'en vertu de Nôtredite Ordonnance, il auroit fait assigner à ces jour & heure presentes, Joseph Bellot, Jean-Pierre-Antoine Martin dit la Taille, le Sieur Jean-Claude Cuënin, Maître Antide Movillesea ux, Maître François-Joseph Obrie, Jean-Pierre Chardoillet, Jean-Claude Bellot, Elizabeth Giboutet, Jeanne Lefebvre, Marie-Barbe Girard, Marie Keller, Sabine Echman, Pierre-François Antonin, Alexandre Le-Gros, Marie-Ursule Movillesea ux & Jeanne Vallié.*

Après la dénomination de ces Témoins, on lit les termes suivans qui marquent la continuation du Procès-verbal, & son second tems: *& de* *ſuite David Pierron, Claude Prevoſt, Pierre Chardoillet, le Sieur de la Baſſiniere Seigneur de Morvillars, Jacques Guillemin, Jean Dufaux, Claude Barrey, Jean-François Lindem, Pierre Vingard, Pauline Pierron, Jeanne Françoiſe Vuillin, Antoine Degey, Marie-Anne Donzé, Loüis Boyer, Jean Roy, Touſſaint Renard, Marguerite Hugenot, Barbe Hauſet, Marie Beautemps, François Simette, Pierre Steuret, Marie Courtot, & Pierre le Lorrain.*

C'eſt le Procureur du Comte de Renach qui juſques là a parlé, & voici dans quels termes il continuë ſes remontrances, qui ſupoſent néceſſairement que ce n'eſt plus le 3. Octobre qu'il parle, ce qui emporte le troiſiéme tems du Procès verbal, *& auroit fait réaſſigner les nommés François Hibleman, Jean-Guillaume Chauvey, Antoine Girardin, Conrard Loüis, Nicolas Chopey, & Nicolas Petitot, en conſéquence des aſſignations qui leur avoient été données par le Vaible de Porrentruy le 5. dudit mois d'Octobre*: qu'il auroit pareillement fait aſſigner *Jean Cuënot, Jeanne-Marie Menigau & François Donat*: & finalement qu'il auroit fait aſſigner *Benoît Monnier, Jean-François Donzé, Claudine Catin & Jean-Pierre Donat, ces quatre derniers de comparoir à la Maiſon ſituée dans le Jardin du Sr Noblat Subdélégué de Mr l'Intendant hors la Ville dud. Belfort proche les Cupucins le 9. dud. mois d'Octobre à cauſe d'une pretenduë Feſte qu'on diſoit être led. jour dans l'Enclos de ladite Ville, tous pour dépoſer vérité à lad. Enquête, & auroit pareillement fait aſſigner leſdits Srs Ferrier Pere & Fils aux domiciles de leur Procureurs pour les voir produire & jurer, le tout par Exploits de l'Huiſſier Muntz du 28. dudit mois de Septembre* & deſdits 3. 4. 5. 7. 8. & 9. auſſi dudit mois d'Octobre, *& attendu la preſence deſdits Témoins, que le tems des aſſignations eſt échû ce jourd'hui à neuf heures du matin, & qu'il eſt même dix heures ſonnées, il nous a requis deffaut à l'encontre deſdits Sieurs Ferrier Pere & Fils non-comparans, ni perſonne pour eux, & pour le profit qu'il nous plût recevoir le ſerment deſdits Témoins, & enſuite procéder à leur audition à la maniere accoûtumée, dont il a requis Acte, & a ſigné,* Signé, *LARCHER le Jeune.*

En liſant les remontrances de ce Procureur, n'eſt-il pas évident que quoiqu'il ait commencé le 3. Octobre 1720. le Procès verbal qui les contient, il eſt néanmoins vrai que ce Procès verbal n'a pas été dreſſé le même jour ! Comment cela ſe pourroit-il, dès qu'on y rapelle des aſſignations données les 4. 5. 7. 8. & 9. du même mois, mais que ſuit-il de-là, ſi ce n'eſt que ce Procès verbal commencé le 3. Octobre, n'a été fini en ce qui regarde les remontrances du Procureur Larcher que le 9. du même mois, & en ce qui regarde Mr Gomé que le lendemain jour de l'audition du dernier Témoin & de la clôture de l'Enquête: voici ce que Mr Gomé a déclaré ſur les remontrances du Procureur Larcher.

Sur quoi nous Conſeiller du Roy Commiſſaire ſuſdit avons donné Acte audit Maître Larcher le jeune audit nom de ſa comparution, dire, & réquiſition & deffaut contre leſdits Sieurs Ferrier non-comparans ni Procureur pour eux, quoique dûëment aſſignés, & pour le profit attendu la preſence deſdits Témoins, que l'heure des aſſignations eſt échûë à neuf heures, & qu'il en eſt actuellement dix ſonnées; ordonnons qu'il ſera par nous preſentement procedé à leur audition, le ſerment préalablement par eux prêté, & à l'inſtant les ayant fait entrer, avons pris & reçû d'eux ſucceſſivement (à l'abſence deſdits Sieurs Ferrier ni perſonne pour eux) le ſerment requis & accoûtumé en pareil cas de bien & fidélement dépoſer en ladite Enquête, & fait rédiger leurs dépoſitions par écrit, par Maître Joſeph Laſnier Commis Greffier au Conſeil dans un cahier ſéparé de nôtre preſent Procès verbal à la réſerve néanmoins de Pierre le Lorrain, Jean Cuënot, Jeanne-Françoiſe Vuillin, Pierre Steuret & Marie Courtot, leſquels n'ayant pas pû ſe rendre ſur la Maiſon de Ville à cauſe de leurs indiſpoſitions, nous nous ſommes tranſportés en leur domicile où leur ayant fait prêter ſerment, de même qu'aux autres Témoins, avons procedé à leur audition & fait rédiger leurs dépoſitions dans le même cahier & des nommés Benoît Monnier, Jean-François

Donzé, Claudine Catin & de Jean-Pierre Donat que nous avons entendu en la Maison du Jardin dudit Sieur Noblat où nous avons été requis de nous transporter à cause de la Fête qu'on disoit être dans l'enclos de Belfort à la maniere accoûtumée, tous lesquels susdits Témoins ont été entendus les 3. 4. 5. 7. 8. 9. & 10. dudit mois d'Octobre. Fait les jours & an que dessus. Signé, *GOMÉ & LASNIER.*

Tout ce que Mr Gomé déclare dans ce Procès verbal est relatif, à ce que le Procureur du Comte de Renach y avoit lui-même inseré: Or dès que ce Procureur avoit supoſé dans ses remontrances qu'il y avoit des assignations données aux Témoins les 4. 5. 7. 8. & 9. Octobre 1720. il ne se peut plus que Mr Gomé ait supoſé que tous les Témoins du Comte de Renach avoient parus devant lui le 3. Octobre 1720. dans l'Hôtel de Ville de Belfort; il l'a si peu supoſé qu'il a déclaré qu'il avoit reçû le serment des Témoins *successivement*, c'est-à-dire, suivant que les Témoins avoient été produits, & par conséquent dans l'ordre des assignations, & à mesure qu'elles avoient été données.

C'est sur quoi Mr Gomé ne laisse aucun doute par ces termes qui se trouvent à la fin de son Procès verbal *tous lesquels susdits Témoins ont été entendus les 3. 4. 5. 7. 8. 9. & 10. dudit mois d'Octobre*; Mr Gomé a déclaré la même chose dans le corps de l'Enquête, & c'est-là où il faudroit recourir s'il y avoit de l'incertitude; or Mr Gomé a marqué exactement les journées dans son Enquête; il y a eu seize Témoins entendus le 3. Octobre, onze le 4.; onze le 5. & les autres les 7. 8. 9. & 10. du même mois: Tous ont été entendus ensuite d'assignations, & après une prestation de serment; Mr Gomé l'a dit jusqu'à deux fois; & dans le Procès verbal de production, & dans le corps de l'Enquête: il a donc rempli avec exactitude, ce que les régles exigeoient de lui, loin d'être tombé dans des faussetés.

Ce sont-là les réfléxions que Mr Gomé présente à ses Juges, pour les convaincre combien il est peu vrai, que par l'Arrêt de Colmar du 9. Juillet 1729. Ferrier Fils ait été renvoyé définitivement des cas à lui imposés! Pourquoi l'auroit-il été dès-que l'insulte faite à Mr Gomé dans les fonctions de son emploi n'étoit pas moins certaine, que la diffamation qu'il a souffert étoit publique; dès qu'il n'y avoit point de preuves à admettre des faits que Ferrier Fils a apellé justificatifs, & qui n'étoient que récriminataires; dès que Mr Gomé n'a jamais été valablement pris à partie, & que sa prise à partie a déja été jugée injurieuse par l'Arrêt du Conseil d'Etat du 25. Avril 1722. & ceux de Colmar des 14. Décembre 1722. & 17. Mars 1723. dès qu'il est impossible que Ferrier Pere ait été jugé un Calomniateur par le dernier de ces Arrêts, & que son Fils ne le soit pas, dès que les faits retenus à la charge du Comte de Renach sont constatés par plusieurs Témoins non réprochés & irréprochables; dès que Ferrier Pere n'a point recusé Monsieur Gomé, pendant tout le tems qu'il a vaqué à l'Enquête du Comte de Renach, & qu'il en a reconnu l'intégrité; dès que Ferrier Fils a été hors d'Etat de prouver par un seul Témoin que Mr Gomé ait fait faire lecture aux Témoins qu'il a entendu d'un autre Arrêt que de celui qui interloquoit les Parties; dès qu'enfin Ferrier Fils n'a pû acquérir la preuve des prévarications, faussetés & concussions qu'il a imputé à Mr Gomé, & que toute sa preuve se réduit ou à des oüis dire, ou à des plaintes qu'il a fait former par trois ou quatre Témoins qu'il avoit gagné & corrompu.

La peine duë à une calomnie aussi marquée que celle de Ferrier Fils ne peut être trop sévére; on la trouve écrite dans la Loy Romaine; c'est la mort & la confiscation de biens, parce que les Conseillers des Cours Supérieures, tenant la place des anciens Senateurs Romains; c'est un crime de leze Majesté au second chef que de les diffamer ou de les insulter, lorsque sur tout ils sont dans les fonctions de leurs employs, *de nece etiam virorum illustrium qui consiliis & consilio nostra intersunt, Senatorum etiam nam & ipsi pars Corporis nostri sunt, cogitaverit, eadem enim severitate voluntatem sceleris qua effectum puniri jura voluerunt, ipse quidem ut potè Majestatis reus gladio feriatur, bonis etiam omnibus fisco nostro addictis l. 5. cod. ad legem juliam Majestatis.*

Ce que la Loy Romaine décide sur ce point, passe pour un principe chès tous les Auteurs *offendens Magistratus etiamsi extra tribunal nec ratione* (a) *officii regem ipsum offendere censetur, quin imò in crimen læsæ Majestatis incidisse dicitur.....neque enim verba facere intendimus de doctoribus qui in nostra hoc Cathaloniæ supremo Senatu maxima cum laude sedent: eos enim ut sacros viros omittimus, nec nos dignos esse arbitramur qui de eis verbum aliquod loquamur vel eorum dignitatem & autoritatem cum aliis conferamus: tantum enim dignitatis eis princeps contulit ut etiam ipse voluerit in eorum numero connumerari, & eos Corporis sui partem apellavi* (b) *ac proinde qui eos occidit vel in eos machinatur dicitur in principem machinasse & læsæ Majestatis crimine utroque casu tenetur.*

Ce n'est pas une simple injure verbale que Ferrier Fils a fait à un Juge inférieur; c'est une injure inferée à un Magistrat, à un Supost d'une Cour Supérieure; c'est une injure par écrit contenuë dans des Libelles composés avec réfléxion, & répandus par malice dans tout le Royaume: une injure faite de propos déliberé par un simple Avocat à son Supérieur: c'est une diffamation publique portée à l'excès, c'est un tissu d'impostures soûtenuë avec une opiniâtreté sans égale, & une audace dont il n'y a point d'exemple; mais si une simple injure verbale faite à un Magistrat est quelquefois punissable de la mort! Qu'elle peine ne doit pas attendre Ferrier Fils pour l'injure réelle qu'il a fait à Mr Gomé, & qu'il continuë depuis dix ans, *injuria verbalis Magistratui per inferiorem illata atrox censetur, pro qua nedum ictus fustium, sed mortis pœna quandoque irrogari potest, ita* Francis. Marc. *tom.* 2. *quest.* 34.

QUATRIE'ME CHEF.

Y a-t'il des Preuves resultantes des informations prises à Requête de Mr le Procureur Général de Colmar! Et y a-t'il lieu contre Mr Gomé à une Procédure extraordinaire ulterieure.

CE Chef renferme deux propositions également interressantes pour Mr Gomé: l'une est de sçavoir si les informations prises contre lui, prouvent les faussetés & prévarications dont on l'a accusé; & la deuxiéme, d'examiner si malgré deux Arrêts rendus par défaut à Colmar; l'un qui ordonne le récolement; l'autre qui ordonne que le récolement vaudra confrontation, il y a lieu en ce qui le regarde à une procédure extraordinaire ultérieure.

Le Sr Néef Procureur Général du Conseil de Colmar a fait faire ces informations; mais ne les a-t'il point procuré par une inimitié particuliere; c'est-là un préliminaire, qu'il importe d'abord d'éclaircir, parce que s'il se trouvoit que sous le voile de la vengeance publique, Mr Néef eût exercé une vengeance particuliere, son accusation ne devroit point être régardé de bon œil: or encore que par respect pour le Tribunal, Mr Gomé taise les raisons qui lui ont attirées la haine de Mr Néef; l'inimitié de cet Officier est non seulement constatée par ses démarches qu'on va rapeller: elle l'est encore par une lettre de feu Mr le Garde des Sceaux d'Armenonville, & l'Arrêt du Conseil d'en-Haut rendu en faveur de Mr Gomé le 13. Novembre 1723.

(a) Decian. And. Boüad. *& alii quos refert* Garsias Mastrillus *de Magistratib. lib.* 5. *cap.* 3. *num.* 52. *&* 53.

(b) Fontanella *de pact. nupt. clausul.* 3. *glos.* 1. *num.* 3. 4. *&* 5. Farinacius *& alii quos refert de crimine læsæ Majestatis quæst.* 112. *inspect.* 3. *num.* 137. Boërius *in tractatu de authorit. mag. Cons. num.* 2

Mr

Mr Néef reçût le 13. Mars 1721. la Cédule de Ferrier Fils concernant sa prise à partie; que nul Procureur n'avoit voulu signer, & nul Huissier signifier, *& il lui en donna acte*, quoique remplie de faits calomnieux & honteux à la Magistrature; il refusa de se porter Partie contre Ferrier Fils & le Procureur Queffemme sur le Procès verbal d'irrevérence dressé par Mr Gomé; & au lieu de requerir un decret contre ces Accusés, il se contenta de déclarer qu'il n'empêchoit pour le Roy qu'ils fussent decretés d'ajournement personnel.

Il se plaignit à feu Mr le Garde des Sceaux d'Armenonville, de ce que nul Huissier n'avoit voulu signifier, & nul Procureur signer le Libelle diffamatoire qualifié par Ferrier Fils de Cédule évocatoire; il lui écrivit plusieurs Lettres contre Mr Gomé, il l'y calomnia, & blâmé par Mr d'Armenonville d'une semblable conduite, il l'a continué!

Quoique le Procès verbal en irrevérence, dressé par Mr Gomé ait fait foy entiere; que les réponses données par Ferrier Fils dans l'interrogatoire qu'il subi les 22. & 23. Septembre 1722. ayent été injurieuses & récriminatoires, & qu'il y ait eû lieu à un récollement, & à une confrontation; il requit le 24. du même mois de Septembre, qu'avant faire droit il fût informé à sa Requête, tant du contenu au Procès verbal d'irrevérence dressé par Mr Gomé, que des faits portés par les réponses de Ferrier Fils dans ses interrogatoires.

Par ce réquisitoire extraordinaire irrégulier, autant oposé à l'Arrêt du Conseil d'Etat du 25. Avril 1722. qui avoit mis néant sur la Requête des Ferrier, tendante à la cassation de toutes les Procédures instruites contre eux à Colmar, qu'à l'Arrêt du 27. du mois d'Août 1722. tendante à ce qu'il fût procédé au Jugement du Procès sur les faits portés dans le Procès verbal d'irrevérence seulement; il embarassa le Conseil de Colmar; mais il s'attira les reproches contenus dans la Lettre que Mr d'Armenonville écrivit le 2. Décembre 1722. à Mr le Président de Klinglin dans les termes suivans: *Je suis assés instruit des raisons d'animosité qui sont entre le Procureur Général du Conseil Superieur de Colmar & le Sr Gomé, pour n'être pas surpris de l'incident qui vous a été formé par les conclusions prises sur le Procès d'entre ledit Sr Gomé & le Sr Ferrier; je les regarde de la part de Ferrier comme une recrimination faite par un Accusé; & de la part du Procureur Général, comme un effet de l'indisposition dans laquelle il est contre ledit Sr Gomé, & de la protection qu'il a voulu donner à sa Partie*, &c.

Des reproches si vifs ne rebuterent point le Sr Néef, quoique Mr d'Armenonville les lui eût réiteré dans une Lettre qu'il lui écrivit: car après le récollement fait ensuite de l'Arrêt rendu à Colmar le 14. Décembre 1722. & l'Arrêt du 10. Mars suivant, qui ordonna que le récollement vaudroit confrontation, *il requit pour le Roy qu'avant faire droit sur le Procès, il fût informé à sa Requête, du contenu au Procès verbal d'irrevérence dressé par Mr Gomé*, comme si un pareil Procès verbal fait par un Juge dans l'instant même qu'il est insulté dans ses fonctions, ne faisoit pas une preuve entiere contre l'Accusé, & qu'il fût besoin d'une information dans un fait où il n'étoit pas même possible de la faire, puisque l'insulte ayant été commise dans la Chambre du Conseil, à huis clos, il n'y avoit que le Juge insulté, & le Commis Greffier qui en pussent déposer.

Sur la fin du mois de Juin 1723. il envoya à Mr d'Armenonville un nouveau Mémoire contre Mr Gomé, qu'il suposa être l'ouvrage de toute sa Compagnie; il y demandoit permission de faire informer contre Mr Gomé, & son but étoit de le mal imprimer dans l'esprit de ses Supérieurs: Mr Gomé informé de la chose, se rendit en poste à Paris pour se justifier; c'étoit-là où le Sr Néef le vouloit; car sitôt qu'il l'y sçût arrivé, Ferrier paru sur le champ, il se constitua brusquement dans les Prisons, à l'effet de purger sa contumace, & sur les Conclusions favorables du Sr Néef, il obtint le 7. Septembre 1723. un Arrêt d'élargissement.

La protection qu'on accordoit à Ferrier Fils, lui donna lieu de résumer avec plus d'insolence & d'éfronterie qu'auparavant tous les faits calomnieux

& diffamans que sa fureur & la malice de ses adhérans lui avoient suggéré : il demanda par Requête du même jour 7. Septembre 1722. d'être admis à en faire la preuve, & qu'à cet effet toutes les Pieces, Minutes des Enquêtes faites par Mr Gomé à Belfort, ensemble les Originaux d'Exploits, & autres Piéces fussent déposés au Greffe du Conseil d'Alsace, & pour faire droit sur sa demande que les deux Chambres du Conseil fussent assemblées, ou en tout cas comme Fils de Secretaire du Roy, & pourvû d'un Office de Conseiller, qu'il fût renvoyé à la premiere Chambre pour y être jugé suivant son Privilége : Voici les conclusions que le Sr Néef donna sur cette Requête.

Vû par nous Procureur Général du Roy la presente Requête & signification d'icelle à Partie Civile du 7. du present mois de Septembre : Tout vû & consideré, requerons pour le Roy, en y adhérant être ordonné qu'il sera informé à nôtre Requête du contenu au Procès verbal en irrévérence des 27. & 28. Février 1721. ensemble des faits portés par les réponses en l'Interrogatoire subi par Ferrier Fils les 22. & 23. Septembre 1722. & en la présente Requête, circonstances & dépendances; à l'effet de quoi seront les minutes des Enquêtes, & Procès verbal d'Enquête fait par le Sr Gomé les 3. 4. 5. 7. 8. & 9. Octobre 1720. 27. & 28. Fevrier 1721. jointes au Procès, & les Originaux des assignations données tant audit Ferrier qu'aux Témoins oüis en ladite Enquête raportés dans huitaine au Greffe du Conseil; à quoi faire les Sieurs de Foussemagny, Larcher l'aîné son Procureur, & tous autres dépositaires contraints par toutes voyes dûës & raisonnables, même par Corps, pour icelles être pareillement jointes au Procès, pour le tout fait, & à nous communiqué être par nous requis ce qu'il apartiendra par raison, pour être fait droit sur les présentes réquisitions; requerons pour le Roy y être deliberé, les Chambres assemblées.

C'étoit là la troisiéme fois que le Sr Néef réquéroit qu'il lui fût permis de faire informer tant du contenu dans le Procès verbal d'irrévérence dressé par Mr Gomé que des faits injurieux & récriminatoires posés par Ferrier Fils dans son Interrogatoire, & une semblable obstination marque bien qu'il étoit animé par quelque motif secret de vengeance: son crédit lui fit enfin obtenir ce qu'il souhaitoit, puisque le 22. Septembre 1723. le Conseil de Colmar rendit un Arrêt conforme aux Conclusions choisies de sa part tant de fois.

Cet Arrêt ne fut pas plûtôt rendu que Mr Gomé l'attaqua par la voye de cassation, & le Sr Néef n'ignora pas qu'il ne seroit pas plus soûtenu que celui du 10. Septembre 1723. qui avoit renvoyé le Procès à la premiere Chambre du Conseil de Colmar: car la cassation en avoit été annoncée dans une Lettre écrite le 17. Octobre 1723. par Mr d'Armenonville à Mr le Président de Klinglin: *Monsieur Jay reçû vôtre lettre du 19. du mois passé avec la copie du discours en forme d'opinion que vous avés prononcé lors du Jugement du Procès du Sr Ferrier; je trouve avec bien du déplaisir dans tout ce qui s'est passé dans le Conseil Superieur de Colmar un effet trop visible de la division qui partage cette Compagnie depuis long-tems, & qui en bannit totalement l'esprit de justice; je ne doute point que le Sr Gomé ne se pourvoye bientôt en cassation des Arrêts qui y ont été rendus, & la connoissance que j'ai des motifs qui ont donnés lieu à ces Arrêts, pourra me determiner à un parti qui est peut-être le seul qui puisse calmer l'animosité des deux Parties, & remettre la tranquilité & le bon ordre dans cette Compagnie. Je suis Monsieur vôtre affectionné Serviteur,* Signé *D'ARMENONVILLE*

Mr Néef crû devoir prevenir les avertissemens portés dans cette Lettre, il fit pour cela procéder à l'Enquête sur les prétendus faits justificatifs de Ferrier, le 1. Octobre 1723. & le 4. du même mois, il fit commencer l'information sur le contenu du Procès verbal en irrévérence, dressé par Mr Gomé; cependant l'Arrêt rendu par le Conseil d'en-haut le 13. Novembre 1723. ayant cassé ceux du Conseil de Colmar des 10. & 22. Septembre 1723. il a mis en même tems à néant des Procédures aussi précipitées.

L'Arrêt du Conseil d'en-haut renvoye les Parties devant le Parlement de Metz; & c'est-là où Ferrier a été condamné comme un calomniateur: accablé par cette condamnation, il a erré pendant 3. années dans le Pays étranger; & tantque son absence a duré, Mr Gomé a cessé d'essuyer des contradictions de la part de sa Compagnie, & des persécutions de la part de Mr Néef: mais dès-que l'affaire recommença devant le Conseil de Colmar, en conséquence de l'Arrêt du Conseil d'Etat du 8. Janvier 1729. qui l'y a renvoyé; Mr Gomé a éprouvé que le tems n'avoit fait que suspendre pour lui les esprits à Colmar, & Ferrier y a trouvé les mêmes secours; car Mr Néef dissentit à ce qu'on accordât à Mr Gomé un mois de délay pour répondre aux Requêtes de Ferrier Fils, & réfuter son Enquête; il se joignit à ce calomniateur, adhera à sa plainte, l'apuya, & demanda qu'il lui fût permis de même qu'à Ferrier de faire informer contre Mr Gomé: c'est ce qui a été ordonné par l'Arrêt de Colmar du 9. Juillet 1729. & cet Arrêt a servi de prétexte à Mr Néef, pour rechercher la vie de Mr Gomé.

Cette recherche s'est faite avec un éclat qui a surpris toute la Province d'Alsace: on n'a point eu de ménagement, ni pour le rang de Mr Gomé ni pour ses services, on a fait deux informations contre lui, l'une composée de 50. Témoins, & l'autre de 26. on y a reçû tout ce que les Témoins vouloient dire, ou par imagination, ou par ressentiment: or de quelque caractere que le Sr Néef soit revêtu, Mr Gomé soûtient qu'il n'a pas été recevable à déférer une accusation contre lui, parce que c'est son ennemi, *inimicus enim ab accusando repellitur*; c'est-là un principe certain endroit canon, (a) *accusatores & testes esse non possunt qui ante hesternum diem, aut nudiustertius inimici fuerunt, ne irati nocere cupiant, vel læsi ulcisci velint: inoffensus igitur accusatorum & testium affectus quærendus est*; & il ne l'est pas moins en droit civil, soit parce que la Loi rebute toute accusation, que le zele de la justice n'anime pas, *non est admittenda* (b) *accusatio, si non fiat zelo justitiæ*, & que ce zele ne peut pas se trouver dans l'esprit d'un ennemi préoccupé de passion, & de vengeance, soit parce que la loi & les auteurs ne mettent point de différence entre les Accusateurs, & les Témoins, & décident, que quiconque ne peut déposer contre un homme, ne peut l'accuser.

Qu'on lise la Loi quatriéme au digeste *de accusationibus*, on y trouvera que celui, *qui prævaricationis calumniæ ve causâ quid fecisse judicio publico pronuntiatus est, jus accusandi non habet*: si on examine la fin de la glose sur la Loi huitiéme du même titre, on y verra que cette glose met les ennemis dans le nombre de ceux qui ne peuvent déférer une accusation; & si on s'arrête au sentiment des auteurs, on se convaincra que la commune opinion exclut les ennemis de toute accusation, *accusatio, ordo, & testimonium* (c) *paribus passibus ambulant, & qui non admittitur ad unum, nec ad reliquum . . . . inimici ab accusando repelluntur*: *ita* Decian *in tractat. criminal. l.* 3 *cap.* 26. *num.* 1. Bald. & Ang. *in l. is qui reus ff. de public. jud.* Angel. *de maleficiis in verbo, & ad querelam vers. vigesimo repellitur*: Conrad. *in pract. de accusatione num.* 14. Thusc *litt.* A. *concl.* 160. *num.* 7.

Les Procureurs Généraux ne sont pas moins soûmis que tous autres à une regle si judicieuse: s'ils sont les Censeurs publics, les Protecteurs des Loix, les Vengeurs des crimes: s'ils ont toûjours le glaive à la main, on ne le leur a confié que pour réprimer la calomnie, *ita per medium justitiæ moderatus incede* (disoit Theodoric à un Avocat du Fisc), *ut nec calomniæ innocentes nec injustis petitionibus detentatores exoneres*: ce glaive ne leur a été donné que pour défendre les innocens, & non pas pour leur en faire sentir le tranchant à contre tems: ils doivent agir avec le même esprit que la Loi *animo pacato*, sans aigreur & sans passion, ils sont autrement coupables d'excès, & Théodoric en informoit déja de son tems

(a) Can. 2. *caus.* 3. *quest.* 5. cap. 8. 13. & 19. *de accusat.*
(b) Faber *en son code lib.* 9. *tit.* 2. *def.* 13.
(c) Speculat. *lib.* 3. *part.* 1. §. *tertio num.* 4.

un Avocat du Fisc qui étoit trop rigoureux, *tibi autem ab ipsis legibus gladium constat esse porrectum, rem cruentam, dederunt animo pacato ut noxii nimium metuerent, & læsi de optatâ ultione gauderent, alioquin culparentur Advocati Fisci, si temperata omnia non fecissent.*

C'est pour cela que Mr le Prêtre pose pour principe *qu'un Procureur General peut être recusé lorsqu'il y a causes valables, comme inimitie contre l'Accusé ou trop grande familiarité avec la Partie civile, & que s'il se trouve que par calomnie ou par vengeance particuliere, il ait malicieusement mis quelqu'un en Procès, il peut aprés l'Arrêt d'absolution être pris à Partie & condamné aux dépens, dommages & interêts des Accusés*; mais puisque la partialité & l'inimitie de Mr Néef, ne sont pas moins prouvées par ses démarches que par les lettres de Monsieur d'Armenonville & l'Arrêt du Conseil d'en-Haut du 13. Novembre 1723. les informations ausquelles il a fait procéder, doivent être rebutées, dès que c'est son inimitié qui les a produit.

C'est en conséquence de l'Arrêt rendu par le Conseil de Colmar le 9. Juillet 1729. qu'il y a fait procéder! Et quel égard mérite cet Arrêt aprés celui du Conseil d'Etat du 19. Mars 1731. qui a renvoyé le Procès devant le Parlement de Besançon, car encore qu'en éxécution de celui de Colmar du 9. Juillet 1729. on ait affecté d'instruire une Procédure extraordinare contre Mr Gomé, pendant qu'il poursuivoit la cassation de cet Arrêt; rien n'oblige le Parlement de Besançon à suivre une Procédure aussi précipitée & aussi irréguliere, parce que l'Arrêt du Conseil du 19. Mars 1731. ne renvoye pas le Procès & les Parties devant ce Parlement, *ni pour y proceder suivant les derniers erremens de la Procédure de Colmar, ni pour y proceder en execution de l'Arrêt de Colmar du 9. Juillet 1729.* il renvoye seulement le Procès & les Parties devant le Parlement de Besançon, *pour leur être fait droit ainsi qu'il apartiendra.*

Or les termes dont on se sert pour renvoyer le Procès & les Parties devant le Parlement de Besançon, démontrent que si le Conseil de Sa Majesté n'a pas cassé l'Arrêt de Colmar du 9. Juillet 1729. il n'étoit pas moins persuadé de son injustice, il auroit autrement renvoyé le Procès & les Parties pour procéder devant le Parlement de Besançon en exécution & suivant les derniers érremens de l'Arrêt de Colmar, ou pour parler plus juste, il n'auroit jamais dépoüillé le Conseil de Colmar de la connoissance de l'affaire: mais puisqu'on la lui a ôté, il faut qu'il y ait une cause qui l'ait déterminé à l'en désaisir! Et de bonne foi quelle peut-être cette cause, autre que l'irrégularité de l'Arrêt de Colmar du 9. Juillet 1729. & la certitude où le Conseil de Sa Majesté a été, que cet Arrêt avoit été l'effet d'une inimitié particuliere, déja condamnée par les termes suivans inserés dans l'Arrêt rendu du propre mouvement de Sa Majesté le 13. Novembre 1723. *que toutes ces irrégularités qui sont autant de contraventions aux regles les plus certaines, étoient l'effet d'une division declarée qui s'est formée dans ce Tribunal au sujet de ce Procès, dans lequel quelques uns des Officiers qui le composent, ont donné des marques d'une partialité ouverte, & Sa Majesté voulant faire cesser cette division qui est si contraire au bon ordre & au bien de la Justice, & rétablir ces reglemens ausquels il a été contrevenu par ces deux Arrêts. Oüi le Raport, Sa Majesté étant en son Conseil a cassé & annullé lesdits Arrêts du Conseil Superieur de Colmar des 10. & 22. Septembre 1723. & tout ce qui s'en est ensuivi, & en consequence a renvoyé lesd. Gomé & Ferrier au Parlement de Metz pour y proceder sur leur Procès & Differends, circonstances & dépendances, comme auparavant lesdits deux Arrêts.*

Plus de doute dez-là qu'il n'y ait pas lieu à suivre une procédure extraordinaire ultérieure contre Mr Gomé: car il est certain en fait que Mr Gomé a été insulté par Ferrier Fils en procédant à la contr'Enquête de Ferrier Pere, & qu'il en a dressé son Procès verbal en irrévérence dans le

(a) Le Prêtre, *cent. 1. chap. 23. num. 11. & 12. & dans les additions marginales.*

même

tems : certain que l'Acte informe qualifié par Ferrier de cédule évocatoire ou de prise à partie, est purement récriminatoire, & qu'il a été jugé tel, soit par l'Arrêt du Conseil d'Etat du 25. Avril 1722. qui subsiste, & qui a mis néant sur la Requête des Ferrier tendante à la cassation des procédures instruites contr'eux à Colmar, soit par les Arrêts du Conseil de Colmar, le premier du 27. Août 1722. qui a mis néant sur la Requête de Ferrier Fils, pour qu'il fût procedé à l'instruction du Procès, en ce qui regardoit le Procès verbal en irréverence seulement; le second du 17. Mars 1723. qui a condamné Ferrier Fils par contumace à une réparation proportionnée à ses impostures, & Ferrier Pere contradictoirement pour avoir trempé dans les calomnies de son Fils.

Certain que Ferrier Pere a exécuté la condamnation prononcée contre lui par cet Arrêt : certain que l'Arrêt du Conseil d'en-Haut du 13. Novembre 1723. a proscrit les faits prétendus justificatifs ausquels Ferrier Fils avoit été admis par celui du Conseil de Colmar du 22. Septembre précédent : certain que le Parlement de Metz a sur les mêmes principes condamné Ferrier Fils par son Arrêt du 17. Juin 1724. comme un Calomniateur ; certain que la prise à partie de Ferrier n'a point d'autre fondement que l'Acte qu'il déposa chès Mr Néef le 13. Mars 1721. que jusqu'à present cette prise à partie n'a été autorisée par aucun Arrêt, que Ferrier Fils n'étoit pas recevable à la former, & que son Pere qui seul auroit pû la former l'a expressément désavoüé.

Certain que tous les prétendus faits justificatifs ausquels Ferrier a été admis & dans lesquels l'Arrêt de Colmar du 9. Juillet 1729. a son fondement ne peuvent jamais faire la matiere d'un Procès extraordinaire contre un Juge & un Commissaire, parce qu'à les suposer aussi vrais qu'ils sont faux, ils pourroient seulement donner lieu à une récusation, & nullement à une prise à partie, parce que les articles 6. & 8. du Titre 24. de l'Ordonnance de 1667. portent que *le Juge sera recusable, s'il a donné conseil ou connu auparavant du differend comme Arbitre, s'il a ouvert son avis hors la visitation du Procès, s'il y a inimitié capitale entre lui, & l'une des Parties, s'il a menacé verbalement ou par écrit depuis l'instance, ou dans les six mois précédens la récusation.*

Certain dès-là que Mr Gomé n'a pû être pris à partie pour les faits suivans à la preuve desquels Ferrier a été admis, sçavoir, *que Mr Gomé n'eût pas plûtôt apris qu'il avoit acquis une Charge de Conseiller à Colmar, qu'il tint de lui des discours désavantageux, qu'avant qu'il eût aucune difficulté avec le Comte de Renach, Mr Gomé avoit déja publié contre lui les mêmes faits que ceux à la preuve desquels le Comte de Renach avoit depuis été admis, qu'il avoit excité ce Gentilhomme à soûtenir le Procès contre lui ; qu'il avoit montré l'Enquête du Comte de Renach, & que dans l'intervalle des deux Enquêtes, il avoit tenu les mêmes discours désavantageux* : certain que tous ces faits, vrais ou faux, ne pouvoient donner lieu qu'à une récusation, & qu'il n'a pas été au pouvoir de Ferrier, ni d'aucun Juge de les dénaturer en moyens de prise à partie, dès que l'Ordonnance ne les avoit déterminé que pour moyens de récusation.

Certain que les articles 16. 17. 18. & 20. du titre 22. de l'Ordonnance de 1667. portent que, *la deposition du Temoin étant achevée, lecture lui en sera faite, & qu'ensuite il sera interpellé de declarer si ce qu'il a dit contient verité ; que s'il y persiste, il signera sa deposition, qu'en cas qu'il ne sçache ou qu'il ne puisse signer, mention en sera faite sur la minute & sur la Grosse de l'Enquête, que les Juges ou Commissaires feront rediger tout ce que le Temoin voudra dire touchant le fait dont il s'agit entre les Parties, sans rien retrancher des circonstances ; que si le Temoin augmente, diminuë, ou change quelque chose dans sa deposition, il sera écrit par apostilles ou par renvoys à la marge, qui seront signées par le Juge & le Temoin s'il sçait signer, & que tout ce que dessus sera observé en la confection des Enquêtes à peine de nullité.*

Certain que dès-que l'Ordonnance ne prononce d'autres peines que la nullité d'une Enquête, lorſqu'un Commiſſaire a retranché quelques circonſtances des dépoſitions des Témoins; tous les autres faits qu'il a plû à Ferrier de nommer des prévarications n'ont pas été capable d'autoriſer ſa priſe à partie pour deux raiſons: la premiere eſt que l'Ordonnance ne les regarde que comme des moyens de nullité contre une Enquête, & non pas comme des moyens de priſe à partie contre un Commiſſaire: la deuxiéme eſt que lorſqu'en matiere d'Enquête le Témoin a une fois dépoſé que lecture lui a été faite de ſa dépoſition; qu'il y a perſiſté & ſigné, ou qu'il a déclaré ne pouvoir le faire, il ne lui eſt plus permis de varier, & que loin que ſa variation puiſſe être objectée au Commiſſaire, le Témoin doit être au contraire puni comme un fauſſaire qui s'eſt laiſſé corrompre.

Certain que l'honneur des Magiſtrats dépendroit autrement d'un téméraire tel que Ferrier, ou de quelques miſerables Témoins tels que ceux que Ferrier a crû ſuborner: certain dès-là que les dépoſitions rédigées devant Mr Gomé, portant toutes qu'elles ont été lûës aux Témoins, qu'après que lecture en a été faite; les Témoins ont dit qu'elles contenoient vérité, qu'ils y ont perſiſtés, & qu'ils les ont ſignés; c'eſt une choſe auſſi injuſte que dangereuſe par ſes conſéquences d'avoir admis les Témoins qui ont dépoſé devant lui à varier ou à changer leurs premieres dépoſitions, pour lui en faire un crime capital.

Certain que quelques mal intentionnés qu'ayent été les Témoins compoſans l'Enquête des pretendus faits juſtificatifs de Ferrier, il n'y en a aucun de ceux qui pouvoient parler des faits de fauſſeté ou de prévarication imputés à Mr Gomé, de la dépoſition duquel on puiſſe tirer la moindre preuve de ces faits: certain enfin que le Procès verbal d'Enquête de Mr Gomé a été fait ſelon les régles & l'uſage; qu'il contient eſſentiellement tout ce qui eſt preſcrit par l'article 12. du titre 22. de l'Ordonnance de 1667. & que les fauſſetés que Ferrier y a ſupoſé n'ont pour principe qu'une ignorance craſſe ſoûtenuë avec effronterie.

C'eſt dans ces circonſtances que Mr Gomé ſe flatte d'avoir démontré qu'il n'y a pas lieu à une Procédure ultérieure contre lui, & il ne penſe pas qu'on doive ſe laiſſer éblouïr ni par les termes ſuivans, inſerés dans l'Arrêt du Conſeil d'Etat du 19. Mars 1731. *& pourront les Commiſſaires du Parlement de Beſançon ſe tranſporter hors de leur Reſſort, & par tout où beſoin ſera pour parachever l'inſtruction dudit Procès*, ni par l'Arrêt du Conſeil de Colmar qui a ordonné le récollement, ou par celui qui a ordonné que le récollement vaudroit confrontation: car la clauſe qu'on vient de tranſcrire, n'eſt qu'une précaution & une attribution de juriſdiction, pour que dans un beſoin le Parlement de Beſançon puiſſe envoyer des Commiſſaire hors de ſon Reſſort: mais cette juriſdiction ne s'exercera-t'elle point contre Ferrier, & ces Commiſſaires ne partiront-ils point pour faire le Procès à quelques-uns de ſes Témoins; c'eſt ce que le tems nous aprendra.

L'Arrêt de Colmar qui ordonne le recollement, ne conclut rien contre Mr Gomé, & celui qui ordonne que le récollement vaudra confrontation, ayant été rendu par défaut, la comparution de Mr Gomé l'a mis à néant: or l'article 1. du titre 15. de l'Ordonnance de 1670. portant que *ſi l'accuſation mérite d'être inſtruite, les Témoins récollés ſeront, ſi beſoin eſt, confrontés à l'Accuſé*; cet article réduit la queſtion au point de ſçavoir s'il eſt beſoin de confronter quelques Témoins à Mr Gomé, & cette queſtion ne peut pas raiſonnablement être miſe en théſe, dès que la probité de Mr Gomé n'a jamais ſouffert d'atteinte, & que depuis 30. ans qu'il a l'honneur d'être Supoſt du Conſeil de Colmar, il ne s'eſt jamais écarté de ſon devoir.

Cependant il a été décrété perſonnellement par l'Arrêt du Conſeil de Colmar du 9. Juillet 1729. & ſur le prétexte de ce décret, Mr Néef non-content de le faite aſſigner pour répondre ſur les faits réſultans du Procès, ſans qu'aucun ait été déſigné, quoique tout décret portant ajournement perſonnel doive néceſſairement être libellé; il a encore recherché toute ſa vie; on a procédé à cette recherche avec tant d'éclat que les Témoins ſe font eux-mêmes présentés, qu'ils disoient hautement ce qu'ils vouloient déposer; qu'ils ont raconté à quiconque l'a voulu entendre ce qu'ils avoient dit; que Ferrier l'a publié lui-même; que ses adhérans l'ont divulgué, & affectés de rendre les informations publiques.

C'est par-là que Mr Gomé en a eu connoissance, & qu'il est en état de les raporter, il se doit cette exactidue à lui-même, parce que s'il ne le faisoit pas, sa justification demeureroit imparfaite; on croiroit que c'est dans les Piéces secrettes que se trouve la preuve des faits que Ferrier lui a imputé, & qu'il répand encore dans le public avec la derniere impudence;on va donc examiner les Informations prises contre lui, & on observe que la prémiere fût commencé le 3. Août 1729. & qu'elle fût continuée les 4. 5. 8. & 26. du même mois: elle est composée de 50. Témoins, tous ont été entendus dans l'Enquête de Ferrier Fils sur ses prétendus faits justificatifs; ils l'ont été par forme de répétition; & dès qu'on a établi ci-devant la fausseté ou l'inutilité de leurs dépositions dans cette Enquête; la fausseté & l'inutilité des dépositions qu'ils ont portés par forme de répétition restent établies.

De ces 50. Témoins, il y en a 24. qui n'ont point été entendus par Mr Gomé, ni dans l'Enquête du Comte de Renach, ni dans la contr'Enquête de Ferrier Pere; ce sont les 2. 4. 6. 12. 14. 17. 19. 20. 25. 28. 29. 32. 33. 39. 40. 41. 42. 44. 45. 46. 47. 48. 49. & 50! Mais de bonne foy, qu'est-ce que ces 24. Témoins qui n'ont point parus devant Mr Gomé,peuvent sçavoir des prévarications qu'on prétend qu'il a commis en entendant les Témoins, qui ont parus devant lui; cependant on se propose de parcourir leurs dépositions, & on ne parlera que des Témoins qui ont ajoûté quelque chose dans l'Information faite par forme de répétition, parce qu'on vera dans peu que ces ajoûtances suffisent pour la justification de Mr Gomé.

Il faut donc distinguer en trois Classes les Témoins qui composent cette Information faite par forme de répétition; On met dans la premiere les Témoins qui n'ont rien ajoûtés à leurs premieres dépositions, & qui ont déclarés ne rien sçavoir des faits retenus par l'Arrêt de Colmar du 8. Juillet 1729. ce sont les 1. 4. 5. 7. 8. 9. 10. 14. 17. 22. 26. 30. 32. 34. 35. 36. 39. 40. 42. 44. 45. & 47. On met dans la deuxiéme Classe les Témoins non entendus par Mr Gomé, & qui dans l'Information faite contre lui par forme de répétition en 1729. ont ajoûté quelque chose aux dépositions par eux portées dans l'Enquête sur les prétendus faits justificatifs de Ferrier Fils; ce sont les 3. 6. 12. 19. 20. 25. 28. 29. 33. 46. 48 49. & 50. on met dans la troisiéme Classe ceux qui ont été entendus par Mr Gomé, ou dans l'Enquête du Comte de Renach, ou dans la contr'Enquête de Ferrier Pere, & qui dans l'Information faite en 1729. par forme de répétition ont ajoûté quelque chose à leurs premières dépositions, ce sont les 2. 13. 15. 16. 18. 21. 22 23. 24. 27. 31. 37. 38. 41. & 43. Voici ce que ceux de la seconde Classe ont ajoûtés.

Jean-François Chardoillet, 3. Témoin de l'information faite par forme de répétition contre Mr Gomé dépose, *qu'en ce qui concerne les faits resultans des Pieces retenuës dans l'Arrêt du 9. Juillet dernier, & de la plainte que nous lui avons expliqué, il n'en a aucune connoissance, sinon que par bruit public de Belfort le Sr Gomé a bien fait du tort à Ferrier Fils.*

Joseph Bellot, 6. Témoin, ajoûte, *qu'Antoine Degez, Sergent de Ville, lui dit lorsque le Sr Gomé procédoit à l'une des deux Enquêtes (ne sçait à laquelle) que ledit Sr Gomé vouloit obliger ledit Degez à déposer qu'il avoit vû la Dame Ferrier sur le Theatre, ce qu'il ne voulut faire, & que sur le champ ledit Degez en avertit Ferrier Fils; au reste ne veut augmenter ni diminuer, & qu'il persiste*, dépose, *sur les faits résultans des Pieces retenuës dans l'Arrêt du 9. Juillet dernier, ensemble de la plainte desdits faits que nous lui avons expliqué, qu'il n'en a aucune connoissance.*

Le Sr François Noblat Subdélégué de Mr l'Intendant d'Alsace, 12. Témoin ajoûte, *ne point se souvenir positivement, si lors de l'Enquête du mois d'Octobre* 1720. *le Sr Gomé ait logé chès lui, que même il ne le croit pas, étant logé, à ce qu'il croit pour lors chès Mr le Prevôt du Chapitre, mais qu'il étoit logé chès le déposant, lors de l'Enquête du mois de Fevrier* 1721. *au reste ne veut augmenter ni diminuer, & qu'il y persiste;* dépose sur les faits résultans des Pieces énoncées en l'Arrêt du 9. Juillet dernier, & sur la Plainte des faits que nous lui avons expliqué, *qu'il n'en a aucune connoissance particuliere; mais qu'il a oüi de bien des personnes, même avant le Procès meû entre le Sr de Foussemagny & Ferrier, que le Sr Gomé étoit un homme dangereux dans les fonctions de sa charge, & plus à craindre qu'à être aimé.*

Guillaume Duparc, 19. Témoin dépose sur les faits résultans des Piéces énoncées en l'Arrêt du 9. Juillet dernier, & sur la plainte desdits faits que nous lui avons expliqué, *qu'il n'en a aucune connoissance positive, mais que par le bruit public, il a oüi qu'on disoit que le Sr Gomé a prevariqué dans l'Enquête de* 1721.

Pierre Pougol, 20. Témoin ajoûte, *qu'il a une idée confuse d'avoir entendu par le Sr Morandon qui lui dit lorsque le Sr Gomé procedoit à l'Enquête de* 1720. *que ledit Sr Gomé agissoit dans ses fonctions d'une façon bien scandaleuse, au reste ne veut augmenter ni diminuer, & qu'il y persiste*, déposé sur les faits des Piéces énoncées en l'Arrêt du 9. Juillet 1729. & sur la plainte desdits faits que nous lui avons expliqué, *qu'il n'en a aucune connoissance positive, mais qu'il a bien oüi par un bruit public, depuis les Enquêtes faites par le Sr Gomé, que ledit Sr Gomé n'avoit pas une bonne reputation dans le Public.*

François Mangenot, 25. Témoin ajoûte que *lorsque la Bellot s'est plaint à lui au sortir de l'Auditoire, elle étoit toute en pleurs, & que de sa vie elle n'avoit été traitée de vielle sotte; au reste ne veut augmenter ni diminuer, & qu'il y persiste*, dépose, *sur les faits resultans des Pieces énoncées audit Arrêt du 9. Juillet dernier, & sur la plainte desdits faits que nous lui avons expliqué, qu'il n'en a aucune connoissance, que ce qui resulte de sa deposition & repetition, & que lorsque la Bellot lui a porté ses plaintes, il a jugé que le Sr Gomé prevariquoit dans ses fonctions; qu'il a oüi dire en pleine place par le Public, qu'il faloit que le Sr Gomé eût ses sûretés du Sr de Renach, agissant comme il faisoit dans la derniere Enquête; que le Deposant l'a pensé & dit de même dans les Compagnies.*

Joseph Cuënin 28. Témoin, dépose sur les faits résultans des Piéces énoncées en l'Arrêt du 9. Juillet dernier, & sur la plainte desdits faits, qu'il n'en a aucune connoissance, *que ce qui résulte de sa déposition & repetition, & qu'il a oüi dire dans le public qu'il faloit que la Dame de Renach ait promis quelque chose au Sr Gomé pour agir comme il avoit fait.*

Joseph le Moine 29. Témoin, dépose sur les faits resultans des piéces retenuës en l'Arrêt du 9. Juillet dernier, & sur la plainte desdits faits que nous lui avons expliqué, *qu'il n'en a aucune connoissance que ce qui résulte de sa répetition & déposition, & que lorsque les Témoins sortoient de l'auditoire, & qu'ils se plaignoient au Déposant de ce que le Sr Gomé ne vouloit pas faire rédiger par écrit toutes les circonstances de leurs dépositions; le Déposant pensoit alors que le Sr Gomé prévariquoit dans ses fonctions; qu'il est vrai que le Déposant a reçû une lettre du Sr Gomé; ne peut nous dire en quel tems, par laquelle le Sr Gomé le prioit en secret de lui envoyer une piéce qui pouvoit lui servir à faire saisir, se reprenant, ledit Déposant a voulu dire que la piéce serviroit au Sr Gomé dans le Procès qu'il avoit contre Ferrier Fils, & que cette lettre a été adressée au Déposant en qualité de Notaire Royal, quoiqu'il ne le fût point; que cette même lettre, autant qu'il peut se souvenir, n'influoit point sur les faits dont est plainte; & après une recherche faite en nôtre présence, on n'a pû trouver la lettre.*

Nicolas Pingenot 33. Témoin ajoûte, *qu'un homme, à ce qu'il croit, comme on lui a dit, être Maître Larcher, fit sortir après la conversation,*

(s'est

(s'est reprit le Déposant, & dit que c'étoit pendant la conversation même, laquelle rouloit sur la déposition des Témoins) fit sortir le Sr Gomé, & par là interrompit la narration de la déposition des Témoins, ne peût pas nous dire positivement si c'étoit pour interrompre ladite narration, ou pour l'apeller à dîner; que même le Sr Gomé lui montra le Maire de Bavillier, en lui disant que c'étoit un honnête homme, pour avoir bien déposé; au reste ne veut augmenter ni diminuer, & qu'il y persiste, dépose *sur les faits résultans des piéces énoncées audit Arrêt du 9. Juillet dernier; & sur la plainte que nous lui avons expliqué, qu'il n'en a aucune connoissance particuliére, que ce qui résulte de sa déposition & repetition, que cependant les discours du Sr Gomé ont fait penser au Déposant qu'il étoit entiérement partial.*

Jean-Jacques Rieden 46. Témoin dépose sur les faits résultans des Piéces énoncées audit Arrêt du 9. Juillet dernier, & sur la plainte desdits faits que nous lui avons expliqué, *qu'il n'en avoit aucune connoissance, sinon que dans le Public on parloit peu favorablement dudit Sr Gomé, sans cependant se souvenir de qui il l'a entendu; que les discours peu favorables rouloient sur le Buffet du Sr Gomé, que l'on apelloit le Buffet d'iniquités, & que la plûpart des Parties se plaignoient dudit Sr Gomé.*

Alexandre Canac, 48. Témoin, dépose sur les faits résultans des Piéces énoncées audit Arrêt du 9. Juillet dernier, & sur la plainte desdits faits que nous lui avons expliqué, *qu'il n'en a autre connoissance, sinon qu'il a oüi dire dans le Public, sans pouvoir se ressouvenir de qui, que le Sr Gomé avoit un Buffet garni de Vaisselle d'argent, laquelle ne lui avoit pas coûté grand argent.*

Dorothée Lefebvre 49. Témoin, dépose sur les faits résultans des Piéces mentionnées audit Arrêt du 9. Juillet dernier, & sur la plainte desdits faits que nous lui avons expliqué, *qu'elle n'en a autre connoissance, sinon qu'elle a oüi dans le Public, sans se souvenir de qui, que Mr Gomé n'y avoit pas une trop bonne reputation, & que c'étoit un homme à craindre.*

Jean-Baptiste Chauffourg 50. Témoin, dépose sur les faits résultans des Piéces mentionnées audit Arrêt, & sur la plainte desd. faits que nous lui avons expliqué, *qu'il n'en a autre connoissance, sinon qu'il a oüi dire dans le Public que la Compagnie du Sr Gomé étoit dangereuse, & qu'il étoit à craindre.*

On ne peut lire ces ajoûtances, sans être surpris de ce qu'un Commissaire les a reçû; cependant la conséquence que Mr Gomé tire de celles faites par Joseph Bellot, le Sr Noblat, Pierre Pougeol, François Mangenot, & Nicolas Pingenat, 6. 12. 20. 25. & 33. Témoins de cette information par forme de répétition, est que souvent des Témoins ne disent pas à un Commissaire toutes les circonstances qu'ils sçavent, & que souvent ils ajoûtent suivant que la mémoire leur fournit.

Qu'on voye en effet les dépositions que ces cinq Témoins ont porté en 36. 61. 67. 64. & 42. ordres de l'Enquête de Ferrier Fils, on ne trouvera pas ni que Joseph Bellot y ait parlé de ce qu'il a suposé en 1729. lui avoir été dit par Antoine Degez; ni que le Sieur Noblat y ait avoüé que Mr Gomé n'étoit pas logé chès lui, & au contraire il a assûré qu'il y étoit logé; ni que Pierre Pougeol ait crû par une idée confuse avoir entendu dire au nommé Marandon que Mr Gomé agissoit dans ses fonctions d'une maniere bien scandaleuse; ni qu'Elizabeth Giboutet, femme de Jacques Bellot ait été en pleurs au tems des plaintes affectées & malicieuses qu'elle faisoit de Mr Gomé; ni que Nicolas Pingenat y ait avoüé que le Procureur Larcher eût été present à la conversation qu'il dit que Mr Gomé eut avec lui dans un Cabaret de la Ville de Cernay à son retour de l'Enquête du Comte de Renach.

Or si ces Témoins ont pû ajoûter dans l'information faite par forme de répétition en 1729. des circonstances qu'ils n'avoient pas rapellé dans l'Enquête de Ferrier Fils faite en 1723. pourquoi veut-on que les Témoins [illegible]is par Mr Gomé en 1720. & 1721. dans l'Enquête du Comte de Renach & la contr'Enquête de Ferrier Pere, n'ayent pas pû se souvenir en

C c

1723. de quelques circonſtances par eux ômiſes en 1720. ou 1721. & puiſqu'on ne ſe plaint pas du Commiſſaire qui en 1723. a vaqué à l'Enquête de Ferrier Fils, de ce qu'il n'a pas rédigé les circonſtances que ces Témoins ont ajoûté dans leurs dépoſitions de 1729. d'où vient crie-t'on à la prévarication contre Mr Gomé, de ce que dans l'Enquête & la contr'Enquête auſquelles il a vacqué en 1720. & 1721. il n'a pas rédigé les circonſtances que quelques Témoins ont ajoûtés dans leurs dépoſitions de 1723. y peut-il donc avoir deux poids & deux meſures, l'une pour Mr Gomé, & l'autre pour le Commiſſaire qui a vaqué à l'Enquête de Ferrier Fils, l'une pour les Témoins oüis par Mr Gomé, & l'autre pour les Témoins entendus dans l'information de 1729.

On a bien compris en liſant les ajoûtances faites par ces cinq Témoins dans cette information, qu'elles ne concluoient rien pour les prévarications, les fauſſetés & les concuſſions imputées à Mr Gomé; celle du Sr Noblat fait voir au contraire qu'il a dépoſé faux dans l'Enquête de Ferrier Fils en y diſant que Mr Gomé avoit logé chès lui : & rien n'eſt de même à conclure contre la conduite de Mr Gomé de ce qu'ont dépoſé les 3. 6. 12. 19. 20. 25. 28. 29. 33. 46. 48. 49. & 50. Témoins de l'information faite par forme de répétition en 1729.

Le 3. dit, que *par bruit publique il a apris que Mr Gomé avoit bien fait du tort à Ferrier Fils* : le 6. dit ne rien ſçavoir ſur ces faits : le 12. *qu'il a oüi dire à bien des perſonnes que Mr Gomé étoit un homme dangereux dans les fonctions de ſa Charge, & plus à craindre qu'à aimer* : le 19. que *par bruit public, on diſoit que Mr Gomé avoit prévariqué dans l'Enquête de 1721.* le 20. que *depuis les Enquêtes faites par Mr Gomé il a oüi dire que Mr Gomé n'avoit pas une bonne reputation dans le Public* : le 25. *qu'il a oüi en plaine Place par le Public que Mr Gomé agiſſant comme il faiſoit dans la contr'Enquête de Ferrier Pere, il faloit qu'il eût ſes ſûretés du Comte de Renach; & que lui qui dpoſe, l'a penſé & l'a dit de même dans les compagnies* : le 28. *qu'il avoit oüi dire dans le Public qu'il faloit que Madame de Renach eût promis quelque choſe à Mr Gomé pour agir comme il avoit fait* : le 29. *parle d'une lettre, & il déclare ne ſçavoir ce qu'elle porte, ni où elle eſt* : le 33. que *les diſcours de Mr Gomé lui ont fait penſer qu'il étoit entierement partial* : le 46. que *les diſcours peu favorables qu'il a entendu de Mr Gomé rouloient ſur ſon buffet qu'on apelloit le buffet d'iniquités, & que la plus part des Parties ſe plaignoient de lui* : le 48. *qu'il a oüi dire dans le Public, ſans pouvoir ſe reſſouvenir de qui, que Mr Gomé avoit un buffet garni de vaiſſelle d'argent qui ne lui avoit pas coûté grand argent* : le 49. *qu'il a oüi dire dans le Public, ſans ſe ſouvenir de qui, que Mr Gomé n'y avoit pas une trop bonne réputation, & que c'étoit un homme à craindre* : le 50. *qu'il a oüi dire dans le Public que la compagnie de Mr Gomé étoit dangereuſe, & qu'il étoit à craindre.*

Tout cela eſt vague, & ſe réduit à des oüis dire ſi peu certains, ſi mal circonſtanciés & ſi peu apuyés d'aparence, qu'il n'eſt pas poſſible d'y aſſeoir un Jugement; *facillimè enim inveniuntur* (a) *teſtes qui dicunt ſe ab aliquo tale quid audiviſſe, idcircò talis probatio dicitur fragilis, ſuſpecta & facilè proſternibilis, & propterea ſi in aliquo deficiat, nihil producentem relevat;* car pour que des témoignages par oüi dire prouvent, pluſieurs choſes ſont requiſes cumulativement, & ſi eſſentiellement, que dès-que l'une manque, il n'y a plus de preuve, il faut que les Témoins ſoient irréprochables & majeurs de toutes exceptions; qu'ils ayent oüi dire ce dont ils dépoſent avant le Procès; qu'ils l'ayent oüi dire à pluſieurs perſonnes; qu'ils nomment ceux de qui ils tiennent la choſe; que ceux à qui ils l'ont oüi dire ſoient gens dignes de foy, & nullement intereſſés dans la choſe; que la matiere ſur laquelle

(a) Anchor. Cuman. Curt. Menoch. Cephal. *& alii quos refert* Farinacius *de teſtib. queſt. 69. chap. 1. num. 101.*

ils dépofent, foit peu importante ; que leurs témoignages foient apuyés d'amminicules, d'indices de la fame publique, *teftes de auditu non probant, fine famâ & admininiculis, nifi ipfi fint perfonæ graves, nifi nominent autores ad minùs duos, nifi tales autores fint fide digni, non intereffati, & non fufpecti, nifi etiam dicant fe ita credere quod audiverunt, fi talis probatio in aliquo deficiat, non probat, nec in antiquis, ita* Hoftienfis, Joannes Andræas, Moncada, Felinius, Curtius, *& alii quos refert* Farinacius, *de opofit. contra dicta teft. quæft. 69. §. 3. num. 134. & 140.*

Le bruit commun eft le Pere de l'impofture, & fuivant Quintilien, il eft fouvent formé par la méchanceté d'un feul homme, *rumor fuit te prodidiffe: bene admones hunc primum calumniæ tuæ objicio rumorem: quis enim judices nefciat hanc famæ effe naturam, ut fit primò unius hominis audacia*; c'eft pour cela que les Témoins qui dépofent en matiere civile d'un bruit public ne prouvent jamais, (a) *nifi deponant ex qua caufa fama habuit originem, & quod à perfonis fide dignis* ; que *teftis fimpliciter dicens effe* (b) *publicam vocem & famam illam non probat nifi reddat rationem & caufam concludentem fui dicti etiam non interrogatus*; que *fama fimplex probata non relevat*, que *non fufficit quod teftis deponens de fama nominet unum à quo dicat audiviffe publicè dici licet fubjungat & à pluribus aliis nifi deponat audiviffe dici à majori parte populi nominando plures*; qu'enfin *licet teftes deponant audiviffe dici pluries, & à pluribus non probant famam, quia pluries poteft verificari ab uno & à pluribus poteft verificari à duobus & ad probandam famam neceffe eft quod audiverint dici publicè à majori parte civitatis, feu viciniæ*, ita Alexand. *& alii quos refert*, Tufc. *dict. concl 64. num. 46.*

Les mêmes conditions font requifes à bien plus forte raifon en matiere criminelle, pour qu'il y ait quelque chofe à conclure d'un bruit commun, *ad hoc ut fama relevet maxime in criminalibus vel ubi agitur de infamia requiritur quod teftes dicant famam effe apud populum & feu majorem partem populi, feque audiviffe à majori parte; imò ad hoc ut fama probet in criminalibus duo requiruntur quod teftes deponant quod audiverint à majori parte populi, & quod deponant de caufis à quibus fama traxit originem : etiam fi non effent teftes interrogati debent, ifta duo deponere, alias non probant*, ita Bald. Alexand. *& alii quos refert* Thufc. *verbo fama concl. 65. num. 13. & 14.*

Rien de femblable ne fe trouve dans les dépofitions des 3. 6. 12. 19. 20. 25. 28. 29. 33. 46. 48. 49. & 50. Témoins de l'information faite en 1729. par forme de répétition! Qu'eft-ce dire en effet qu'on a apris par bruit commun que Mr Gomé avoit bien fait du tort à Ferrier Fils, que c'étoit un homme dangereux, plus à craindre qu'à aimer ; qu'on a oüi dire qu'il avoit prévariqué dans l'Enquête de 1721. que depuis cette Enquête ; il n'avoit pas bonne réputation, qu'il avoit eu fes fûretés du côté du Comte de Renach; qu'on apelloit fon Buffet le Buffet d'iniquités, & qu'il ne lui coûtoit gueres, qu'il n'avoit pas une trop bonne réputation, & que fa Compagnie étoit dangereufe.

Quels font ceux qui ont eu ces fentimens de Mr Gomé, ce font les Témoins de Ferrier Fils, ce font des gens que ce Calomniateur a corrompu, qui lui font vendus, ou qu'il a fuborné ; mais ce que ces miférables ont penfés, fait-il le bruit commun, tandis qu'ils ne nomment perfonne, & que ceux à qui ils peuvent avoir oüi dire les impertinences qu'ils raportent ne font que des Emiffaires des Ferrier, & leurs partifans; Mr Gomé tient à honneur d'en avoir été cenfuré, parce que tel eft leur caractere que de médire de tous les gens de bien.

Il y en a un, c'eft le 25. nommé François Mangenot, qui a eu l'infolence de dépofer, *qu'ayant oüi dire en pleine Place qu'il falloit que Mr*

(a) Alexand. *& alii quos refert* Thufc. verb. fama concl. 64. num. 5. Abbas Alexand. rom. *& aliis quos refert* Thufc. *dict. concl. 64. num. 7.*

(b) Corneus, Decius, *& alii quos refert*, Thufc. *dict. concl. 64. num. 22.*

Gomé eût ses sûretés du Comte de Renach, il l'avoit pensé & l'avoit dit de même dans les compagnies! poussa-t'on jamais la médisance jusqu'à ce point, que d'oser s'en vanter à la face de la Justice! Mangenot qui est un simple Notaire ne dit pas que de sa vie il ait fréquenté Mr Gomé; & Mr Gomé ne croit pas lui avoir jamais parlé; c'est pourtant cet homme qui assûre dans les Compagnies où il se trouve que Mr Gomé a eu ses sûretés du côté du Comte de Renach! Et si on lui demandoit sur quoi il l'a assûré, il se trouveroit qu'il l'a pensé contre la charité chrêtienne, & qu'il l'a dit par une détraction ou une médisance,qui mériteroit une punition sévere, *qui enim detrahit alicui, ipse se in futurum obligat.*

Quoique les partisans de Ferrier Fils ayent pensés de Mr Gomé leurs sentimens, n'ont pas pû former celui du publique; d'autres qu'eux ont rendu à Mr Gomé la justice qui lui étoit dûë, & puisque le Conseil d'Etat; feu Mr le Garde des Sceaux d'Armenonville, le Conseil Supérieur de Colmar, le Parlement de Metz ont jugés plusieurs fois qu'il souffroit opression; les Témoins de Ferrier Fils reproduits dans l'Information de 1729. ne lui enleveront pas son honneur, il le défend depuis douze années, & le préférant à la vie, il ne pourroit pas survivre à sa perte, *contemptu famæ comtemnuntur virtutes*; il faut voir à present ce que les Témoins oüis par Mr Gomé, ou dans l'Enquête du Comte de Renach, ou dans la contr'Enquête de Ferrier Pere ont ajoûté dans l'Information faite par forme de repetition en 1729.

Marie Movillesеaux, 2. Témoin en ordre dans l'Information faite en 1729. par forme de répétition, *ajoûte que lors de l'Enquête du mois d'Octobre* 1720. *le Sr Gomé enquit la Deposante, si elle n'avoit point vû les Dubillot sur le Théatre, & si elle n'avoit point vû Dubillot le Cadet prendre du Poison sur le Théatre, qu'elle répondit qu'oüi, & qu'elle dit au Sr Gomé, que les Dubillot n'avoient aucun raport avec Ferrier; que sur cela Mr Gomé lui repliqua que c'étoit un B. de fol qui étoit cause de ce Procès; au reste ne veut augmenter ni diminuer, & qu'elle y persiste; depose, en ce qui concerne les faits resultans des pieces retenuës dans l'Arrêt, & de la plainte que nous lui avons expliqué, qu'elle n'en a aucune connoissance, & qu'elle ne sçait rien contre ledit Sr Gomé, que ce qu'elle a dit dans sa déposition & repetition.*

Cette Femme a déposé en 15. ordre dans l'Enquête du Comte de Renach, & en 27. ordre dans celle de Ferrier Fils: elle a ajoûté quelque chose dans l'Enquête faite par Ferrier Fils en 1723. à ce qu'elle avoit déposé en 1720. dans celle du Comte de Renach, & elle a encore fait une ajoûtance dans sa déposition de 1729. or on conclut deux choses de ces ajoûtances en faveur de Mr Gomé; l'une que dès que cette Femme a ômis en 1723. des circonstances dont elle s'est souvenuë en 1729. elle peut bien en avoir ômis en 1720. dont elle se soit souvenuë en 1723. l'autre, que dès qu'on n'accuse pas de partialité le Commissaire qui a vaqué à l'Enquête de 1723. sur ce qu'il n'a pas inseré les nouvelles circonstances rédigées par le Commissaire qui a vaqué à l'Information faite en 1729. par forme de répétition, on ne peut pas en imputer une à Mr Gomé, sur ce qu'il n'a pas inseré en 1720. les nouvelles circonstances rédigées par le Commissaire qui vaqua à l'Enquête de 1723.

Elle a déposé une insigne fausseté dans l'Enquête de 1723. en ce qu'elle y a dit, *qu'elle croyoit avoir remarqué que Mr Gomé avoit inseré dans sa deposition de* 1720. *quelques termes au-delà de son intention, parce qu'elle se souvient de n'avoir point été interrogé sur le fait de sçavoir si Ferrier Pere avoit eu la Cantine; tenu Auberge & versé à boire à tous venans*; car ayant avoué expressément dans la même déposition que Mr Gomé lui avoit fait faire lecture de l'Arrêt de preuves; il suit de son aveu qu'elle a été interrogée sur tous ces faits; aussi y a-t'elle répondu en 1720.

Il n'y a donc pas lieu d'être surpris de ce que cette Femme étant tombée

bée en 1723. dans une aussi grande fausseté en ait commis une autre dans sa déposition de 1729. en ce qu'elle y a dit, que *sur ce qu'elle avoit declaré à Mr Gomé que les Dubillot n'avoient aucun raport avec les Ferrier ; Mr Gomé avoit replique que c'étoit un fol qui étoit cause du Procès* ; Voilà une réponse qui ne convient point à la demande, & qui par cette circonstance est fausse : elle est de fraiche datte, & par conséquent elle a été inspirée au Témoin : elle ne conclut rien pour les prévarications & faussetés qu'on a imputé à Mr Gomé, elle est dès-là inutile ; le Temoin ne s'en souvint pas en 1723. quoiqu'il n'y ait eu alors que trois ans d'écoulés depuis qu'il supose qu'elle a été faite ! Comment s'en seroit-il souvenu en 1729. après neuf ans d'intervale ; on voit bien que ce Témoin a été suborné pour la faire.

Jean-Claude Cuënin, 13. Témoin de l'information par répétition de 1729. ajoûte que lorsqu'il a déposé, *en l'Enquête du mois d'Octobre 1720. le Sr Gomé insera quelques termes en sa déposition qu'il ne lui a point dit, & dont il ne se ressouvient point, termes qui portoient coup contre led. Ferrier; que le déposant les ayant remarqué, ayant pris lui-même lecture de sa position, il ne voulut la signer, sans qu'en préalable ces termes ne fussent rayés à sa déposition, & que pour parvenir à cette rature, le Sieur Gomé & lui en vinrent à de gros mots, que même sur le refus du Sr Gomé, le Deposant étoit prêt de sortir de l'Auditoire sans signer sa deposition; que sur le refus du Sr Gomé, le Greffier jetta même sa plume, & haussa les épaules, qu'un moment aprés cette rature se fit, & le Deposant signa sa deposition, qu'au sortir de l'Auditoire le Deposant fit rencontre de Ferrier Fils & Queffemme, lesquels il avertit de tout ce qui s'étoit passé à son occasion dans l'Auditoire, & qu'il devoit prendre garde, attendu que le Sieur Gomé n'étoit point porté pour eux, au reste persiste dans sa deposition, & ajoûté*, dépose *sur les faits des Pieces retenuës en l'Arrêt du 9. Juillet dernier, & sur la plainte desdits faits que nous lui avons explíqué, qu'il n'en a aucune connoissance, que ce qui resulte de sa deposition & ajoûté.*

Ce Témoin est le 3. en ordre dans l'Enquête du Comte de Renach, le 8. dans celle de Ferrier Pere, le 1. dans l'information prise en 1723. à Requête du Procureur General du Conseil de Colmar, sur le Procès verbal en irréverence dressé par Mr Gomé ; le 22. dans l'Enquête de Ferrier Fils, & le 13. dans l'information faite en 1729. par forme de répétition ; c'est-à-dire, qu'il a déposé quatre fois pour les Ferrier ! Qui ne voit dès-là que c'est un Témoin qu'ils ont suborné, toûjours prêt à suivre leurs impressions, & par cette qualité séduit & corrompu.

On a fait voir ci-devant que dans l'Enquête du Comte de Renach, Cuënin n'avoit déposé d'aucun fait contre Ferrier Pere, si ce n'est *qu'il avoit été Maître d'Hôtel du Sr de St Just*, & les Ferrier ne l'ont jamais inficié, il n'a rien déposé de plus dans l'Enquête de Ferrier Pere, *& y ayant avoüé expressément que Mr Gomé lui avoit toûjours fait faire lecture de l'Arrêt de preuves, sans dire qu'il ait alteré aucune des circonstances de ses dépositions* ; il est certain que Mr Gomé les a rédigé fidellement.

Sa subornation a été démontrée par deux circonstances : l'une que dans l'information prise à Requête du Sieur Néef sur le Procès verbal d'irrévérence dressé par Mr Gomé, où il a déposé en premier ordre, il a dit qu'il avoit trouvé mauvais que Mr Gomé eût inseré dans la déposition par lui porté en 8. ordre dans la contr'Enquête de Ferrier Pere, *qu'au surplus il se referoit à la premiere déposition par lui portée dans l'Enquête du Comte de Renach*, & il est évident qu'il ne l'eût pas trouvé mauvais si au tems de cette contr'Enquête, il n'étoit pas déja entré dans le complot de Ferrier Fils : l'autre qu'on n'a jamais vû un homme comme lui qui a déposé pour & contre devant un même Commissaire, avoüer que ce Commissaire a rédigé fidélement ses deux dépositions, & avoir le front de venir trois ans aprés lui faire des reproches sur une partialité faussement imaginée; un semblable Procédé ne peut venir que d'une corruption.

Mais quelqu'un en pourra-t'il douter à vûë de l'ajoûtance faite par Cuënin en 1729. dans l'information en forme de répétition; il y supose que *Mr Gomé insera dans sa déposition de 1720. des termes désavantageux aux Ferrier, qu'ayant pris lecture de sa déposition, il ne voulut pas la signer que ces termes ne fussent rayés; que pour parvenir à cette rature, il eut de gros mots avec Mr Gomé; qu'il étoit prêt de sortir de l'Auditoire sans signer sa déposition; que le Greffier jetta sa plume par terre haussant les épaules, qu'un moment aprés cette rature se fit, & qu'en sortant, il avertit Ferrier Fils & le Procureur Queffemme de ce qui s'étoit passé.*

Qui ne croiroit à voir cette ajoûtance qu'il y a une rature dans l'une ou l'autre des dépositions portées par Cuënin devant Mr Gomé; cependant il n'y en a aucune: les dépositions sont sans aucune rature, ni ajoûtance: ce Témoin est donc un insigne faussaire, & la fausseté où il est tombé en 1729. influë autant sur la déposition où elle se trouve, que sur ses dépositions de 1723. tels sont les Témoins qu'on produit contre Mr Gomé, des gens vendus, & subornés, des malheureux qui viennent hardiment déposer contre les Actes, des menteurs, qui en bonne justice, devroient être décrétés réellement.

Marie-Anne Donzé 15. Témoin en ordre dans l'information faite par forme dé répétition en 1729. dépose *sur les faits resultans des Pieces énoncées en l'Arrêt du 9. Juillet dernier, & sur la plainte desdits faits que nous lui avons expliqué; qu'elle n'a aucune connoissance desdits faits, sinon ce qui resulte de sa repetition; & ajoûte que par la maniere dont le Sr Gomé interrogeoit la Deposante, & de ce qu'il vouloit l'engager à convenir desdits faits, elle a jugé & conclu qu'il regnoit au Sr Gomé de la mauvaise foy, & qu'il n'agissoit pas droit.*

Cette femme a été entenduë en 29. ordre dans l'Enquête du Comte de Renach, & en 26. ordre dans celle de Ferrier Fils: il semble qu'on ne l'ait encore fait entendre dans l'information faite en 1729. par forme de répetition, que pour y injurier Mr Gomé; elle y a ajoûté en effet, que *par la maniére dont Mr Gomé l'interrogeoit, elle a jugé qu'il agissoit de mauvaise foi, & qu'il n'alloit pas droit.*

Mais c'est cette femme qui elle-même agissoit de mauvaise foi dans l'Enquête du Comte de Renach; car y ayant d'abord déclaré qu'elle avoit connu Ferrier Pere pour Domestique du Sr de St Just, elle ne voulut jamais dire si elle l'avoit connu, ou comme Valet de Chambre, ou comme Maître d'Hôtel, ou comme Laquais; & l'incertitude qu'elle affectoit à ce regard, força Mr Gomé de rédiger qu'elle n'avoit pû dire si Ferrier Pere étoit chès le Sr de St Just, ou Valet de Chambre, ou Maître d'Hôtel, ou Laquais; elle souhaita, en entendant lire sa déposition, qu'on traçât le mot de *Laquais*, Mr Gomé le fit, & pour l'avoir fait en 1720. cette femme vient dire en 1729. qu'elle a jugé qu'il agissoit de mauvaise foi! Quelle impudence, & y eut il jamais de subornation plus marquée.

Claude Barret 16. Témoin en ordre dans l'information faite en 1729. par forme de répétition ajoûte, *que dans le tems que le Sr Gomé se facha contre lui, il se servit du mot de B. que lorsque Prevost, Maire de Bavillier a été entendu en 1723. il dit au Deposant que le Sr Gomé avoit redigé sa deposition tout autrement qu'il n'avoit deposé, au reste ne veut augmenter ni diminuer, & y*

Ce Témoin est le 23. en ordre dans l'Enquête du Comte de Renach, & le 43. dans celle de Ferrier Fils; la déposition qu'il a porté dans l'Enquête du Comte de Renach, ne peut pas être plus favorable qu'elle l'est pour les Ferrier, & c'est ce qui a empêché ce Témoin d'oser dire qu'elle n'a pas été rédigée fidélement.

Il a raporté dans l'Enquête de

persiste, dépose *sur les faits résultans des Pieces retenuës en l'Arrêt du 9. Juillet dernier, & sur la plainte desd. faits que nous lui avons expliqué, qu'il n'en a aucune connoissance, que ce qui resulte de sa deposition & ajoûté.*

Ferrier Fils les paroles suivantes qu'il supose avoir été proférées par Mr Gomé, *puisque vous ne voulez pas dire la verité, je vous ferai aller au diable*, il ajoûte à présent que *Mr Gomé se servit en se fâchant du mot de B.* & c'est-là une variation qui marque la subornation; il y a une autre circonstance qui l'a met en évidence, c'est qu'il a dit en 1729. que Claude Prévost Maire de Bavillier, l'avoit assûré, que Mr Gomé avoit rédigé sa déposition en 1720. tout autrement qu'il ne l'avoit fait; & dès que Prévost ne l'a pas ainsi déclaré dans l'Enquête de Ferrier Fils, où il a été entendu en 40. ordre, Claude Barret est un Témoin suborné qui doit être puni.

Marie-Elizabeth Lefebvre 18. Témoin de l'information faite en 1729. par forme de répétition, dépose *sur les faits resultans des Pieces énoncées audit Arrêt du 9. Juillet dernier; & sur la plainte desdits faits que nous lui avons expliqué, qu'elle n'en a aucune connoissance; qu'il est vrai qu'elle a oüi dire à plusieurs personnes que le Sr Gomé n'avoit pas une bonne renommée.*

Cette femme a été entenduë en 9. ordre dans la contr'Enquête de Ferrier Pere, en 31. ordre dans l'Enquête de Ferrier Ferrier Fils, & en 18. ordre dans l'information faite en mil sept cent vingt-neuf, par forme de répétition; il étoit inutil de l'y faire entendre; car ce qu'elle a oüi dire sur le compte de Mr Gomé, n'est qu'une médisance qui vient des Ferrier, & de leurs adhérans.

Jean-Claude Bellot 21. Témoin en ordre dans la même information ajoûte que *sa derniere maladie & son grand âge l'ont tellement alteré de corps & d'esprit, qu'il ne se souvient plus de ce qui s'est passé en ce tems-là*; dépose *sur les faits des Pieces énoncées en l'Arrêt du 9. Juillet dernier, & sur la plainte desd. faits que nous lui avons expliqué, qu'il ne sçait que par oüi dire, que le Sr Gomé a changé la déposition des Temoins.*

Ce Témoin a été entendu en 7. ordre dans l'Enquête du Comte de Renach, & en 38. ordre dans celle de Ferrier Fils: il y a déposé que Mr Gomé lui avoit donné lecture de l'Arrêt de preuves, & qu'il n'avoit, ni suprimé, ni changé aucunes circonstances de sa déposition: c'est sans doute pour attenuer cette déposition qu'on lui a fait dire dans l'information faite en 1729. par forme de répétition, qu'il avoit oüi dire que Mr Gomé avoit changé les dépositions des Témoins; mais c'est une superchérie de la part de ce Témoin & ne doit-on pas regarder avec horreur l'Arrêt de Colmar du 9. Juillet 1729. en ce qu'il autorise les Témoins de parler contre Mr Gomé ou suivant leurs sentimens, ou suivant les impressions que Ferrier leur a suggéré.

Sabine Echman, dépose *sur les faits résultans des Pieces énoncées dans l'Arrêt du 9. Juillet dernier; & sur la plainte desdits faits que nous lui avons expliqué, qu'elle n'en a aucune connoissance, ne connoissant point led. Gomé.*

Cette Femme a été entenduë en 12. ordre dans l'Enquête du Comte de Renach, en 35. ordre dans celle de Ferrier Fils, & en 22. ordre dans l'Information faite en 1729. par forme de répétition; la déposition qu'elle y a porté ne conclut rien.

Elizabeth Giboutet 23. Témoin en ordre dans l'information faite en 1729. par forme de répétition, ajoûte que *le Sr Gomé sortit de l'Auditoire, & se transporta dans une*

Voici la fameuse Giboutoit, on la trouve la 8 en ordre dans l'Enquête du Comte de Renach; la 5. dans la contr'Enquête de Ferrier Pere; la 7. dans l'Enquête de Ferrier Fils; la 9. dans

Chambre basse, ou Ferrier Fils étoit, là ils disputerent avec chaleur, Ferrier remontrant au Sr Gomé qu'il devoit rediger par écrit toutes les circonstances des depositions des Témoins, au reste ne veut augmenter ni diminuer, & y persiste, dépose *sur les faits des Pieces mentionnées en l'Arrêt du 9. Juillet dernier, & sur la plainte desdits faits que nous lui avons expliqué, qu'elle n'a point de connoissance desdits faits, que ce qui resulte de sa deposition, repetition & ajoûté.*

l'Information faite en 1723. sur le Procès verbal en irrévérence dressé par Mr Gomé ; & la 23. en ordre dans l'Information faite en 1729. par forme de répétition : elle a déposé dans l'Enquête du Comte de Renach, tout ce qu'il y avoit au monde de plus favorable pour les Ferrier ; & c'est-là une circonstance qui fait voir qu'en 1720. elle leur étoit déja entierement dévoüé : elle a déposé depuis quatre fois en leur faveur ! Autre preuve de son dévouëment, ou pour mieux dire de la subornation.

On a déja démontré que cette vielle Femme étoit l'un des Témoins apostés par Ferrier Fils, pour faire piéce à Mr Gomé, & qu'elle étoit du complot formé à ce sujet : elle rentra en effet dans la Chambre au tems de la contr'Enquête de Ferrier Pere, pour faire ajoûter dans sa déposition une circonstance inutile en elle-même, & déja inserée dans la déposition par elle portée dans l'Enquête du Comte de Renach.

Mais à vûë de la derniere déposition qu'elle a portée dans l'Information faite en 1729. par forme de répétition, sa subornation saute aux yeux ; car elle y a dit, que *sur ce qu'après avoir été entenduë dans la contr'Enquête de Ferrier Pere, elle se plaignit à Ferrier Fils ; Mr Gomé sortit de l'Auditoire, & se transporta dans une Chambre basse ou Ferrier Fils ètoit, & où ils disputerent avec chaleur.*

Ce n'est pas là ce que cette vielle Femme a déposé en 9. ordre dans l'Information faite en 1723. sur le Procès verbal en irrévérence dressé par Mr Gomé, parce qu'elle y a dit que *Mr Gomè ayant entendu quelque chose, ouvrit la porte de la Chambre, où il travailloit, que là Ferrier Fils, & Queffemme le joignirent, qu'ils lui parlerent, que Mr Gomè se facha, quoique les autres parlassent avec douceur* ; Or que la vielle Giboutet concilie s'il lui est possible, cette déposition avec celle qu'elle a portée en 1729. où elle dit que Mr Gomé sortit de l'Auditoire, qu'il se transporta dans une Chambre basse où Ferrier Fils étoit, & que là ils se disputerent avec chaleur, *oportet mendacem esse memorem* ; ceux qui ont sifflés Elizabeth Giboutet pour porter sa déposition en 1729. se sont bien oubliés ; tant il est vrai que la vérité se manifeste toûjours, & que tôt ou tard la fausseté se découvre.

Marie-Ursule Courtot, dépose *sur les faits retenus en l'Arrêt du 9. Juillet dernier, & sur la plainte desdits faits que nous lui avons expliqué, qu'elle n'en a aucune connoissance, que ce qui resulte de sa deposition & repetition ; qu'elle a bien oüi dire dans le Public que si on recherchoit la conduite du Sr Gomé, on trouveroit bien des choses contre lui.*

Cette femme a été entenduë en 4. ordre dans la contr'Enquête de Ferrier Pere, en 49. ordre dans l'Enquête de Ferrier Fils, & en 24. ordre dans l'information faite en 1729. par forme de répétition ; la déposition qu'elle y a porté ne prouve rien.

Claudine Catin, 27. Témoin en ordre dans l'information faite en 1729. par forme de répétition, ajoûte que *sur les instances du Sr Gomé*

Cette femme a été entenduë en 51. ordre dans l'Enquête du Comte de Renach, & en 48. dans celle de Ferrier Fils, elle y a avoüé que Mr Gomé la *la Deposante s'est fâchée, au reste ne veut augmenter ni diminuer, & qu'elle y persiste*; dépose *sur les faits resultans des Pieces énoncées en l'Arrêt du 9. Juillet dernier, & sur la plainte desdits faits que nous lui avons expliqué, qu'elle n'a autre connoissance desdits faits, que ce qui resulte de sa repetition & deposition, & qu'elle a jugé par les instances que le Sieur Gomé lui faisoit de la faire convenir que Ferrier Pere avoit été Valet de Chambre, & que sa Femme avoit monté sur le Theatre; qu'il avoit de la mauvaise volonté; que même la Deposante le lui dit, & qu'elle étoit en colere contre ledit Sr Gomé.*

lui fit faire lecture en 1720. de l'Arrêt de preuves, & quoique dévoüée aux Ferrier, elle n'a pas osé dire que Mr Gomé eût changé aucune des circonstances de sa premiere déposition qui s'est trouvée conforme en tout à la seconde; cependant elle vient dire en 1729. qu'elle s'est fachée contre Mr Gomé & mise en colere! De bonne foi cela est-il tollerable dans une petite Femmellette, telle que Claudine Catin, cette ajoûtance fait voir sa subornation; Mr Gomé auroit eu raison de lui faire passer le guichet, si elle s'étoit fachée au point qu'elle le dit, lorsqu'elle parut devant lui.

Antide Movillesеaux, dépose *sur les faits resultans des Pieces retenuës en l'Arrêt du 9. Juillet dernier, & sur la plainte desdits faits que nous lui avons expliqué, qu'il n'en a autre connoissance, sinon par un bruit comme public dans la Ville de Belfort; que le Sr Gomé étoit partisan du Sr de Renach.*

Ce Témoin est le 4. dans l'Enquête du Comte de Renach, le 17. dans celle de Ferrier Fils, & le 31. dans l'information faite en 1729. par forme de répétition; la déposition qu'il y a porté est inutile.

Pierre-Antoine Martin, dépose *sur les faits resultans des Pieces énoncées en l'Arrêt du 9. Juillet dernier, & sur la plainte desdits faits que nous lui avons expliqué, qu'il n'en a aucune connoissance, sinon qu'il a oüi par plusieurs personnes que le Sieur Gomé étoit plus porté pour le Comte de Foussemagny, que pour le Sr Ferrier; & que le Deposant n'a pas connu le Sr Gomé avant les Enquêtes.*

Ce Témoin est le 2. dans l'Enquête du Comte de Renach, le 13. dans celle Ferrier Fils, & le 37. dans l'information faite en 1729. par forme de répétition, sa déposition est encore inutile.

Loüis Boyer 38. Témoin en ordre dans l'information faite en 1729. par forme de répétition, ajoûte que *lorsqu'il a comparu devant le Sr Gomé au mois d'Octobre 1720. il dit au Deposant qu'étant Parent du Sr Ferrier, il ne vouloit aparenment rien dire, mais que s'il vouloit deposer, il pourroit dire bien des choses, & qu'il se facha contre le Deposant, en lui disant qu'il n'avoit que faire de taxe, & le renvoya effectivement sans taxe, au reste ne veut augmenter ni diminuer, & qu'il y persiste*, dépose *sur les faits resultans des Pieces énoncées en l'Arrêt du 9. Juillet dernier, & sur la plainte desdits faits que nous lui avons expliqué, qu'il n'en a autre*

Ce Témoin est le 30. dans l'Enquête du Comte de Renach, & le 52. dans celle de Ferrier Fils; il y a avoüé que Mr Gomé l'interrogea sur tous les faits contenus dans l'Arrêt de preuves, & qu'il ne s'aperçût point que Mr Gomé eût changé aucune des circonstances de sa premiere déposition.

Cependant on lui a fait glisser dans celle de 1729. que *plusieurs Temoins s'étoient plaints publiquement de la conduite de Mr Gomé; que même le Commis Greffier Lasnier lui avoit dit que Mr Gomé s'étoit servi des termes suivans, écrivés ce que je vous dicte, les Temoins deposent devant moi & non devant vous!*

connoissance, sinon que plusieurs Témoins se sont plaints publiquement de la conduite du Sr Gomé, lequel faisoit rediger par écrit plus que ce que les Témoins avoient dit, & qu'à d'autres il ne faisoit point rediger leurs depositions en entier; qu'il a même oüi de Lasnier pour lors Commis-Greffier; que ledit Gomé disoit audit Lasnier, écrivés ce que je vous dicte, les Témoins deposent devant moi & non devant vous.

Mais qui ne voit que ces ajoûtances ont été suggerées à ce Témoin depuis sa déposition de 1723. dans la vûë d'atténuer cette déposition! Est-ce qu'en effet il n'eût pas dit ces circonstances en 1723. si pour lors elles lui avoient été connuës, & lui ayant été moins possible de s'en souvenir en 1729. qu'en 1723. ce qu'il a ajoûté en 1729. est un effet de la corruption dont on a usé à son égard.

Jean-Claude Sarrazin, dépose *sur les faits resultans des Pieces énoncées audit Arrêt du 9. Juillet dernier, & sur la plainte desdits faits que nous lui avons expliqué, qu'il n'en a autre connoissance que ce qui résulte de sa déposition & repetition, & qu'il a oüi par le bruit public, que l'on n'étoit pas content de la conduite du Sr Gomé, qu'est tout ce qu'il a dit sçavoir.*

Ce Témoin est le 11. dans l'Enquête de Ferrier Fils, & le 41. dans l'information faite en 1729 par forme de répétition; ce qu'il y a ajoûté étant uniquement en faveur des Ferrier, il en suit que cette Information s'est faite pour retablir le défaut de preuves des Ferrier, & cela marque combien il étoit libre aux Témoins de suivre son imagination, & ses suggestions : au reste le bruit public dont parle ce Témoin, n'est que dans son idée, & il ne vient, ou que des ennemis de Mr Gomé, ou que des Ferrier, & de leurs adhérans, *fama malum quo non velocius ullum mobilitate viget, viresque acquirit eundo.*

Jean Guillaume Chavey 43. Témoin en ordre dans l'information faite en 1729. par forme de répétition, ajoûte que *lorsqu'il fut à Montbeliard, il a parlé à la Dame Dubillot dans sa Maison, laquelle il n'a point vû sur la Theatre, & que les Dubillot n'étoient pas encore mariés, lorsqu'ils joüoient à Porrentruy, au reste ne veut augmenter ni diminuer, & qu'il y persiste*, dépose *sur les faits resultans des Pieces enoncées aud. Arrêt, & sur la plainte desd. faits que nous lui avons expliqué, qu'il n'en a aucune connoissance.*

Ce Témoin est le 41. dans l'Enquête du Comte de Renach, & le 57. dans celle de Ferrier Fils; il a déposé formellement dans l'Enquête du Comte de Renach, *qu'étant allé à Montbeliard trouver la femme de Ferrier pour lors marié avec l'Operateur Dubillot, pour lui demander la pension de son frere nommé Sirouttot, la femme de Ferrier le pria de n'en point parler à Dubillot son mari, lequel montoit pour lors sur le Théatre à Montbeliard, de la même maniere qu'il le faisoit à Porentruy*; il a encore déposé expressément en 1723. que *Mr Gomé n'avoit changé ni alteré aucune circonstance de sa premiere déposition, qui se trouve par-là confirmée.*

On lui a fait pourtant dire dans celle de 1729. que *lorsqu'il fût à Montbeliard, la Femme de Dubillot ne montoit point sur le Theatre, & que Dubillot n'étoit point encore marié lorsqu'il joüoit à Porrentruy*; c'est-là une autre ruse employée en faveur de Ferrier Fils pour faire naître du doute sur le tems, que sa Mere a monté sur le Théatre! Mais qu'elle y ait monté tôt ou tard, il suffit qu'on l'y ait vû pour convaincre Ferrier Fils de la vérité des faits qu'il a nié avec tant d'effronterie.

Voilà l'analyse de l'information faite en 1729. par forme de répétition à Requête du Sieur Néef; on l'a fait pour convaincre de deux choses les Juges de Mr Gomé & le Public : la premiere est que ce que les Témoins qui composent l'information, ont ajoûté à leurs premieres dépositions ne conclut rien contre Mr Gomé, & au contraire Mr Gomé en induit la preuve de leur ſubornation ; la deuxiéme que de tous ces Témoins il n'y en a point qui ait chargé Mr Gomé d'aucuns faits capables de jetter du ſoupçon ſur ſa probité & ſur ſa conduite.

Car des 50. Témoins dont cette information eſt compoſée, il y en a 33. qui aſſûrent tous unanimément qu'ils n'ont aucune connoiſſance de ces faits, ce ſont les 1. 2. 3. 4. 5. 6. 7. 8. 9. 10. 11. 13. 14. 15. 16. 17. 22. 23. 26. 27. 30. 32. 33. 34. 35. 36. 39. 40. 42. 43. 44. 45. & 47. & les autres ne parlent qu'en termes généraux, par oüi dire, ſans déſignation de perſonne, & d'un bruit commun auquel les diſcours des Ferrier & de leurs Adherans ont donné lieu ; ce ſont les 12. 18. 19. 20. 21. 24. 25. 28. 29. 31. 37. 38. 41. 46. 48. 49. & 50.

Le 12. dépoſe *qu'il a oüi dire à bien des perſonnes que Mr Gomé étoit un homme plus dangereux qu'à aimer* : le 18. *qu'il a oüi dire à bien des perſonnes que Mr Gomé n'avoit pas une bonne réputation* le : 19. *que par le bruit public il a oüi qu'on diſoit que Mr Gomé avoit prévariqué dans la contr'Enquête de Ferrier Fils* : le 20. *qu'il a oüi dire par bruit public que Mr Gomé n'avoit pas une bonne réputation depuis les Enquêtes auſquelles il avoit travaillé comme Commiſſaire* : le 21. *qu'il ne ſçait que par oüi dire que Mr Gomé avoit changé les dépoſitions des Témoins* : le 24. *qu'il a oüi dire dans le Public, que ſi on recherchoit la conduite de Mr Gomé, on trouveroit bien des choſes contre lui* : le 25. *qu'il a oüi dire en plaine place par le Public qu'il faloit que Mr Gomé eût ſes ſûretés du Comte de Renach pour avoir agi comme il avoit fait dans la contr'Enquête de Ferrier Pere ; que lui qui dépoſe l'a penſé, & qu'il l'a dit de même dans les compagnies.*

Le 28. *qu'il a oüi dire dans le Public, qu'il faloit que Madame de Renach eût promis quelque choſe à Mr Gomé pour agir comme il avoit fait* : le 29. *qu'entendant les plaintes des Témoins, il penſoit alors que Mr Gomé prévariquoit dans ſes fonctions* : le 31. *qu'il a apris par un bruit comme public dans la Ville de Belfort que Mr Gomé étoit Partiſan du Comte de Renach* : le 37. *qu'il a oüi dire à pluſieurs perſonnes que Mr Gomé étoit plus porté pour le Comte de Renach que pour les Ferrier* : Le 38. que *pluſieurs Temoins ſe ſont plaint publiquement de la conduite de Mr Gomé*. le 41. *qu'il a oüi dire par bruit public qu'on n'étoit pas content de la conduite de Mr Gomé.*

Le 46. *qu'on parloit dans le Public peu favorablement de Mr Gomé, que ces diſcours peu favorables roulloient ſur le buffet de Mr Gomé, qu'on apelloit le buffet d'iniquité, & que la plûpart des Parties ſe plaignoient de Mr Gomé.* Le 48. *qu'il a oüi dire dans le Public que Mr Gomé avoit un buffet garni de vaiſſelle d'argent qui ne lui coûtoit pas grand choſe* : le 49. *qu'il a oüi dire dans le Public que Mr Gomé n'avoit pas une bonne réputation, que c'étoit un homme à craindre* : le 50. *qu'il a oüi dire dans le Public que la compagnie de Mr Gomé étoit dangereuſe, & qu'il étoit à craindre.*

De ſemblables oüis dire n'ont pas beſoin d'être relevés ; les Témoins ne nomment perſonne, & ils n'auroient pas manqué de nommer ceux de qui ils ont entendus des choſes déſavantageuſes à Mr Gomé, ſi ceux qui les ont dit n'étoient pas de ſes ennemis : on ſçait que la détraction & la médiſance, ſont conçûës dans le cœur par les ſoupçons, & les mauvais jugemens qu'elles éclatent par la langue, & qu'elles paſſent juſqu'aux mains, & à l'action par la flétriſure de l'innocence.

Tel eſt le caractére tout entier de ce vice, ſi ennemi de la Société civile, & cependant ſi ordinaire & ſi familier ; la malignité & l'orgueïl le forment dans le cœur par les ſoupçons, & les mauvais jugemens qu'on fait de ſon prochain, la lâcheté le fait paſſer juſques ſur la langue par de ſanglantes détractions, & d'injurieux diſcours, & pour perdre ceux qu'il attaque, il va ſouvent juſqu'à l'opreſſion ; Mr Gomé l'éprouve plus qu'aucun autre.

Mais les gens de bien ſçavent parfaitement ce qu'il faut penſer de ſemblables diſcours que ceux qui les raportent, imputent au bruit public, tandis qu'ils en ſont eux-mêmes les Auteurs, *fama volat tranſitque modum quocunque feratur* Seneque diſoit déja de ſon tems que rien n'étoit plus trompeur que ces sortes de bruits, *in illis nihil* (a) *invenies veri, nihil certi quæcunque famæ placent*; & Fabius pensoit de même, *famam esse sermonem sine ullo certo authore dispersum, cui malignitas initium dederit, credulitas incrementum quod nulli non etiam innocentissimo potest accidere fraude inimicorum falsa vulgatium.*

C'est pour cela que Tertulien estimoit qu'il n'y avoit que des gens inconsidérés qui fissent fonds sur un bruit public, *fama incerti est* (b) *cui nemo credit nisi inconsideratus, quia sapiens non credit incerto, sæpè mendacia ab uno seminantur, aut ingenio emulationis, aut arbitrio suspicionis, aut ingenita mentiendi voluptate*: de là vient que St Jerôme dit dans l'une de ses lettres à Ruffin, *multum in utramque partem crebro fama mentitnr, & tàm de bonis mala, quàm de malis bona falso rumore concelebrat: multi profecto sunt falsi rumores à malèvolis, & nudigerulis confecti; qui vis enim potest turpem de quolibet rumorem proferre, & confictam fabulam dissipare: temerè etiam conflari solent ea quæ ex rumoribus sparguntur sine certo authore, sine radice veritatis.*

De-là vient que les Loix civiles ne réjettent pas moins ces prétendus bruits, que les canoniques; on en trouve une décision dans la Loi 12. au code *de pænis*, conçûë dans ces termes, *vanæ voces populi non sunt audiendæ; nec enim vocibus eorum credi oportet quando aut noxium crimine absolvi, aut innocentem condemnari desiderant*; & il y a une semblable décision, tant dans la décretale, *Osius de electione*, que dans la glose.

Or dès qu'on rebute ces vains bruits publics dont les Témoins de cette prémiére information ont parlé en termes si généraux, la preuve de l'intégrité de Mr Gomé, résulte de cette information, & cela étant le Sr Néef ne peut plus mettre sa ressource que dans la seconde information qu'il fit faire en 1729. elle est composée de trente Témoins; elle fut commencée le 6. Août, & continuée les 8. 27. & 29. du même mois; voici ce que déposent les Témoins qu'on y a entendu, ou du moins ce qu'ils ont dit eux-mêmes d'y avoir déposé.

Antoinette Duchemin, Veuve du Sr Johannés 1. Témoin en ordre dans la seconde information de 1729. dépose *sur les faits dont est plainte retenus dans l'Arrêt dont lecture lui a été faite, qu'elle n'en a aucune connoissance; que feu son mari lui dit revenant du Jardin de Mr Noblat, où il avoit eu une conversation avec Mr Gomé, lequel procedoit, soit à l'Enquête du mois d'Octobre 1720. ou Fevrier 1721. qu'il étoit en colere contre ledit Sr Gomé de la conversation qu'il a eu avec lui, ne sçait cependant la deposante, sur quoi avoit roulé la conversation; qu'elle a même oüi dans le Public que l'on se plaignoit beaucoup de la conduite de Mr Gomé, de ce qu'il faisoit injustice anx Ferrier par sa partialité, qu'est tout ce qu'elle a dit sçavoir.*

Cette Femme ne parle que de ce qu'elle a oüi dire au nommé Johannés son Mari, & dès que celui-ci n'a point été entendu, cet oüi dire ne fait aucun dégré de preuve; elle ne sçait pas le tems de la conversation qu'elle supose que son Mari eut avec Mr Gomé, elle veut qu'on croye que son Mari lui a dit que Mr Gomé faisoit injustice aux Ferrier! Et quelle injustice Mr Gomé a-t'il pû leur faire, dès qu'il n'a jamais été leur Juge, & que loin de le recuser pour Commissaire, ils ont pris de lui une Ordonnance pour travailler à une contr'Enquête! Quel préjudice peut-il leur avoir porté en entendant des Témoins sur des faits d'une notorieté publique; car enfin il est certain que Ferrier Pere a été ou Valet de Chambre ou Maître d'Hôtel du Sr de St Just, il ne l'est pas moins que sa Femme a monté sur le Théatre pendant son premier Mariage avec l'Operateur Dubillot; plusieurs

(a) Seneque *epit.* 67.
(b) Tertulien *in Apolog.*

Témoins les ont vû & en ont déposé ! Faloit-il donc que Mr Gomé les empêchât de le dire, & que pour faire plaisir à Ferrier Fils il trahit sa conscience.

Jean Jacques Cuënot le jeune 2. Témoin en ordre dans la seconde information de 1729. dépose *sur les faits dont est plainte ; que se trouvant dans la Chambre de son Pere, couché dans le même lit de sondit Pere qui étoit malade ; le Sr Gomé y vint accompagné de Lasnier, Commis Greffier, pour recevoir la deposition du Pere du Déposant ; qu'après son arrivé il interrogea sondit Pere, si Ferrier Pere n'avoit pas été Valet de Chambre, s'il n'avoit pas eu la Cantine, s'il ne versoit pas à boire à tous venans, & s'il n'avoit pas vû la Dame Ferrier sur le Theatre ; que sondit Pere ayant repondu à cesdits faits par une denegation ; que sur ce ledit Sr Gomé repondit au Pere du Deposant, qu'il en étoit bien aise, mais que nonobstant ce, lesdits Ferrier ne reüssiroient point dans leur entreprise, puisque d'autres Temoins convenoient avoir vû les Srs & Dame Ferrier en ladite qualité ; que sur ce, son Pere soûtenoit le contraire ; qu'après la sortie du Sr Gomé, le Pere du Deposant lui dit que led. Sr Gomé avoit voulu le surprendre, mais qu'il n'étoit pas si simple de charger sa conscience ; que dans le Public il a oüi que l'on disoit que le Sr Gomé étoit extrémement partial dans cette Affaire, & qu'il a voulu surprendre des Temoins, & que le Public disoit méme qu'il y a long-tems qu'on devoit mettre le Sr Gomé dehors, & que le Pere du Deposant lui dit qu'il croyoit le Sr Gomé autre qu'il n'étoit, qu'est tout ce qu'il a dit sçavoir.*

Ce Témoin est Fils de Jean Cuënot, oüi en 46. ordre dans l'Enquête du Comte de Renach, c'est un Témoin suborné, & la preuve en résulte, de ce qu'encore que Ferrier Fils eût nommé Jean Cuënot son Pere pour l'un des Témoins de son Enquête sur ses prétendus faits justificatifs, cependant il n'a pas osé le faire entendre ! Pourquoi cela, c'est que Jean Cuënot n'étoit pas un homme aussi facile à corrompre que son Fils.

L'Enquête du Comte de Renach porte, que *Jean Cuënot y fut entendu à deux heures de relevée du 8. Octobre 1720. & qu'il étoit malade* ; son Fils l'a dit dans sa déposition, & il n'y a pas ajoûté qu'il ait été malade lui-même ; mais par une fausseté insigne, il y a dit que *lorsque Mr Gomé fut pour entendre son Pere, il étoit couché avec lui !* De bonne foy que faisoit ce Témoin dans un lit à deux heures après midi ! Et comment croire qu'il y ait été couché, lui qui n'étoit pas malade.

Jean-Jacques Cuënot sçait mieux qu'aucun autre des Témoins produits par les Ferrier quels sont les faits sur lesquels Mr Gomé interrogea son Pere ; il lui demanda (dit-il) si Ferrier Pere n'avoit pas été Valet de Chambre du Sr de St Just, s'il n'avoit pas eu la Cantine, s'il ne versoit pas à boire à tous venans, si sa Femme n'avoit pas monté sur le Théatre ! Et où est la possibilité qu'un jeune homme, tel que Jean-Jacques Cuënot, qui n'a entendu qu'une seule fois ces faits, & qui n'étoit point interessé dans la chose, s'en soit souvenu neuf années après, avec autant d'exactitude & de facilité que s'il venoit de les entendre ; on voit bien que cela est hors de vrai-semblance, & qu'il faut que le Témoin ait été sifflé & corrompu.

Il dit que *son Pere répondit negativement à tous ces faits* ; cependant sa déposition porte qu'il ne sçait pas si Ferrier Pere a été Cantinier ; mais qu'il est bien vrai que le Sr de St Just lui donnoit le profit de la Cantine, & que Ferrier Pere l'avoit affermé à Jean-Nicolas Chardoillet, pour ce qui concernoit la Ville de Belfort ! Il n'est donc pas vrai que Jean Cuënot ait répondu négativement à tous les faits sur lesquels il fut interrogé ? *Falsus autem in uno, falsus in omnibus* ; s'il a déposé faux, soit pour avoir dit qu'il étoit couché avec son Pere à deux heures après midi, soit sur les réponses que son Pere attribua aux interrogats de Mr Gomé : il a déposé faux, en déclarant que son Pere lui avoit dit après la sortie de Mr Gomé que celui-cy avoit voulu le surprendre : si on l'en croit, son Pere ne dipas qu'il eût été surpris, & s'il ne l'a pas été, sa déposition est véritable; or dès qu'elle l'est, celle de son Fils est fausse, parce qu'elle est contraire à l'autre.

Pierre Titot, Bourgois de Montbeliard 3. Témoin de la seconde information de 1729. dépose *sur les faits dont est plainte retenus en l'Arrêt, dont lecture lui a été faite, qu'il n'en a autre connoissance, sinon qu'ayant comparu à Belfort au mois de Fevrier 1721. pour deposer devant le Sieur Gomé, il vit entrer ledit Ferrier dans l'apartement où l'on entendoit les Temoins, ne sçachant le Deposant s'il y est entré de son chef, ou non; que là il a porté ses plaintes sur ce que les Témoins venoient de lui dire, sur quoi ledit Sr Gomé s'est mis dans une grande colere, qu'il n'a plus voulu entendre de Témoins, & que le Déposant avec d'autres Particuliers de Montbeliard ont été obligés de s'en retourner sans déposer, quoique l'on ait employé toutes choses pour continuer ladite Enquête, qu'en chemin faisant pour Montbeliard, & même à l'Auberge à Belfort, ils ont dit que s'il étoit vrai ce que Ferrier Fils disoit, cela n'étoit pas bien d'un Juge, & qu'il paroissoit au Deposant dans le discours que le Sr Gomé a tenu avec Rossel de Montbeliard, qu'il étoit plus porté pour le Sr de Foussemagny que pour le Sieur Ferrier, qu'est tout ce qu'il a dit sçavoir.*

Ce Témoin prouve deux choses pour Mr Gomé; l'une est qu'il fut réellement insulté par Ferrier Fils, & le Procureur Queffemme, dans le tems qu'il proceda à la contr'Enquête de Ferrier Pere, parce que ce Témoin assûre, que *Ferrier Fils entra dans la Chambre où Mr Gomé travailloit, & que Mr Gomé se mit en colere!* Mais pourquoi s'y seroit-il mis, si Ferrier Fils ne l'avoit pas insulté.

L'autre est que la plûpart des Témoins oüis dans l'Information faite en 1723. sur la vérité du Procès verbal en irrévérence dressé par Mr Gomé, ont déposé faux, soit parce qu'ils ont dit, que *Ferrier Fils n'étoit pas entré dans la Chambre où Mr Gomé travailloit*; & ce Témoin dit, *qu'il y entra*, soit parce qu'ils ont ajoûté que Ferrier Fils avoit parlé avec douceur & soûmission à Mr Gomé, au lieu qu'il lui parla insolemment, & qu'il lui fit l'affront le plus cruel qu'on peut faire à un Commissaire de Cour Supérieure, en lui disant en face qu'il ne rédigeoit pas les dépositions des Témoins dans leur entier.

Benoist Lanier 4. Témoin de la seconde information faite en 1729. dépose *sur les faits dont est plainte, & dont lecture lui a été faite, qu'il n'en a autre connoissance sinon que feu son frere ci-devant Commis Greffier lui dit qu'il auroit voulu n'avoir point travaillé dans les deux Enquêtes sous le Sieur Gomé, que feu son frere lui dit de plus que s'il avoit été à la place du Procureur de Ferrier, il auroit porté ses plaintes plûtôt au Sr Gomé, sur ce que les Temoins lui disoient, que même après la rentrée des Témoins dont Queffemme s'étoit plaint, le Sr Gomé disoit à son frere d'écrire ce que les Témoins lui disoient, que sondit frere lui a répondu qu'il devoit lui dicter étant sous sa diction, qu'est tout ce qu'il a dit sçavoir.*

Ce Témoin ne dépose que d'un oüi dire de son Frere, qui en qualité de Commis a vaqué aux Enquêtes ausquelles Mr Gomé a été Commissaire, & ce que peut avoir dit le Commis Lanier est indigne de foy, soit parce qu'il est démenti par toutes les signatures qu'il a aposé au bas des dépositions rédigées devant lui, soit parce que il étoit fugitif, *in reatu*, & infâme au tems qu'il a déposé, il a déposé deux fois; l'une en 25. ordre dans l'Information faite en 1723. sur la vérité du Procès verbal en irrévérence dressé par Mr Gomé; l'autre en 68. ordre dans l'Enquête de Ferrier Fils, & parmi les faussetés qu'il a dit, n'ayant point parlé de la circonstance de laquelle son Frere a déposé en 1729. cette circonstance n'est pas moins fausse, que la déposition du Commis Lanier, & d'ailleurs elle est indifférente.

Jean-Pierre Noblat, Bailly de Moiſſevaux 5. Témoin dans la ſeconde information de 1729. dépoſe *ſur les faits retenus dans l'Arrêt, dont lecture lui a été faite; qu'étant par deux differentes fois dans ſon Jardin hors de Belfort, le Sr Gomé y vint toutes les deux fois, & ce pendant qu'il procedoit à l'Enquête du mois d'Octobre 1710. là en y entrant, commença d'un ton de declamateur à dire ces mots, un tel ſans le nommer d'un âge reſpectable de ſoixante & dix ou ſoixante & douze ans, depoſe, avoir vû ladite Dame Colombine ſur le Theatre, vendant & debitant ſes Drogues & paquêts, ſans dire le nom de la Dame; qu'il a oüi dire à la Gobert laquelle a été entenduë, ſoit à la Requête du Sr de Fouſſemagny, ſoit à la Requête de Ferrier, que le Sr Gomé n'avoit point rédigé par écrit toutes les circonſtances de ſa dépoſition, contre laquelle elle s'étoit fortement recrié, qu'au reſte il n'a aucune connoiſſance deſd. faits, ſinon qu'il a oüi dire que le Buffet du Sr Gomé contenant ſa vaiſſelle d'argent étoit rempli du tiers & du quart, & que ſi chacun reprenoit ſon morceau ou ſa piéce, il ne lui en reſteroit pas grand choſe, qu'eſt tout ce qu'elle a dit ſçavoir.*

Le premier fait que ce Témoin raporte eſt une véritable ineptie; car quand il ſeroit vrai, rien n'en ſeroit à conclure, ſi ce n'eſt que Mr Gomé ſe moquoit de Ferrier Fils, d'avoir oſé concevoir le deſſein de devenir Conſeiller à Colmar, tandis qu'il étoit Fils d'un Valet de Chambre & d'une Comedienne; le ton de déclamateur qu'il a plû au Témoin de donner à Mr Gomé eſt une autre impertinence; ce Témoin n'auroit-il point voulu que tandis que l'Enquête à laquelle Mr Gomé vaquoit comme Commiſſaire faiſoit rire toute l'Alſace; Mr Gomé en eût pleuré, ou qu'il ait été obligé de quitter l'eſprit enjoüé que la nature lui a donnée.

On ne ſçait quelle eſt la Gobert, de laquelle ce Témoin parle, & n'ayant dépoſé dans aucune Enquête ou Information; il faut mettre le diſcours que ce Témoin lui fait tenir, avec l'oüi dire qu'il raporte ſur le Buffet de Mr Gomé.

Nicolas Huguet 6. Témoin de la même information, dépoſe *ſur les faits retenus dans l'Arrêt, dont lecture lui a été faite; qu'il n'en a autre connoiſſance, ſinon que feu Laſnier Commis Greffier pour lors, lui dit qu'il faiſoit en cette Ville de Belfort un métier qui ne lui plaiſoit point, & ſur ce que le Dépoſant lui demanda pourquoi! il lui repliqua qu'on le faiſoit écrire tout autrement que les Témoins ne dépoſoient, & ſur ce que le Dépoſant lui dit pourquoi il le faiſait, il lui fit reponſe qu'il ne pouvoit faire autrement que de travailler ſous la diction de celui qui lui dictoit; que le Dépoſant étant un jour chès le nommé le Poivre avec le Sr Gomé à Colmar; le Sr Gomé fit beaucoup de careſſes audit le Poivre, & lui dit, mon ami le Poivre, ſi nous n'avons pas encore bû enſemble, vous ſçavés les raiſons qui m'en empêchent, mais cela arrivera par la ſuite, en lui diſant qu'il faloit écraſer ce B. étoit la partie adverſe, que par là le Dépoſant a cru qu'il parloit de Mr Noblat qui étoit ſa partie adverſe; que quelques jours après ledit le poivre perdit ſon procès, & le Dépoſant étant chès Gall de Colmar où étoit Mr le Duc de la Meilleraye; le Sr Gomé s'y trouvant, la converſation tomba ſur le procès dudit le poivre perdu; le Sr Gomé dit autant de mal de ce le poivre; qu'il lui avoit fait de careſſes quelques jours auparavant, qu'eſt tout ce qu'il a dit ſçavoir.*

Ce Témoin raporte un oüi dire du Commis-Greffier Lanier! Et pourquoi groſſir une Information de ſemblables oüis dire, qui ne prouvent jamais, lorſque ſur tout ils viennent d'un homme auſſi ſuſpect, & auſſi mal-famé que Lanier.

La converſation que ce Témoin fait tenir à Mr Gomé avec le nommé le Poivre eſt digne de dériſion; Mr Gomé dit en badinant à le Poivre qu'il faut écraſer celui avec lequel il plaide, il condamne enſuite le Poivre, & s'il eſt vrai ce que le Témoin raporte, il faut que Mr Gomé ait raillé devant Mr le Duc de la Meilleraye, de ce que le Poivre avoit perdu ſon Procès, & qu'il s'en ſoit mocqué; tout cela paſſe pour criminel dans l'eſprit du Témoin, & il faut avoir l'eſprit renverſé, pour s'imaginer qu'il le ſoit.

Jean-Claude Chapuis 7. Témoin de la même information, dépoſe *ſur*

Ce Témoin raporte des diſcours qu'il ſupoſe que Mr Gomé lui a tenu *les faits retenus par l'Arrêt dont lecture lui a été faite, qu'il n'en a autre connoissance, sinon que lorsque le Sr Gomé procedoit à l'Enquête du mois d'Octobre 1720 ou Fevrier 1721. le Déposant s'est promené differentes fois avec lui; qu'il s'est même trouvé quelquefois dans sa compagnie, où il a remarqué par les discours du Sr Gomé, qu'il étoit passionné contre les Ferrier; qu'il lui dit un jour, & à d'autres personnes qui se trouvoient presentes, que s'il avoit été à la place de Ferrier Pere, au lieu de seconder son Fils, il lui auroit donné vingt coups de bâton; que le Déposant parlant un jour de cette affaire à Mr Noblat l'aîné, il lui dit qu'il étoit étonné que le Sr Gomé temoignoit tant de passion dans cette affaire, qu'un Juge de Cour Souveraine devoit être plus discret, & qu'il sembloit au Deposant que le Sr Gomé inclinoit à la prevarication; que le Deposant étant un jour à Denney; il y fit rencontre d'un nommé François Bussiere, qui lui dit qu'un jour le nommé Marchand de Belfort ayant un procès au Conseil, dont le Sr Gomé étoit Raporteur, ledit Marchand envoya chès le Sr Gomé une piéce de vin de Bourgogne, que lui Bussiere se trouvant à Colmar chès le Sr Gomé; il aida à descendre cette piece dans la Cave dudit Sr Gomé; que le soir Bussiere étant à souper avec Marchand chès le nommé Senan aubergiste à Colmar, où ils étoient logé, il dit au dernier tu fais de grandes largesses, sur quoi il lui fût repliqué, que veux tu, on se tire d'affaire comme on peut, que ce même Bussiere ayant procès au Conseil, contre la Communauté de Denney; il promit deux Loüis à Marie, servante du Sieur Gomé pour solliciter pour lui; que le Procès ayant été jugé, il le dit à son Avocat & Procureur qui l'en dissuaderent; la Servante du Sr Gomé l'ayant rencontré quelques jours après elle lui dit trompeur, à quoi il lui repliqua on fait ce que l'on peut, qu'est tout ce qu'il a dit sçavoir.*

en particulier, & cela fait voir combien Mr Gomé est à plaindre de se voir recherché jusques dans ses moindres paroles; ce qui a fait juger au Témoin que Mr Gomé étoit extrêmement passionné contre les Ferrier est si on l'en croit, que *Mr Gomé lui dit un jour que s'il étoit en la place de Ferrier Pere, il donneroit vingt coups de bâton à son Fils, au lieu de le seconder*! & Mr Gomé n'avoit-il pas raison; Ferrier Pere en a jugé tout comme lui, puisque loin de donner dans les extravagances où son Fils s'est jetté, il a exécuté l'Arrêt rendu par le Conseil de Colmar le 17. Mars 1723. en payant 6600. liv. de dommages & interêts ausquels il l'a condamné, & les dépens.

Quelques discours que le Sr Noblat l'aîné ait tenu au Témoin sur le compte de Mr Gomé; cela marque bien que le Sr Noblat veut mal à Mr Gomé; mais s'il a pensé que Mr Gomé inclinoit à la prévarication; cela ne conclut pas plus contre la conduite de Mr Gomé, qu'il y auroit à conclure contre la conduite du Sr Noblat si Mr Gomé avoit pensé que le Sr Noblat étoit un fripon; il a été en effet autant permis à Mr Gomé de porter un Jugement défavorable du Sr Noblat; qu'il a été permis au Sr Noblat d'en porter un désavantageux à Mr Gomé; c'est ainsi que chacun se vange d'un médisant; s'il dit du mal, il s'en fait toûjours dire davantage.

Ce Témoin fait le récit de deux faits qu'il importe de suivre; l'un est *qu'il a oüi dire à François Bussiere que le nommé Marchand qui avoit un Procés, duquel Mr Gomé étoit Raporteur, lui envoya une piece de vin de Bourgogne, que Bussiere aida à descendre dans la Cave de Mr Gomé*; l'autre que *Bussiere ayant un Procés au Conseil de Colmar, contre la Communauté de Denney, il promit deux Loüis d'or à la Servante de Mr Gomé pour solliciter pour lui, que le Procès ayant été jugé, Bussiere fit part de sa promesse à son Avocat & à son Procureur, qui le dissuaderent de l'executer, que quelques jours aprés la Servante de Mr Gomé ayant rencontré Bussiere, elle lui dit que c'étoit un trompeur, & que Bussieres répondit à ce reproche qu'on faisoit ce que l'on pouvoit.*

Mr Gomé est pleinement justifié du prémier de ces faits par la déposition que Toussaint Marchand a porté en 15. ordre dans la seconde information faite en 1729. car Marchand affirme, *qu'un mois aprés l'Arrêt rendu au raport de Mr Gomé dans le Procés qu'il avoit à Colmar contre le Seigneur de Cernay, il envoya une feüillette de vin de Champagne à Mr Gomé, & que Mr Gomé lui écrivit qu'il ne l'avoit pas voulu recevoir, & qu'il l'avoit envoyé à l'Hôpital de Colmar*: or de là deux conséquences, la prémiére que Mr Gomé n'étoit pas chés lui lorsque Marchand fit mettre

tre dans sa cave une feüillette de vin de Champagne, & la deuxiéme, qu'à son retour l'ayant envoyé à l'Hôpital; il est impossible de croire qu'un homme qui en agi avec tant de prudence & de désintéressement se soit livré à des prévarications; Mr gomé auroit pû, sans craindre d'être blâmé, laisser cette feüillete dans sa cave, cependant il la renvoye, & ses ennemis pensent faire croire que son cœur est tout entier à l'avarice! Qu'ils le croient tant qu'ils voudront, une action si généreuse les démentira toûjours.

L'autre fait que Jean-Claude Chapuis raporte, n'intéresse point Mr Gomé; car s'il est vrai que François Bussiere ait promis deux Loüis d'or à la servante de Mr Gomé, ce n'est pas là une chose de laquelle Mr Gomé doive répondre, parce qu'un Juge n'est pas plus responsable des friponneries de ses domestiques, que de celles des cliens à leur offrir de l'argent, ou à leur en donner.

Ce qui résulte de la déposition de ce Témoin, est que François Bussiere ne donna pas à la servante de Mr Gomé les deux Loüis d'or qu'il lui avoit promit, soit parce que le Témoin assure que les Avocats & Procureurs de Bussiere l'en dissuaderent, soit parce que *la servante dit à Bussiere qu'il étoit un trompeur*, & elle se seroit bien gardé de lui donner ce nom, si elle en avoit eu reçû de l'argent.

François Bussiere 8. Témoin en ordre dans la seconde information de 1729. dépose *sur les faits dont lecture lui été faite qu'il a eu en* 1718. *Procès au Conseil contre la Communauté de Denney, dont le Sr Gomé étoit Raportenr, qu'entrant un jour chès le Sr Gomé, il donna à sa Servante nommée Marie un écu de six francs pour avoir l'accès libre, ce qui a si bien operé, que toutes les fois qu'il s'est presenté à sa porte, qui jusques-là lui étoit la plûpart du temsrefusée, s'est toûjours trouvé ouverte pour lui; que quelque tems aprés se trouvant à Colmar, il promit à ladite Servante deux Loüis d'or, si elle pouvoit faire que son Procès se terminât bientôt, qne le lendemain étant retourné chès le Sieur Gomé, il lui dit de vouloir bien l'avertir, s'il manquoit quelque chose à son Procès, que pour ses peines il lui donneroit deux Loüis d'or, sur ce le Sr Gomé lui remit un état de ce qui manquoit à son Procès, avec deffenses de ne point dire qu'il tenoit ledit Mémoire de lui, lequel il remit à Simottet l'aîné son Procureur, que le Procès étant jugé, il voulut effectuer sa promesse dans la Salle basse du Palais, & en les lui presentant il lui dit qu'il n'avoit qu'à le remettre à Marie sa Servante; ce qu'il fit nonobstant que son Procureur l'en ait dissuadé; maisqu'il l'a fait, parce que Priqueler son Avocat lui a dit que quand on avoit donné sa parole il faloit la garder: qu'un*

Ce Témoin dépose de trois faits, le premier, *qu'il donna un écu de six livres à la Servante de Mr Gomé pour avoir chez lui un accès libre*! & qu'est-ce que cela conclut contre Mr Gomé, ce qu'on donne à des Domestiques pour pouvoir parler à leurs Maîtres avec plus de facilité! a-t'il jamais été tiré à conséquence contre les Maîtres.

Le deuxiéme, *qu'il promit deux Loüis d'or à la Servante de Mr Gomé, si elle pouvoit obtenir que son Procès fût bien-tôt terminé, que le lendemain de cette promesse étant retourné chez Mr Gomé, il le pria de l'avertir s'il y manquoit quelque chose dans son Procès, & que pour ses peines, il lui donneroit deux Loüis d'or, que sur cette promesse Mr Gomé lui remit un état de ce qui manquoit à son Procès, avec deffenses de ne point dire que le memoire venoit de lui; qu'il remit ce memoire au Procureur Simottet l'aîné qui occupoit pour lui, que le Procès étant jugé, il voulut effectuer sa promesse dans la Salle basse du Palais, & qu'en presentant deux Loüis d'or à Mr Gomé, celui-ci lui dit de les remettre à sa Servante, ce qu'il fit, nonobstant que son Procureur l'en ait dissuadé, parce que son Avocat lui dit que quand on avoit donné sa parole, il la faloit garder.*

Mais quel Jugement portera-t'on de ce Témoin, lorsqu'on sçaura que c'est un miserable Paysan, sans biens *jour se trouvant devant chès le Sieur Gomé où le nommé Marchand qui avoit un Procès au Conseil duquel le Sr Gomé étoit Raporteur, faisoit décharger une piece de vin de Bourgogne, le Déposant a aidé à la décharger, qu'en la déchargeant, il dit audit Marchand en Langue du Pays qu'aparamment il en faisoit present, sur quoi il lui fut répliqué, que t'embarrasse-tu, pourvû que je gagne mon Procès! & ce en presence de la Servante du Sr Gomé, qu'est tout ce qu'il a dit sçavoir.*

& sans moyens, un Chicaneur fameux, aussi facile à suborner, qu'enclin à plaider! Ce malheureux veut faire croire qu'il a promis deux Loüis d'or à Mr Gomé, & autant à sa Servante : cependant il ne dit pas qu'il en ait donné quatre, il dit seulement *qu'en ayant offert deux à Mr Gomé, ce dernier lui dit de les remettre à sa Servante, ce qu'il fit*! C'est donc la Servante de Mr Gomé qui a reçû l'argent, & Mr Gomé n'a rien reçû; or s'il n'a rien reçû! pourquoi l'impliqueroit-on dans un fait personnel à une Servante, & à un Plaideur de Profession tel que François Bussiere.

Où est-ce que Bussiere supose avoir voulu donner deux Loüis d'or à Mr Gomé! *C'est*, dit-il, *dans la Salle basse du Palais de Colmar*! De bonne foi étoit-ce là un endroit propre à s'acquitter de la fausse promesse que le Témoin imagine! Y a-t'il rien de moins vrai-semblable que d'offrir de l'argent à un Juge dans le Sanctuaire de la Justice! Et comment François Bussiere auroit-il pû donner deux Loüis d'or à la servante de Mr Gomé, lui qui n'a jamais eu un écu dans sa poche.

Si on en croit ce Témoin, *il promit d'abord deux Loüis d'or à la servante, pour que son Procés se terminât dans peu, & le lendemain il en promit deux à Mr Gomé, en retour des peines que Mr Gomé prendroit à lui dire s'il manquoit quelque chose dans son Procés*! Voilà donc quatre Loüis d'or promis par Bussiere, & dés-que ce Témoin ne dit pas en avoir payé plus de deux à la servante de Mr Gomé, il suit de sa propre déposition qu'il n'est point vrai qu'il en ait promis deux à Mr Gomé.

A entendre ce Témoin, *il promis deux Loüis d'or à Mr Gomé en retour des peines que Mr Gomé prendroit à lui dire s'il manquoit quelque chose dans son Procés, & que sur cette promesse Mr Gomé lui remit un état de ce qui manquoit à son Procés, qu'il fut porter au Procureur Simottet l'aîné, qui occupoit pour lui*! Mais on demande à ce faussaire pourquoi il ne paya pas à Mr Gomé les deux loüis d'or qu'il supose lui avoir promis, dès que Mr Gomé lui eût remis l'état contenant ce qui manquoit à son Procès; & s'il étoit vrai que Mr Gomé eût dressé cet état, & que le Témoin l'eût porté au Procureur Simottet! pourquoi ne pas faire entendre Simottet sur la vérité du fait: c'étoit un homme capable d'expliquer ce que c'est que l'état imaginé par Bussiere; cependant Simottet n'a point été entendu! & que suit-il de-là, si ce n'est qu'on a craint qu'il ne rendit témoignage sur la fausseté du fait inventé par Bussiere.

Qu'est-ce que l'état que ce Témoin dit lui avoir été remis par Mr Gomé, *il contenoit*, dit-il, *ce qui manquoit à son Procés*! Et a-t'on jamais fait un état de ce qui manque à un Procès: si c'étoit une cotte, un consing, ou quelque Piece de la Procédure qui manquoit; Mr Gomé a pû avertir le Procureur Simottet de remplir sa production, sans s'exposer à aucun reproche, & quand François Bussiere se feroit oublié jusqu'au point que de dire à Mr Gomé qu'il lui donneroit deux Loüis d'or en retour des peines qu'il prendroit à l'avertir de ce qui manquoit à son Procès; Mr Gomé ne seroit réprehensible que de n'avoir pas dressé sur le champ son Procès verbal de l'insulte que Bussiere lui auroit fait, pour l'en faire punir sévérement; Mr Gomé ne seroit pas le premier Officier de Cour Superieure, qui auroit essuyé de pareils discours de gens de la farine de François Bussiere, & qui à l'exemple de Mr Gomé les auroit méprisé, persuadé que des Paisans tels que Bussiere ne conçoivent pas la force des termes.

Ce qu'il y a de certain, suivant la propre déposition de François Bussiere, est que *Mr Gomé n'a reçû de lui aucun argent*, & il est certain par la déposition de Jean-Claude Chapuis précédent Témoin, que *la Servante de Mr Gomé n'a encore rien reçû de Bussiere*, parce que Bussiere a dit lui-même à Jean-Claude Chapuis, que *la Servante l'avoit apellé trompeur*; or si les deux Loüis d'or promis à la Servante de Mr Gomé, n'ont pas plus été payés que ceux que Bussiere dit avoir promis à Mr Gomé, la fausseté de ce Témoin reste évidente.

Chapuis précédent Témoin n'a pas déposé que Bussiere lui ait dit d'avoir rien promis à Mr Gomé, cependant Bussiere a déposé le contraire; Chapuis assûre que Bussiere lui a dit que son Avocat & son Procureur l'avoient dissuadé de tenir la promesse qu'il avoit fait à la Servante de Mr Gomé; Bussiere néanmoins assûre que son Avocat lui conseilla de tenir sa promesse! Comment concilier de semblables contradictions, & dès qu'on n'a pas osé faire entendre les Avocat & Procureur de Bussiere sur ce fait! N'est-ce pas une démonstration que ce que peut avoir dit Bussiere à Chapuis, est une calomnie sur laquelle Bussiere a encheri par sa déposition.

Où en seroient les honnêtes gens, si leur réputation dépendoit du témoignage d'un homme tel que François Bussiere, susceptible de toutes impressions! Où en seroient les Supôts des Cours Supérieures, si pour les perdre d'honneur, il ne faloit que suborner un malheureux tel que François Bussiere! & ne suffiroit-il pas à Mr Gomé d'avoir vêcu pendant trente ans d'une maniére irréprochable, de s'être acquitté de quantité de commissions avec fidélité, & de ne s'être pas trouvé plus riche aprés trente ans des services rendu au Public, que lorsqu'il est entré dans le Conseil Supérieur de Colmar, pour qu'on regarde la déposition d'un Témoin, tel que François Bussiere, comme l'effet de la corruption, & une suite de la haine des Ferrier.

Le troisiéme fait dont Bussiere parle, acheve de convaincre de sa subornation, ce fait regarde la feüillette de vin que Toussaint Marchand mit dans la cave de Mr Gomé en son absence, & non seulement Bussiere n'a pas parlé de Mr Gomé, mais encore il a insinué à la fin de sa déposition, que le Procès de Marchand n'étoit pas jugé, lorsque cette piéce de vin fut mise dans la cave de Mr Gomé, il a en effet raporté les termes suivans qu'il supose avoir été proférés par Marchand! *Que t'embarasse-tu, pourvû que je gagne mon Procés*; cependant Marchand dépose qu'il ne mit cette piéce de vin dans la cave de Mr Gomé qu'un mois aprés que son Procès fût jugé, & par conséquent il ne se peut pas que Marchand ait tenu le discours que Bussiere raporte; or la déposition de Bussiere prouvée fausse dans cette circonstance, elle l'est pour le tout, *falsus in uno, falsus in omnibus*.

Le Sr François Leopold de Roppe
9. Témoin de la seconde information, dépose *sur les faits dont est plainte, qu'il n'en a aucune connoissance, sinon que le Deposant ayant un Procès au raport du Sr Gomé, sur lequel est intervenu un contesté plus amplement, le Deposant étant venu par aprés chès le Sr Gomé pour le remercier, il dit au Deposant vois-tu mon cher ami, il n'a tenu qu'à moi que le Procés se terminât au fond, & j'aurois gagné quarante écus, mais que pour un ami c'étoit une bagatelle; dit de plus que le Sr Gomé aprés avoir procedé à l'Enquête du mois d'Octobre 1720. il revint au sortir de Belfort diner chés lui*

Ce Témoin raporte un discours, qu'il supose que Mr Gomé lui a tenu, aprés un Procès jugé, mais ce discours ne signifie rien en lui-même, il n'est pas facile à le comprendre, & le Témoin n'ayant pas expliqué, ni ce que Mr Gomé vouloit dire, ni ce que lui-même croyoit que Mr Gomé eût voulu dire; il faut mettre ce discours au nombre des paroles inutiles qui se disent souvent sans conséquence, & qui ne concluent rien.

Ce Témoin ajoûte ne pas se souvenir des discours que Mr Gomé tint avec d'autres personnes, lorsqu'il dina chès lui à son retour de l'Enquête du Comte de Renach; mais il *le Deposant, où il tint avec d'autres personnes des discours, qui en partie rouloient sur la contestation agitée pour lors entre le Sr de Renach & Ferrier; qu'il ne se ressouvient plus desdits discours; mais que Mr Noblat Prevost de Belfort qui étoit present, dit au Deposant que le Sr Gomé parloit trop clairement pour un Commissaire; qu'il a oüi dire à plusieurs personnes, aprés que l'Enquête du mois de Fevrier 1721. fût achevée, que ledit Sr Gomé n'avoit point voulu faire rediger par écrit toutes les circonstances des depositions des Temoins, qu'est tout ce qu'il a dit sçavoir.*

dit que *le Sr Noblat les trouva mauvais*, & ce n'est pas là un grand malheur pour Mr Gomé, parce que le Sr Noblat pense plus de travers qu'aucun autre.

Jean-Jacques Jantet 10. Témoin de la même information, dépose *sur les faits dont lecture lui a été faite, qu'il n'en a autre connoissance, sinon que lorsque le Sr Gomé vint à Belfort pour proceder à l'Enquête du Sr de Renach, & changeant de chevaux chés le Deposant, il sauta de sa Chaise, & s'adressant à ceux qui étoient presens, il leur demanda n'y a-t'il personne ici qui ait vû danser la Dame Ferrier sur le Theatre; que la Mere du Deposant lui ayant repliquée comme étant native de Bavillier, qu'elle s'étonnoit d'un tel discours, n'ayant jamais oüi dire que de bien de la Famille des Ferrier, & lui repondit qu'aparenment il vouloit le prouver; sur ce le Sr Gomé lui dit qu'elle ne s'en souvenoit plus, & qu'elle étoit une bête, en lui tournant le dos, & remontant dans sa Chaise, paroissant être fâché de ce qu'on ne vouloit pas dire ce qu'il exigeoit; le Deposant étant present à tous ces discours; & qu'il a oüi dire à bien des personnes aprés les Enquêtes faites, que le Sr Gomé ne valoit pas grand argent, mais que le Deposant ne se souvient point du nom des personnes qui le lui ont dit, qu'est tout ce qu'il a dit sçavoir.*

Ce Témoin raporte une circonstance qui fait pitié, & qui ne conclud rien! N'est-ce pas une chose risible de voir un Procureur Général d'une Cour Supérieure, tel que le Sr Néef produire des Témoins pour déposer, que Mr Gomé arrivant à la Chapelle sauta de sa Chaise, & dit à une vieille femme que c'étoit une bête; il faut que le Commissaire qui a vaqué à une semblable Information ait bien eu du tems de reste, pour ramasser de semblables ridiculités.

Antoine-Catherine Donat 11. Témoin, dépose *ne rien sçavoir des faits retenus par l'Arrêt de Colmar du 9. Juillet 1729.*

Antoine Ethard 12. Témoin, dépose *ne rien sçavoir des mêmes faits.*

Jean

Jean-François Vernier 13. Témoin de la seconde information de 1729. dépose *sur les faits dont lecture lui a été faite, qu'il n'en a autre connoissance, sinon qu'il a oüi dire à Paris par le Sr Tenne, ci-devant Conseiller à Ypres, que le Sr Gomé étoit un fourbe, & que le Deposant le croit tel, attendu que le Sr Gomé lui ayant promis de lui rendre service dans l'occasion, a fait le contraire, & qu'il a oüi-dire de differentes personnes, que l'on ne faisoit pas grand cas du Sr Gomé, & qu'il étoit à craindre, qu'est tout ce qu'il a dit sçavoir.*

Ce Témoin dépose, que *le Sr Tenne ci-devant Conseiller à Ypres lui a dit que Mr Gomé étoit un fourbe, & qu'il le croit tel !* N'est-ce pas là une grande bêtise; Mr Gomé n'a jamais donné sujet au Sr Tenne, non plus qu'à Jean-François Vernier de penser de lui que c'étoit un fourbe; mais s'ils l'ont pensé à tort, Mr Gomé croit avec sujet, que ce sont deux fols qu'il faut mettre aux petites maisons ! Vernier n'a-t'il donc été produit contre Mr Gomé, que pour lui dire une injure.

Therese Hutisson 14. Témoin, dépose *ne rien sçavoir des faits retenus par l'Arrêt de Colmar du 9. Juillet 1729.*

Toussaint Marchand 15. Témoin de la seconde information de 1729. dépose *sur les faits dont lecture lui a été faite, qu'ayant eu un Procès au raport du Sr Gomé, contre le Seigneur de Cernay touchant le Greffe, il envoya un mois aprés le Jugement de cette instance, une feüillette de vin de Champagne au Sieur Gomé, lequel dix-huit mois aprés la réception d'icelle, manda par lettre au Déposant, qu'il n'avoit pas voulu recevoir la piéce, & qu'il l'avoit envoyé à l'Hôpital de Colmar, que l'Envoy de la piéce de vin de Champagne, s'est fait en 1719. & ce au commencement de l'Année; que le Sr Gomé n'a cependant rien demandé au Déposant, ni avant, ni aprés le Jugement de l'instance, & que le Déposant a fait cet envoy de son propre mouvement; que le Déposant a perdu & égaré cette lettre, ne pouvant nous la representer, qu'au reste il n'a point connoissance desdits faits, qu'est tout ce qu'il a dit sçavoir.*

Ce Témoin justifie pleinement la conduite de Mr Gomé, & sa déposition suffiroit seule pour couvrir de confusion le Sr de Néef, les Ferrier & tous leurs adhérans; parce qu'un Juge qui renvoye à l'Hôpital une feüillette de vin placée dans sa cave pendant son absence, & aprés un Procés jugé, n'est pas certainement capable de faussetés, de prévarications, ni de concussions.

Mais quoique ce Témoin ait rendu dans un sens justice à Mr Gomé, il ne laisse pas que de s'être laissé corrompre sur deux circonstances, l'une est d'avoir tû par affectation que Mr Gomé étoit absent hors de la Ville de Colmar, & qu'il vaquoit dans celle de Landau à une commissions lorsque ce Témoin mit dans sa cave la feüillete de vin dont il parle.

L'autre est d'avoir suposé que Mr Gomé lui écrivit 18. mois aprés, qu'il ne vouloit pas recevoir sa feüillette de vin, & qu'il l'avoit envoyé à l'Hôpital, car le Témoin a été hors d'état de réprésenter cette lettre, & la vérité est au contraire, que dès que Mr Gomé fut de retour de Landau, il fit tirer de sa cave la feüillette de vin que Marchand y avoit mis, & qu'il l'envoya à l'Hôpital.

Jean-Jacques Brueder 16. Témoin de la même information, dépose *sur les faits dont lecture lui a été faite, qu'il n'en a aucune connoissance, sinon que s'étant trouvé un jour chés le Sieur Gomé qui étoit au mois de*

Ce Témoin parle d'un fait étranger à la contestation; *c'est*, dit-il, *que vaquant sous Mr Gomé en qualité de secretaire, interpréte dans une Enquête à laquelle Mr Gomé vaquoit comme Commissaire entre le Sr de la*

Janvier de l'année derniere, en qualité de Secretaire-Interprête dans une Enquête que le Sieur Gomé faisoit, entre le Sieur de la Sabliere & des Particuliers de cette Ville, led. Sr Gomé demandoit aux Témoins choses qui sembloient au Déposant être inutiles, & que de-là le Déposant a jugé que le Sr Gomé pouvoit bien être porté pour le Sr de la Sabliere, & qu'au sortir de chès le Sr Gomé, il dit à Melang que de la maniere que les choses se sont passées, le Déposant a eu envie de se retirer, qu'est tout ce qu'il a dit sçavoir.

Sabliere, & des Particuliers de Colmar; il remarqua que Mr Gomé demandoit aux Temoins des choses qui lui sembloient inutiles, & que cela le fit juger que Mr Gomé pouvoit bien être porté pour le Sr de la Sabliere.

Mais il faut mettre le jugement de ce Temoin avec celui du Commis-Greffier Lanier; car ce n'est pas à gens de cette espéce, de s'informer si les faits sur lesquels un Commissaire interroge des Témoins, sont, ou ne sont pas inutiles : les Commissaires ne cherchent que la verité, & Souvent les Commis-Greffiers ne cherchent qu'à allonger les dépositions pour augmenter leurs minutes & leurs expéditions; Mr Gomé n'a pas moins rendu justice au Sr de la Sabliere, qu'à tous autres, & quiconque l'a pensé autrement, est un calomniateur.

Henry Cuënin 17. Témoin, dépose *ne rien sçavoir des faits retenus par l'Arrêt de Colmar du 9. Juillet 1729.*

Albert Hammerer 18. Témoin dépose *ne rien sçavoir des mêmes faits.*

François-Antoine Reychtette 19. Témoin, dépose *sur les faits dont lecture lui a été faite qu'il n'en a autre connoissance, sinon que lui qui dépose ayant un Procès avec le Rabin de Soulz, au sujet d'une obligation passée pardevant le Notaire Royal Robert, pendant qu'il sollicitoit le Jugement de cette affaire laquelle devoit être portée à l'Audience de la seconde Chambre, le Sieur Gomé étant pour lors de Service à la premiere, il fit rencontre de ce dernier qui lui demanda comment alloit son affaire, & sur ce que le Deposant lui dit qu'il sollicitoit un Jugement definitif, il lui repliqua que son affaire n'étoit pas bien entamée, & qu'il étoit entre les mains d'un Avocat qui ne le conseilloit pas bien, que s'il vouloit suivre ses conseils, il le mettroit en beau chemin, le Deposant y ayant consenti, de suite il entra chez le Sr Gomé, lequel lui dicta un modele de procedure qu'il devoit faire, que même Mr Gomé lui corrigea quelques mots dans ledit modele, & qu'il devoit le faire signifier au Juif sa Partie Adverse, & qu'aprés la signification d'icelui, il obligeroit ce Juif à se porter à un accommodement, &*

Ce Témoin est fils d'un Boulanger de Colmar, & Valet du Magistrat de la même Ville; c'est un Faussaire que Mr Gomé n'a jamais vû chés lui, & auquel il a encore moins dicté aucun Acte : suposant qu'il lui ait dicté un concernant le Procès qu'il avoit contre un Juif! Quelle rélation cela peut-il avoir avec les faussetés, les prévarications, & les concussions que Ferrier reproche depuis si long-tems à Mr Gomé.

Il avouë que son Procés étoit pendant à la seconde Chambre du Conseil de Colmar, & que pour lors Mr Gomé étoit de service à la prémiére; c'est une circonstance qui le justifie pleinement; le Témoin ne dit point de quelle nature étoit l'Acte qu'il supose lui avoir été dicté par Monsieur Gomé; il dit encore moins que Mr Gomé ait vû aucune piéce de son Procés? Comment donc se pourroit-il que Mr Gomé ait été assés informé des circonstances d'une affaire de laquelle il n'étoit pas Juge, & dont on ne lui faisoit pas voir les piéces, pour être en état de dicter un Acte qui y fût nécessaire.

Si on en croit le Témoin, Mr

qu'il feroit faire au Juif ce qu'il voudroit, disant au Deposant que ce Juif dans le Procès criminel qu'il avoit eu, n'étoit redevable qu'à lui, Sr Gomé, d'avoir échapé les Galeres, mais le Deposant ayant consulté son Avocat, lui dit de bien se garder de faire signifier cette piece, sans quoi il seroit perdu, que même il lui arracha l'Acte, de crainte qu'à son insçû il ne le fasse signifier, n'a au surplus aucune connoissance des autres faits, qu'est tout ce qu'il a dit sçavoir.

Gomé lui dit que son affaire n'étoit pas bien entâmée! Et comment l'auroit-il sçû, ou comment par un simple Acte auroit-il pû redresser un Procés mal commencé? Qu'est devenu le prétendu Acte dicté par Mr Gomé! C'est ce que le Témoin a jugé à propos de taire, & on n'a pas eu garde de faire entendre l'Avocat que le Témoin supose l'avoir empêché de le faire signifier; Mr Gomé est certain, que si le Témoin n'avoit pas affecté de ne le pas nommer, il se seroit trouvé que cet Avocat étoit celui de Ferrier : le Témoin ne circonstancie point sa déposition, il ne raporte ni jour, mois, ou année? qui ne voit dès-là que c'est un faussaire gagné par Ferrier.

Jean-Baptiste Golbery 20. Témoin dépose *sur les faits dont est plainte, retenus dans l'Arrêt, dont lecture lui a été faite, qu'il n'en a autre connoissance, sinon que sollicitant avec Mr Golbery son Pere, Greffier en Chef, sa reception de Conseiller, une Dame de cette Ville dit en sa presence à son pere, que pour avoir la voix de Mr Gomé, il faloit lui offrir une certaine somme d'argent; & sur les difficultés aprés la proposition faite de la part de la Dame, on lui repliqua qu'il faloit en venir au fait, & que par-là la voix du Sr Gomé seroit assûré; que le Deposant ne sçait pas si son pere l'a fait ou non, qu'est tout ce qu'il a dit sçavoir.*

Ce Témoin raporte ce qu'une Dame de Colmar dit au Sr Golbery son Pere, en sollicitant pour lui sa réception dans le Conseil Supérieur de Colmar, il ne nomme pas cette Dame, & c'est à lui une affectation d'en avoir tû le nom, parce que s'il l'avoit nommé, on auroit reconnu que c'étoit une femme dévoüée aux Ferrier, une médisante, & quelque chose de plus; ce n'est pas d'une Catin comme elle que l'honneur de Mr Gomé doit dépendre, & le Sr Golbery Pere a si peu crû Mr Gomé capable de ce que cette femme lui avoit dit, qu'il a déposé dans la même Information que son Fils, de n'avoir point fait de proposition à Mr Gomé.

Jacques-Philippe la Reshien 21. Témoin, dépose *sur les faits retenus par l'arrêt dont lecture lui a été faite, qu'il n'en a autre connoissance, sinon qu'au commencement de la coutestation müë entre le Sr Gomé & Ferrier; ledit Sr Gomé passant devant chés le Déposant, il le fit sortir de sa Boutique, & lui demanda à l'écart s'il ne sçavoit rien de la Famille de Ferrier, ou si Mr Lanier ou Mr Simottet ne lui en avoient rien dit, que le Déposant ayant répondu que non, le Sr Gomé se retira, qu'est tout ce qu'il a dit sçavoir.*

Ce Témoin ne raporte qu'un discours qu'il supose lui avoir été tenu par Mr Gomé depuis qu'il est entré en difficulté avec les Ferrier; & par cette circonstance, ce discours ne prouve rien.

Marie-Anne Brocard 22. Témoin depose *ne rien sçavoir des faits retenus par l'arrêt de Colmar du 9. Juillet 1729.*

Anne-Marie Joe 23. Témoin, dépose *ne rien savoir des mêmes faits.*

Fançois Joner 24. Témoin, dépose *sur les faits retenus par l'arrêt dont lecture lui a été faite, qu'il n'en a autre connoissance; sinon qu'il a oüi par le bruit public*

Ce Témoin raporte des discours qu'il supose lui avoir été tenus en particulier par Mr Gomé sur le fait de l'Enquête du Comte de Renach, *que le Sr Gomé n'étoit point trop bien famé ; qu'aprés le retour du Sr Gomé de Belfort où il avoit procédé à l'Enquête du Sr de Renach contre les Ferrier, il vint chés le Deposant où il lui parla de cette affaire, en lui disant que le Sr de Renach avoit pleinement justifié, que même il lui repeta le precis de quelques depositions, qu'il lui tint un autrefois dans son jardin les mêmes discours, lesquels firent peine au Deposant, attendu qu'il agissoit contre son devoir, qu'est tout ce qu'il a dit sçavoir.*

& ne disant pas dans quel tems ces discours ont été tenus ; il n'y a rien à conclure de sa déposition pour deux raisons ; la premiere, que si ces discours ont été tenus depuis que Mr Gomé est entré en difficulté avec les Ferrier, il lui a été permis de dire son sentiment sur la preuve du Comte de Renach ; la deuxiéme, qu'il n'est point défendu à un Commissaire qui vient de vaquer à une Enquête, de dire en particulier à un homme que celui qui a fait l'Enquête a rempli entierement sa preuve.

Cependant ce Témoin s'est imaginé que Mr Gomé a manqué à son devoir pour s'être ainsi expliqué avec lui sur le fait de l'Enquête du Comte de Renach, & c'est là une marque de sa subornation, car le devoir des Commissaires n'est pas là fixé : ils disent souvent aux Parties que leurs faits sont prouvés, & qu'elles ont assés produit de Témoins, cela n'a jamais passé ni pour une partialité ni pour une contravention aux régles ; si ce Témoin n'a pas été corrompu, c'est du moins un parfait ignorant en matiere d'Enquête.

George Charlapeaure 25. Témoin *depose sur les faits dont lecture lui a été faite qu'il n'en a autre connoissance, sinon que feu son Oncle de Ribauvillé, nommé Jean Nicolas Arnold ayant eu un procès au Conseil de Colmar, dans la colomne ou le Sr Gomé étoit de service, le Sr Gomé reçût de ce Jean Nicolas Arnold un tonnelet de vin, ne sait le deposant si ce present a été fait devant ou aprés l'arrêt que ce particulier a obtenu, qu'est tout ce qu'il a dit savoir.*

Ce Témoin dépose, que *son Oncle nommé Jean-Nicolas Arnold envoya à Mr Gomé un tonnelet de vin, & qu'il ne sçait si c'est devant ou aprés l'Arrêt que son oncle obtint ;* c'est là une fausseté, Mr Gomé n'a jamais accepté du vin de Jean-Nicolas Arnold, qu'il ne connoît pas, & dont de sa vie il n'a oüi parler ; ce Témoin ne sçait si c'est avant ou depuis l'Arrêt, & par cette incertitude il ne prouve rien, soit parce que si Mr Gomé avoit reçû ce vin depuis l'Arrêt ; il n'y auroit rien de répréhensible, soit parce que si c'est avant l'Arrêt, il peut l'avoir payé.

Que n'a-t'on fait entendre Jean-Nicolas Arnold pour éclaircir la chose, & s'il est vrai qu'il soit mort suivant que le Témoin le déclare ! D'où vient ne pas faire entendre sa Femme, ses Enfans, ses Domestiques, le Chartier qui a conduit le vin, ceux qui l'ont descendu dans la cave de Mr Gomé ; mais on n'en avoit garde, parce qu'on cherchoit seulement à en imposer par quelque aparence trompeuse, & on n'a pas réussi.

Silvain Golbery 26. Témoin, dépose *sur les faits retenus par l'arrêt dont lecture lui a été faite, qu'il n'en a autre connoissance, sinon que sollicitant la reception de Mtre Golbery son Fils, il se trouvat dans la Compagnie d'une certaine personne, sans vouloir la nommer, laquelle lui dit qu'il ne feroit point mal de promettre une certaine reconnoissance au Sr Gomé, en cas que son Fils fût receu, sans que cependant le Deposant l'ait fait, qu'est tout ce qu'il a dit savoir.*

Ce Témoin ne raporte que la médisance d'une femme de moyenne vertu, & avoüant que malgré ce que cette femme lui dit, il se garda bien de faire aucune proposition à Mr Gomé ; il suit qu'il n'avoit pas de Mr Gomé les mêmes sentimens que la Catin qui lui parla.

Loüis Collin 27. Témoin dépose *sur les faits retenus par l'Arrêt, dont lecture lui a été faite, qu'il ne sçait autre chose, sinon qu'il a toûjours remarqué beaucoup d'indiscretion en la conduite*

Ce Témoin commence sa déposition par une impertinence, *c'est* (dit-il) *qu'il a toûjours remarqué beaucoup l'indiscretion dans la conduite de Mr Gomé, & notanment*

du

Sr Gomé, & notanment dans l'affaire du Sr de Foussemagny & Ferrier de laquelle il a été nommé Commissaire; qu'immédiatement aprés cet Arrêt rendu, le Sr Gomé est venu chez Mr Joner Stette-Maître, où le Deposant s'est également trouvé, le Sr Gomé a fait trophé de ce qu'on l'avoit nommé Commissaire, en la presence du Déposant & de Mr Joner, en leur disant que l'on trouveroit plus de Témoins qu'il n'en faudroit, attendu que les faits sur lesquels on avoit interloqué les Parties étoient notoires en Haute Alsace; qu'un jour le Déposant s'étant trouvé chez le Sr Gomé vers les onze heures du matin, l'attendant du Palais, que le Sr Gomé à son arrivée fût averti par sa servante en presence du Deposant, que Mr Goll vivant Stette-Maître de cette Ville, avoit fait mettre dans sa cave un tonnelet de vin, sur quoi ledit Sr Gomé s'est beaucoup faché, désirant que ce tonnelet fut sorti sur le champ de sa cave, qu'il fit même avertir Mr Goll de le faire, que le Déposant par les discours que le Sr Gomé lui tint, a remarqué que le present n'étoit point proportionné au service qu'il avoit rendu à Mr Goll dans la Ville de Paris, que le Deposant s'étant trouvé un jour chez le Sr Gomé, il lui témoigna une grande colere contre une certaine personne, ne se souvenant pas du nom, il dit au Déposant qu'il faloit qu'il écrivit une lettre sous sa diction à l'adresse de Mr le Duc Mazarin ou de la Meilleraye, pour l'avertir que cette personne lui causoit un grand dommage dans ses Forêts en Alsace, & que les motifs de la lettre devoient être pour perdre cette personne de credit, qu'il parut au Déposant qu'elle avoit dans l'esprit de l'un ou de l'autre de ces Seigneurs; ne se souvient le Déposant si la lettre devoit être anonime ou écrite sous un autre nom que celui du Deposant & du Sr Gomé, ce que le Deposant n'a pas voulu faire, & que sur le refus, il se souvient qu'il a été question & parlé de Hastlin, mais qu'il ne sçait si ledit Hastlin a fait ce que l'on vouloit faire faire au Deposant, qu'est tout ce qu'il a dit sçavoir.

dans l'affaire du Comte de Renach & des Ferrier! Mais convient-il à un simble Procureur, tel que ce Témoin de parler ainsi de Mr Gomé son Supérieur : si Mr Gomé a paru indiscret à Loüis Collin; celui-ci a paru à Mr Gomé un étourdi & un insolent! Où seroit la subordination, si on admettoit ainsi des inférieurs à se présenter en Jugement pour y injurier leurs Supérieurs dans des dépositions.

Ce Témoin ajoûte, que *Mr Gomé faisoit trophé de ce qu'il avoit été nommé Commissaire à l'Enquête du Comte de Renach, & qu'il disoit qu'on trouveroit plus de Témoins qu'il n'en faudroit, attendu que les faits sur lesquels on avoit interloqué les Parties étoient notoires en haute Alsace!* Mais pourquoi Mr Gomé auroit-il fait trophé d'une chose aussi indifférente que celle d'être Commissaire à une Enquête, & à une Enquête aussi disgratieuse que celle du Comte de Renach: si Mr Gomé a tenu à ce régard quelque discour qui n'ait pas plû aux Ferrier, c'est que l'honneur de sa compagnie l'a engagé de les tenir, & il avoit raison de trouver mauvais qu'un homme de l'espéce de Ferrier Fils pensât à entrer dans le Conseil Supérieur de Colmar; mais quoique surpris de l'audace de ce jeune homme, Mr Gomé n'a pas pour cela prévariqué, ni commis les faussetés dont on l'a accusé.

Ce Témoin dit, que *s'étant trouvé un jour chés Mr Gomé où il l'attendoit au retour du Palais vers les onze heures du matin, Mr Gomé fut averti par sa Servante à son retour, que le nommé Goll de Colmar avoit fait mettre dans sa cave un tonnelet de vin, que Mr Gomé se facha beaucoup de ce qu'on l'y avoit mis, qu'il dit qu'il faloit le sortir sur le champ, & que même il fit avertir Goll de le venir reprendre*; ce sont là des circonstances qui font honneur à Mr Gomé, & on ne comprendra jamais qu'un Juge qui refuse jusqu'à un quartau de vin placé dans sa cave, qui se fâche de ce qu'on l'y a mis, & qui l'en fait sortir, soit un Juge capable de se laisser seduire par des présens.

Il est vrai que Loüis Collin ajoûte cette circonstance, *qu'il remarqua par les discours que Mr Gomé tint, qu'il ne renvoyoit ce present, que parce qu'il ne le croyoit pas proportionné aux ſervices qu'il avoit rendu à Goll à Paris*; Voilà une remarque peu chrêtienne ! Et ne voit-on pas que ſi ce Témoin l'a fait, c'eſt malicieuſement, car on ne juge des choſes que par l'extérieur; le ſecret du cœur humain eſt impénétrable, & dès qu'on doit plûtôt préſumer le bien que le mal, il faut croire, que puiſque Mr Gomé a renvoyé le prétendu preſent que Goll lui avoit fait, c'eſt parce qu'il ne convenoit pas à un homme de ſon rang de le recevoir

Au dire de ce Témoin, Goll ne l'avoit fait que pour un ſervice que Mr Gomé lui avoit rendu à Paris! Mr Gomé auroit donc pû le prendre ſans craindre un réproche, & s'il l'a refuſé, quoiqu'il eût rendu ſervice à Goll! Où eſt l'homme de bon ſens qui puiſſe croire qu'il ait marché dans la voye de l'iniquité, & reçû de l'argent, ou des préſens de perſonnes auſquelles il n'avoit jamais fait de plaiſir.

Le dernier fait que ce Témoin raporte, n'eſt qu'un galimathias où l'on ne comprend rien ! Quel mal auroit fait Mr Gomé, s'il avoit averti Mr le Duc de la Meillerays des dégradations qu'on faiſoit dans ſes bois, & puiſque l'écrivain dit qu'il n'a pas écrit la lettre dont il parle, & qu'il ne ſçait ſi un autre que lui l'a écrit; le fait concernant cette lettre eſt indifférent, & il eſt d'ailleurs abſolument faux.

Antoine Dupuy 28. Temoin, depoſe *ne rien ſçavoir des faits retenus par l'arrêt de Colmar du 9. Juillet 1729.*

Jean Guillaume Goll 29. Temoin, depoſe *ne rien ſçavoir des mêmes faits.*

Jean Michel Anſtein 30. Temoin, depoſe *ſur les faits retenus par l'Arrêt, dont lecture lui a été faite & expliqué en allemand; qu'il n'en a aucune connoiſſance, ſinon qu'étant Tonnelier de Mr Goll Fette-Maitre, il a livré par deux fois au Sr Gomé du vin rouge de 1718. de la cave dudit Goll; que la premiere fois la livraiſon en fut faite en bouteilles, & la ſeconde dans un petit tonnelet, que le tout ſe montoit à une meſure & demie, qu'eſt tout ce qu'il a dit ſçavoir.*

Ce Témoin dit *qu'étant Tonnelier de Goll, il a livré par deux fois à Mr Gomé du vin rouge de 1718. de la cave de Goll, l'une en bouteille, & l'autre en un petit tonnelet!* Qu'eſt-ce que cela conclud, le tonnelet dont ce Témoin parle, eſt celui que Mr Gomé renvoya, & ſi Goll a livré quelques bouteilles de vin à Mr Gomé, ce n'eſt que parce que Mr Gomé les lui avoit payé.

Deux conſéquences réſultent en faveur de Mr Gomé de la diſcution qu'on vient de faire de cette ſeconde information; la prémiére, que des 30. Témoins qui la compoſent, il n'y en a pas un ſeul qui le chargent des fauſſetés, prévarications & concuſſions que Ferrier Fils lui a imputé, & il étoit impoſſible qu'ils l'en chargeaſſent, parce que nul d'entr'eux n'a été entendu devant Mr Gomé : la deuxiéme, qu'il n'y a pas l'ombre de preuve par leurs dépoſitions des faits ſur leſquels le Sr Néef a demandé qu'il lui fût permis de faire informer contre Mr Gomé, & qui ont été retenus à ſa charge par l'Arrêt de Colmar du 9. Juillet 1729.

Les 3. 4. 6. 9. 10. 11. 12. 14. 16. 17. 18. 20. 21. 22. 23. 24. 26. & 29. Témoins de cette ſeconde information, dépoſent en effet n'en avoir aucune connoiſſance, & ce que les autres dépoſent, eſt plus digne de dériſion, que d'attention; le 1. dit *qu'il a oüi par bruit public qu'on ſe plaignoit beaucoup de la conduite de Mr Gomé, de ce qu'il faiſoit injuſtice aux Ferrier par ſa partialité*; le 2. *qu'il a oüi que l'on diſoit dans le public que Mr Gomé étoit extrêmement partial dans l'affaire du Comte de Renach pour avoir voulu ſurprendre des Témoins, que même le public diſoit qu'il y avoit longtems qu'on devoit mettre Mr Gomé dehors*; le 5. *qu'il a oüi dire que le Buffet de Mr Gomé contenant sa vaisselle d'argent étoit rempli du tiers & du quart, & que si chacun reprenoit son morceau ou sa piece, il ne lui demeureroit pas grand chose*, le 13. *qu'il a oüi dire à differentes personnes qu'on ne faisoit pas grand cas de Mr Gomé, & qu'il le croioit un fourbe*; le 27. *qu'il a toûjours remarqué beaucoup d'indiscretion dans la conduite de Mr Gomé, notamment dans l'affaire du Comte de Renach, & des Ferrier.*

Voilà encore des oüis dire de la même qualité de ceux qu'on a déja tant refuté; ce sont même des injures grossieres que les 13. & 27. de ces Témoins ont dit à Mr Gomé; mais ces injures ne prouvent pas plus que ces bruits publics; car ceux qui ont dit les injures, comme ceux qui ont été les autheurs de ces bruits, sont des malheureux, dont le cœur n'est pas moins gâté que l'esprit, *venenum aspidum sub labiis eorum*, *sepulcrum patens est guttur eorum quorum os maledictione & amaritudine plenum est.*

Ensorte que des 30. Témoins composant cette seconde information, il n'y a que les dépositions des 7. 8. 19. 25. & 30. qui pourroient faire soupçonner la conduite de Mr Gomé; mais le 7. (c'est Jean-Claude Chapuis) ne parle que de ce qu'il a entendu dire à François Bussiere; & celui-ci qui est le 8. Témoin, est un misérable sans biens & sans honneur, qui contrarie ce que Chapuis supose lui avoir entendu dire, qui se contredit, & duquel la déposition est démontrée fausse par les circonstances du tems, du lieu, & des faits qu'il y a raporté.

Le 19. Témoin est un malheureux qui raporte un fait indifférent, & d'ailleurs evidenment faux : le 25. ne circonstancie point le tems qu'il suposé que Mr Gomé reçût un tonnelet de vin de son oncle, nommé Arnold; il ne sçait si c'est devant ou depuis un Procés jugé; le 30. parle de même avec incertitude, & parmi tant de Témoins produits contre Monsieur Gomé, il y en a deux dans la derniere information de 1729. qui justifient sa conduite; l'un est le 15. qui assûre, que *Mr Gomé envoya à l'Hôpital une feüillette de vin qu'il avoit mis en son absence dans sa Cave aprés le Procés jugé*; l'autre est le 27. qui affirme, que *Mr Gomé se fâcha de ce que Goll Bourgeois de Colmar avoit placé dans sa Cave un tonnelet de vin en son absence, & en reconnoissance d'un service que Mr Gomé lui avoit rendu à Paris.*

Ce sont-là des traits que les malignes recherches des ennemis de Mr Gomé, ne pourront jamais effacer; que leur inquiétude, leur jalousie, leurs mauvaises pensées n'attenuëront pas; mais étant en même tems des témoignages éclatans de son désintéressement, ils doivent attirer à Ferrier Fils une punition corporelle; car de donner suite à une procédure ultérieure, on ne croit pas la chose possible, & on en a déja dit les raisons.

Il y a en effet douze ans que le Procès dure, & l'innocence de Mr Gomé a déja été reconnuë par tant d'Arrêts, qu'on ne peut trop s'étonner de celui rendu à Colmar le 9. Juillet 1729. on le croit honteux à la Magistrature, parce qu'au mépris des Loix & des Ordonnances, il change la qualité d'un Accusé, & qu'il l'admet à devenir l'Accusateur de son Juge.

Ce n'est pas asses à Ferrier d'avoir pendant un tems porté la qualité d'Accusateur contre Mr Gomé, il lui faut une preuve de son accusation, & on a vû qu'il ne s'est servi que de Témoins dont la plûpart rendent justice à Mr Gomé : il a corrompu & suborné les autres : il a comploté avec quelques-uns : il les a séduits pour cacher des faits connus dans l'Alsace, & rejetter sur un Commissaire de Cour Supérieure les faits tendans à la preuve & à la bassesse de son extraction.

Les conséquences de la persécution que Mr Gomé souffre sont terribles pour tous les Officiers de Judicature; car si les attentats de la nature de celui de Ferrier Fils sont une fois autorisés contre l'autorité, le respect & la foi entiere qui est duë à un Officier de Cour Supérieure : si pour faire suspecter sa probité & son intégrité, il ne faut que de le charger de calomnies, & répandre par tout des Libelles diffamatoires; si on tolere que des infâmes calomniateurs recherchent à l'exemple de Ferrier, jusqu'aux moindres paroles d'un Juge, ou ses actions les plus indifférentes, & que sur des oüis dire des partisans des calomniateurs, on présume tout contre le Juge; si on admet des Témoins qui ont signé des dépositions, de varier trois ans ou neuf ans après les avoir faites, d'adjoûter des circonstances qu'ils n'ont pas dit au premier Commissaire, devant lequel ils ont été entendus, & que cela suffise pour faire passer un Commissaire pour un faussaire & un prévaricateur ! Quel est l'Officier qui à l'avenir ose se charger de l'éxécution des Arrêts, il n'y en a point qu'on ne perdît ou qu'on ne ruinât à l'aide de quelques Témoins gagnés; toutes les Commissions ne seroient plus que des piéges, que des sources de Procès; on ne verroit plus que des Intimations & des prises à parties.

Le Tribunal à la décision duquel le Procès est rémis, comprendra sans doute que la Cause de Mr Gomé est celle de tous les Magistrats: plus Mr Gomé a souffert, plus il est digne de faveur: s'il respecte les Loix de la providence dans les mains qui le persécutent, il attend plein de confiance le jour heureux qui doit finir sa disgrace; il est persuadé que quand on verra d'un côté un calomniateur reconnu, que de l'autre on verra un innocent accablé, l'indignation pour l'un, & la compassion pour l'autre, formeront dans l'esprit de ses Juges l'Arrêt qu'il demande.

Monsieur Gomé a conclu à ce que faisant droit aux Parties, Fervier soit condamné par corps pour les Cas résultants du Procés, de comparoître à telles Audiances du Parlement de Besançon, & du Conseil de Colmar qui lui seront designées, pour y déclarer les Chambres assemblées, Tête nuë & à genoux, que méchamment calomnieusement & à tort, par mauvais inconsideré & pernicieux conseil, il a commis les irréverences mentionnées au Procès Verbal du 28 Fevrier 1721. & fait les Actes, Requétes, Mémoires, & Libelles diffamatoires qu'il a joint au Procès & répandu par tout, dans les termes qu'ils sont conçûs, qu'il s'en repent & en demande pardon à Mr Gomé, rétracte les faussetés, impostures & calomnies y énoncées, de même que celles inserées dans ses réponses aux interrogatoires qu'il a prété, de tout quoy il sera séverement repris & blamé; ordonnner que le tout sera suprimé & laceré en sa presence, par l'Huissier de service du Parlement de Besancon, le condamner de déclarer dans les mémes Audiances; qu'il tient Monsieur Gomé pour Juge integre, incorruptible digne de son employ, & incapable des faits dont il l'a temerairement accusé, ce fait être conduit dans les prisons de la Conciergerie du Palais, pour y rester & subir les peines ausquelles il plaira au Parlement de Besancon le condamner pour ses calomnies & téméraires accusations; le condamner par corps en cens mille livres de réparation civile pour les Dépens, frais dommages & interests ausquels il a donné lieu, déclarer Ferrier non-recevable aux pretenduës prise a partie, plaintes, dénonciations & accusations déferées contre Mr Gomé, ou du moins l'en debouter de mesme que de toutes ses fins & conclusions; permettre á Mr Gomé de faire imprimer & afficher par tout où il trouvera bon l'Arrest, & condamner Ferrier par corps aux dépens du Procès, sauf à Mr le Procureur Géneral derequerir ce qu'il trouvera à propos pour la vengeance Publique.

GOME'.

Les Soussignés qui ont vû ce Mémoire & examinés avec attention les Piéces dont on y a parlé, estiment Mr Gomé bien fondé dans ses Conclusions.

PETITCUENOT. ARNOULX.

Messieurs les Conseillers DE COURBOUZON *&* DE CAMUS *Commissaires*

PAVOY Procureur.

www.ingramcontent.com/pod-product-compliance
Ingram Content Group UK Ltd.
Pitfield, Milton Keynes, MK11 3LW, UK
UKHW021108220726
13924UKWH00004B/1573